Sanaya Roman

Seelenliebe

Sanaya Roman

Seelenliebe

Die innerste Quelle unserer Liebesfähigkeit

Aus dem Englischen
von Marion Zerbst

Ansata

Die Originalausgabe erschien unter dem Titel »Soul love« 1997 by
H J Kramer, Tiburon, California, USA

4. Auflage 2005

Ansata Verlag
Ansata ist ein Verlag der Verlagsgruppe
Random House GmbH

ISBN 3-7787-7205-8

Gesetzt aus der Sabon bei
Franzis print & media GmbH, München
Druck und Bindung: Pustet, Regensburg

Widmung

Dieses Buch ist allen Menschen gewidmet, die gerade dabei sind, Kontakt mit ihrer eigenen Seele aufzunehmen und ihre Herzzentren zu erwecken. Wir danken euch für den Dienst, den ihr der Menschheit damit erweist.

Orin und Sanaya

Inhalt

Teil III Seelenbeziehungen erschaffen

Teil IV Liebe empfangen und ausstrahlen

Die Reise beginnt

Mit der Lektüre dieses Buches begibst du dich auf eine Reise voller Abenteuer, Entdeckungen und inneren Wachstums. Mit deiner Seele in Kontakt zu treten und deine Herzzentren zu erwecken, kann eine der wichtigsten Reisen sein, die du je unternehmen wirst, und sie wird dich vielleicht mehr verwandeln als alles andere. Wenn du deine Herzzentren erweckst, kannst du alle Geschenke deiner Seele empfangen: Gelassenheit, innere Stärke, Klarheit, Freude, Kraft, Licht und Weitblick. Du kannst lernen, dich selbst ebenso bedingungslos zu lieben und zu akzeptieren, wie deine Seele es tut.

Mit der Erweckung deiner Herzzentren leistest du einen wichtigen Beitrag zum Wohl der Menschheit. Du verstärkst die Schwingung der Liebe, die es anderen Menschen erleichtern wird, ebenfalls ihre Herzzentren zu öffnen. Alle Probleme, denen die Menschheit gegenübersteht – Hunger, Krieg, Armut, Kriminalität, Obdachlosigkeit und die Schädigung unserer Umwelt – werden sich lösen lassen, sobald genügend Menschen mit ihrer Seele in Kontakt getreten sind und ihre Herzzentren erweckt haben. Denn dann werden die Menschen alles miteinander teilen und gemeinsam am Wohl des Ganzen arbeiten, und Lösungen werden sich finden.

Ich biete dir die Informationen in diesem Buch als einen Führer an, der dich unterstützt bei deiner Reise, auf der du all die Liebe in dir kennenlernen wirst, die nur darauf wartet, sich zu entfalten. Wie bei vielen Reisen wird dir vielleicht erst nach deiner Rückkehr klarwerden, wieviel du erreicht und wie sehr du dich seit deinem Aufbruch verändert hast. Diese Reise beginnt und endet mit der Liebe, denn die Liebe ist die mächtigste Energie des Universums.

Orin

Vorwort von Sanaya

Ich heiße alle Leser dieses Buches herzlich willkommen. Wenn dies das erste Buch von Orin ist, das du liest, bin ich glücklich darüber, daß du gemeinsam mit uns deine Herzzentren erwecken und mehr über die Seelenliebe erfahren willst. Wenn du schon andere Bücher von Orin gelesen hast, freue ich mich über diese Chance, mit dir einen weiteren Schritt auf deinem Weg des spirituellen Wachstums zu gehen.

Der Inhalt dieses Buches wurde mir von einem Führer übermittelt, der keinen physischen Körper besitzt und sich Orin nennt. Die Menschen fragen mich oft, wer Orin eigentlich ist. Wenn ich diese Frage an Orin weiterleite, antwortet er, daß es gar keine Rolle spielt, wer er ist; es kommt nur auf die Botschaft an, die er übermittelt – und darauf, wie hilfreich diese Botschaft für dich ist. Ihm geht es hauptsächlich um dich und dein spirituelles Wachstum, nicht um sich selbst.

Ich erlebe Orin als ein Wesen voller Liebe, Weisheit und Mitgefühl. Er sagt den Leuten nie, was sie tun oder wie sie leben sollen. Wenn man ihn fragt, macht er Vorschläge und gibt Anregungen, um den Menschen Alternativen vor Augen zu führen. Seine Botschaft ist immer die gleiche: daß alles nur zu unserem Allerbesten geschieht, auch wenn wir vielleicht nicht immer verstehen, warum; und daß wir uns dafür entscheiden können, mit Freude statt durch Kampf und Mühe zu wachsen. Er empfiehlt dir, nur die Ideen zu akzeptieren, die dir im tiefsten Inneren deines Wesens als wahr erscheinen, und alle anderen zu ignorieren.

Orin sagt, daß er ein Lichtwesen ist und daß er jetzt mit uns zusammenarbeitet, weil die Menschheit sich momentan in einer wichtigen Phase des Übergangs und des inneren Erwachens befindet. Orin hat einmal auf dieser Erde gelebt und ist sich der vielen schwierigen Aufgaben bewußt, die das Leben auf der Erdebene mit sich bringt: Er sagt, daß er inzwischen auf der Seelenebene und in noch höheren Dimensionen »lebt«. Eines seiner Ziele ist es, der Menschheit zu dienen. Ein Teil seines Dienstes an der Menschheit besteht darin, den Menschen einen Weg zu spirituellem Wachstum aufzuzeigen und dazu beizutragen, daß sie ihr Höheres Selbst und ihre Seele erreichen. In diesem Buch zeigt er dir einen Weg, wie du deine Herzzentren erwecken und im Rhythmus der Liebe, Gelassenheit und Einheit deiner Seele leben kannst.

Wenn ich Orins Botschaften empfange und durchgebe, befinde ich mich in einem entspannten und gleichzeitig sehr wachen Bewußtseinszustand. Ich bin ganz »da« und nehme sowohl meine eigenen Gedanken als auch die seinen wahr. Wenn Orin bei mir ist, habe ich nicht das Gefühl, in einem Trancezustand zu sein; meine Stimme verändert sich nicht, und ich bin auch nicht unbewußt. Orin sagt, daß er in einer Art höherer Telepathie mit mir kommuniziert. Er gibt meiner Seele und meinem Höheren Geist Botschaften ein, die dann in mein Bewußtsein dringen. Obwohl seine Energie und sein Licht allen Menschen zugänglich sind, die ihn anrufen, wird er erst nach meinem Tod Botschaften und Informationen durch andere Medien übermitteln.

Orins Worte drücken nur einen Bruchteil dessen aus, was ich dabei erlebe und empfinde. Denn gleichzeitig mit seinen Worten durchströmt mich eine unbeschreibliche Fülle an Gefühlen, inneren Bildern und Erleuchtungen. Ich empfinde den Kontakt mit ihm wie eine Ausdehnung meines Ichs in eine Welt des Lichts und der Freude. Es ist, als könnte ich durch Orin eine Welt tieferer Erkenntnis, weiteren Bewußtseins, größerer Liebe und intensiveren Mitgefühls erfahren. Jeder Mensch ist in der Lage, diesen Bewußtseinszustand zu erlangen. Du brauchst nur zu lauschen, dich innerlich zu öffnen und über das »Ich« hinauszuwachsen, das dir als dein normales Bewußtsein vertraut ist. Das hat zur Folge, daß deine Identität sich ausdehnt, so daß sie eine erweiterte Perspektive umfaßt. Viele Menschen machen diese Erfahrung, wenn sie etwas tun, das sie lieben; dann fühlen sie sich plötzlich viel klarer, weiser und inspirierter als in ihrem normalen Bewußtseinszustand. Manche Menschen bezeichnen diesen erweiterten Zustand als Channeling, Inspiration, kreatives Denken, intuitive Erkenntnis oder erweitertes Bewußtsein.

Vor ein paar Jahren, als ich gerade das Buch *Zum höheren Selbst erwachen* – das dritte Buch der *Earth Life*-Serie – geschrieben hatte, sagte Orin, ich solle ein Buch mit dem Titel *Seelenliebe* verfassen. Das werde das erste Buch der *Soul-Love*-Serie sein, einer Reihe von Büchern, die den Menschen zeigen sollen, wie sie als ihre Seele leben können. *Seelenliebe* werde die Menschen lehren, wie sie andere als ihre Seele lieben, ihre Herzzentren erwecken und Seelenbeziehungen erschaffen können. Das schien mir ein wunderbares Thema zu sein, und ich freute mich darauf, mit der Arbeit an dem Buch zu beginnen.

Doch Orin hatte offenbar anderes im Sinn. Vorher hatte ich gemeinsam mit einem Mann namens Duane Packer Kurse darüber abgehalten, wie man inneren und äußeren Reichtum in sein Leben bringt. Wir zeigten unseren Kursteilnehmern auch, wie man mit einem Geistführer oder einer Geistführerin in Kontakt tritt. Aus diesen Informationen sind unsere Bücher *Kreativ Reichtum schaffen* und *Das Praxisbuch des Channelns: Wie man seinen geistigen Führer findet und zu höherem Wissen gelangt* entstanden. Nach der Veröffentlichung des Buches *Zum höheren Selbst erwachen* wollten Orin und Duanes Geistführer DaBen, daß wir einen neuen Kurs zum Thema der spirituellen Wandlung in unser Seminarprogramm aufnehmen, der »Erwecke deinen Lichtkörper« heißen sollte. In diesem Kurs lernen die Menschen, wie sie ihr Bewußtsein erweitern können, um die höheren Dimensionen des

Lichts zu erfahren. Als nächstes lernen sie, das Licht aus diesen höheren Dimensionen in ihr tägliches Leben zu holen und es zu benutzen, um ihren physischen Körper, ihre Emotionen, ihr Denken und ihren Alltag zu verändern.

Ich fragte mich ständig, wann Orin mir wohl sagen würde, daß es nun an der Zeit sei, mit dem Buch über Seelenliebe zu beginnen. Doch wenn ich ihn danach fragte, riet er mir lediglich, mein Bewußtsein durch die Erweckung meines Lichtkörpers immer mehr zu erweitern. Und durch die Erweckung meines Lichtkörpers wuchs meine Sensibilität für die feinstofflichen Energien meiner Seele, die höheren Dimensionen und die Lichtwesen. Ein paar Jahre später erklärte Orin mir endlich, jetzt sei der Zeitpunkt gekommen, um mit der Arbeit an dem Buch *Seelenliebe* zu beginnen.

In mehreren hundert Sitzungen mit Orin empfing ich die Informationen für dieses Buch. Manche stammen auch aus Meditationen mit Orin oder aus Vorträgen und Kursen, die ich in den letzten zehn Jahren gehalten habe. Während unserer Arbeit an diesem Buch meditierten Orin und ich viele Stunden miteinander. Wir traten mit den Seelen aller Menschen in Kontakt, die bald ihre Herzzentren erwecken würden und die sich diese Seelenverbindung mit Orin und mir wünschten. Während des Channelns und Schreibens spürte ich die Freude über diese innere Verbindung. Ihr seid inzwischen für mich so etwas wie meine Familie auf der Seelenebene geworden. Ein paar von euch kenne ich schon; aber es gibt auch viele andere, die mir noch nie persönlich begegnet sind. Doch selbst wenn ich eure Gesichter oder Namen nicht kenne, ist mir die Schönheit und das Licht eurer Seele wohlvertraut.

Als ich mit meiner Seele Kontakt aufnahm und mit Hilfe der Übungen und Techniken, die ihr in diesem Buch lernen werdet, meine Herzzentren erweckte, veränderte mein Leben sich in vielerlei Hinsicht. Vorher war ich mit meinem Leben eigentlich ganz zufrieden gewesen; doch bald wurde mir klar, daß es noch viel besser werden konnte, als ich es mir je hatte träumen lassen. Als ich die Kraft, Gegenwart und Liebe meiner Seele spürte, gewann ich größeres Vertrauen zu mir selbst und zum Universum. Durch die Erweckung meiner Herzzentren lernte ich neue Möglichkeiten kennen, andere Menschen zu lieben, die mir viel mehr Kraft gaben als meine alten Wege. Als ich mit den Seelen anderer Menschen in Verbindung trat, verbesserten sich auch meine zwischenmenschlichen Beziehungen.

Ich freue mich darauf, dir auf der Seelenebene zu begegnen, wenn du dieses Buch liest. Meine Seele gehört zur Gruppe jener Seelen, mit denen du Verbindung aufnehmen wirst, wenn du weiterliest. Gemeinsam werden wir anderen Menschen begegnen, und ihre Seelen werden mit unseren verschmelzen; wir werden unsere Herzzentren erwecken, die Erhabenen anrufen und sie bitten, die Herzzentren der ganzen Menschheit zu erwecken. Meine Liebe ist mit dir, während du dieses Buch liest und dich auf diese wunderbare Reise der Erweckung deiner Herzzentren begibst.

Einführung von Orin

Herzliche Grüße von Orin! Wenn du nun weiterliest, tust du viel mehr, als nur ein Buch zu lesen; du begibst dich auf eine Reise der inneren Wandlung. Du läßt dich auf ein wunderbares Abenteuer ein, bei dem du deiner Seele begegnen und lernen wirst, so zu lieben wie sie. Wenn du weiterliest und dich für die Liebe und Weisheit deiner Seele öffnest, können viele wunderbare Veränderungen in dein Leben treten. Du wirst Samen des inneren Wachstums und der Erweiterung säen, die noch Wochen und Monate später aufgehen und sich entfalten können. Manche keimen vielleicht sofort; andere werden mit der Zeit zur Blüte gelangen.

In Teil I dieses Buches – *Werde eins mit deiner Seele* – wirst du dich auf die Seelenebene begeben, dorthin, wo deine Seele lebt. Du wirst Botschaften von den Lichtwesen empfangen, die dich bei der Begegnung und Verschmelzung mit deiner Seele unterstützen. Du wirst die Schönheit deiner Seele erkennen und begreifen, was für ein ganz besonderes, einmaliges, vollkommenes Wesen du bist. Und du wirst entdecken, wie du das Licht und die Liebe, die Willenskraft, Macht und Gegenwart deiner Seele nutzen kannst, um wunderbare, tiefgreifende Veränderungen in deinem Leben hervorzurufen.

In Teil II – *Erwecke deine Herzzentren* – wirst du mit deiner Seele zu einer Einheit verschmelzen, um deine drei Herzzentren zu erwecken. Das erste Herzzentrum befindet sich in der Gegend deines physischen Herzens. Ich bezeichne es als *dein primäres Herzzentrum* oder einfach als dein *Herzzentrum* (Singular). Das zweite ist das Herz deines Kopfzentrums und befindet sich in einem Bereich nahe der Mitte des Scheitels. Dieses Zentrum bezeichne ich als dein *Kopfzentrum*. Das letzte Herzzentrum liegt in der Nabelgegend. Ich nenne es dein *Solarplexuszentrum*. Wenn diese drei Herzzentren zusammenarbeiten, kannst du eine weise, erweiterte Liebe zum Ausdruck bringen, die ich als *Seelenliebe* bezeichne.

Seelenliebe ist ein stetiges Ausstrahlen der universalen Gegenwart der Liebe – und diese Liebe ist das innerste Wesen des Universums. Im Zustand der Seelenliebe bist du ein Teil dieser Einheit, wo du akzeptiert wirst und akzeptierst, wo du geliebt wirst und liebst und dich mit dem großen Ganzen verbunden fühlst, von dem du immer ein Teil bist.

Entwickle und erweitere deine Liebe durch den Kontakt mit deiner Seele.

Wenn du deine Herzzentren erweckst, kannst du durch diese erweiterte Liebe deine Beziehungen zu anderen Menschen verbessern. Du kannst andere mit einem weisen Herzen lieben, das ihnen Kraft gibt. Und du kannst aus der mitfühlenden, liebevollen Gelassenheit deiner Seele heraus handeln. Du hast das Bedürfnis, zu lieben, und löst dich von Gedanken, Gefühlen und Verhaltensweisen, die dieser Liebe im Weg stehen. Du machst dich von Machtkämpfen und Hindernissen frei, die zwischen dir und der Liebe stehen, und bringst die Seelenliebe dauerhafter zum Ausdruck.

In Teil III – *Seelenbeziehungen erschaffen* – wirst du lernen, als deine Seele andere Menschen zu lieben und Seelenbeziehungen aufzubauen. Du wirst erkennen, wie du mit der magnetischen Liebe deiner Seele einen Seelengefährten oder eine Seelengefährtin anziehen kannst. Du wirst dich mit der Frage beschäftigen, wie du den höheren Sinn und das höhere Ziel deiner Beziehungen erkennen und verwirklichen kannst. Ebenso wirst du lernen, dir mit Hilfe der universalen Gesetze zwischenmenschlicher Beziehungen genau das aufzubauen, was du dir von einer Beziehung wünschst. Und du wirst neue Wege entdecken, dich selbst und andere Menschen zu lieben. Gemeinsam mit deiner Seele wirst du alles an deinen Beziehungen verändern, was dir nicht mehr dienlich ist. Vielleicht entscheidest du, deine Bindung an Menschen zu lösen oder zu lockern, die deine Liebe nicht erwidern, und statt dessen andere Menschen anzuziehen, bei denen du mehr Resonanz findest. All deine Beziehungen können liebevoll sein und dich unterstützen; sie können dich bereichern und dir ein Gefühl der Geborgenheit vermitteln.

In Teil IV – *Liebe empfangen und ausstrahlen* – wirst du in einer Feier der Liebe die Erhabenen anrufen. Du wirst ihre Liebe in dein Herzzentrum hineinholen und zu einem Leuchtfeuer der Liebe für die ganze Menschheit werden. Du wirst Liebesräder erschaffen, um dich mit deiner Familie, deinen Freunden und anderen Gruppen von Menschen in harmonischen Einklang zu bringen. Du wirst lernen, mit Meistern, Lichtwesen und Erleuchteten zusammenzuarbeiten, um Liebe für die ganze Menschheit auszustrahlen. Gemeinsam mit ihnen wirst du bedürftigen Menschen, Kindern und anderen Lebewesen wie Pflanzen, Tieren und der Erde selbst Liebe senden.

Ehe du nun weiterliest, möchtest du vielleicht für ein paar Sekunden die Augen schließen und innerlich mit mir in Verbindung treten. Ich werde dir eine besondere Botschaft des Lichts und der Liebe senden, um dich auf die Erweckung deiner Herzzentren vorzubereiten. Du brauchst nur darum zu bitten und dich dann für diese Liebe zu öffnen, die ich für dich übertrage. Während du sie empfängst, bekräftige innerlich noch einmal, daß du bereit bist, deine Seele kennenzulernen und andere Menschen so zu lieben wie deine Seele es tut.

Wenn du möchtest, daß ich und andere Lichtwesen dir Licht, Energie und Liebe senden, brauchst du nur darum zu bitten. In unserer Welt gibt es weder Zeit noch Raum; wir nehmen jedes Wesen wahr, das mit uns Verbindung aufnimmt.

Wenn du unser Licht empfangen möchtest, brauchst du uns in Gedanken nur deine Zustimmung dazu zu geben. Manchmal wirst du dann vielleicht unsere Energie spüren; es kann aber auch sein, daß du sie gar nicht bewußt wahrnimmst. Wir werden Licht an deine Seele senden, unter ihrer Leitung und mit ihrer Erlaubnis.

Erkenne, daß deine Seele ein Teil von dir ist.

Deine Seele lebt auf der Seelenebene. Diese Dimension des Lichts und der Schwingungen ist der Einheit, dem Urquell, Gott, der Göttin, Allem-was-ist näher als die Erdebene. Deine Seele ist von Geist erfüllt. Der Geist ist das Bewußtsein, daß deine Seele durchdringt und ihr Leben schenkt, genau wie deine Seele dich durchdringt und dir Leben verleiht. Deine Seele ist das Medium, durch das der Geist dich erreichen kann – die Verbindung zwischen dem Geist und deiner Persönlichkeit.

Deine Seele ist mehr als eine bloße Kombination aus deinem Gedanken-, Gefühls- und physischen Körper. Sie ist die Intelligenz, welche die Entstehung deiner Körper lenkt. Zwischen deinen verschiedenen irdischen Leben enthält sie deine Essenz, dein wahres Wesen, und sie umfaßt die Muster, die dich in diesem Leben erschaffen haben. Deine Seele besitzt Eigenschaften des Verstandes und des mentalen Bewußtseins; sie ist intelligent und kreativ. Sie kann Materie anziehen, um Formen in deiner physischen Welt zu erschaffen. Sie lebt in höheren spirituellen Dimensionen und bringt das Licht und die Energie dieser Dimensionen zu dir.

Wenn ich von deiner Seele spreche, mußt du dir darüber im klaren sein, daß diese Seele nichts von dir Getrenntes ist. Sie ist ein Teil von dir. Wenn du mit deiner Seele in Kontakt trittst, lernst du dich selbst als Seele kennen. Du erweiterst dein Bewußtsein, um das größere Licht, die umfassendere Weisheit und Liebe deiner Seele zu erfahren.

Deine Seele besteht aus Licht und ist die Verkörperung der Liebe. Auf ihrer Ebene – der Seelenebene – ist sie ein Meisterwesen. Um sich weiterzuentwickeln und ihr höheres Ziel erfüllen zu können, muß deine Seele auch zu einem Meister auf der physischen Ebene werden, auf der du lebst. Eines ihrer Ziele besteht darin, zu lernen, wie sie ihr Licht in deine Persönlichkeit, dein Denken und deine Gefühle senden kann, damit du ganz von ihrem höheren Licht und ihrem höheren Rhythmus erfüllt wirst. Deine Persönlichkeit ist deine Seele, so wie sie auf der Erdebene in der Welt von Form und Materie existiert. Der Grad deiner spirituellen Entwicklung hängt davon ab, welchen Grad der Meisterschaft deine Seele auf der Erdebene erreicht hat. Die Meisterschaft deiner Seele auf der Erdebene wiederum ist abhängig von deiner Fähigkeit, mit ihr eins zu werden, ihren Sinn und ihre Ziele zu erkennen und zu verwirklichen.

In meinen anderen Büchern waren *Höheres Selbst* und *Seele* austauschbare Begriffe. In diesem Buch will ich das Höhere Selbst näher definieren: nämlich als jenes Selbst, das die Ziele deiner Seele kennt und ausführt. Wenn deine Persönlichkeit voll entwickelt und integriert ist, dann wird sie zu einem Werkzeug, durch das deine Seele ihre Ziele verwirklichen kann. Sie ist dann mehr als eine bloße Persönlichkeit; sie wird zu deinem Höheren Selbst. Doch dein Höheres Selbst zu sein – also deinen Verstand, deine Gefühle und deinen Körper miteinander zu verschmelzen –, ist etwas anderes, als deine Seele zu sein. Dein Höheres Selbst ist ein vollkommenes Werkzeug, durch das deine Seele sich auf der Erdebene ausdrücken kann. Als dein Höheres Selbst verwirklichst du die Ziele deiner Seele, statt den Wünschen und Begierden deiner Persönlichkeit zu folgen. Immer wenn du dich mit deiner Seele in Einklang bringst und ihre Ziele erfüllst, bist du dein Höheres Selbst.

Wenn du zur Erleuchtung gelangen willst, kannst du nicht

einfach nur herumsitzen und darauf warten, daß deine Seele Kontakt mit dir aufnimmt und die ganze Arbeit für dich erledigt. Deine Seele befindet sich in einem Zustand tiefer Meditation. Der größte Teil ihrer Aufmerksamkeit ist nach oben gerichtet, zu den Bereichen des Geistes und des reinen Gotteslichts – so lange, bis du bereit bist, ihre Aufmerksamkeit auf dich zu lenken. Sie sendet dir zwar ständig Wellen der Seelenenergie; doch sobald du ein Bewußtsein für deine Seele entwickelst, verändert sich die Art eurer Zusammenarbeit. Dann kannst du mit Hilfe ihrer anregenden, reinigenden und verwandelnden Energien spirituell wachsen.

Es ist also deine Aufgabe, die Aufmerksamkeit deiner Seele auf dich zu lenken. Das kannst du erreichen, indem du dein Bewußtsein erweiterst, dich bemühst, dein Höheres Selbst zu sein, dich spirituell weiterentwickelst und deinen Lichtkörper erweckst. Durch die Kraft deines Willens und die Absicht, dein inneres Leben Wirklichkeit werden zu lassen, ziehst du deine Seele an. Sobald du bewußt mit deiner Seele Verbindung aufnimmst und sie ständig in dein Leben hineinziehst, wird sie auch beginnen, dir mehr Aufmerksamkeit zu schenken und mehr Energie in dich einströmen zu lassen. Dann wird dein spirituelles Wachstum sich sehr beschleunigen. Du arbeitest von der Erdebene nach oben, und deine Seele arbeitet von der Seelenebene nach unten. Sobald du mit deiner Seele eins wirst, kannst du das spirituelle Wissen, das ihren Körper erfüllt und umgibt, in dich aufnehmen. Dadurch wird dein Alltagsleben besser und schöner werden. Deine Seele kennt den göttlichen Plan für die Menschheit und alles Leben; sie weiß, was für eine Rolle du in diesem Plan zu spielen hast.

Wenn deine Seele ihr Licht nach unten sendet, nimmt sie sich selbst durch dein irdisches Bewußtsein wahr. Je mehr deine Persönlichkeit sich auf sie einstimmt, um so besser kann sie sich durch dich ausdrücken. Dann kann deine Seele ihr höheres Ziel erfüllen, die Welt der Form und Materie zu meistern, in der du lebst, und ihr Licht in diese Welt zu bringen. Wenn du mit deiner Seele eins wirst und in deinem täglichen Leben ihre Energie ausstrahlst, leistest du der Menschheit einen sehr wertvollen Dienst, denn dann verbreitest du die Seelenenergie auf dieser Welt. Durch den Kontakt mit deiner Seele kannst du Liebe, Licht, Schönheit und Freude für andere Menschen ausstrahlen.

Nimm Kontakt mit deiner Seele und mit den Erleuchteten auf, um dein spirituelles Wachstum zu beschleunigen.

Wenn du nun weiterliest und mit deiner Seele in Kontakt trittst, wirst du Anleitungen empfangen, wie du die Lichtwesen um Unterstützung anrufen kannst. Zu diesen Lichtwesen gehören Meister, Wesen der Liebe, Engel und die Erleuchteten. Alle Lichtwesen, zu denen wir dich in diesem Buch hinführen, damit du mit ihnen zusammenarbeiten kannst, sind sehr hoch entwickelt. Sie können dir in männlicher oder weiblicher Gestalt, aber auch in vielen anderen Formen begegnen. Du kannst sie zum Beispiel als strahlendes Licht wahrnehmen, oder vielleicht sehen sie wie Engel aus. Sie können dir aber auch in Gestalten oder Gesichtern erscheinen, die du kennst. Diese Wesen haben einen solchen Grad an Vollkommenheit erreicht, daß sie sich nicht mehr in einen irdischen Körper zu inkarnieren brauchen.

Die Lichtwesen können in der Welt der Seelen leben, weil es nichts in der physischen Welt gibt, das sie dort hinzieht. Eines ihrer Ziele besteht darin, der Menschheit bei ihrer Weiterentwicklung zu dienen. Sie wollen nicht verehrt oder angebetet werden; ihnen ist es lieber, wenn du sie unterstützt, indem du die Menschheit liebst und ihr dienst. Die Lichtwesen arbeiten nur für die Kräfte des Lichts und des

Guten. Sie umgeben die Menschen mit ihrer schützenden Aura.

Hin und wieder werde ich dir empfehlen, diese Wesen um Unterstützung zu bitten – zum Beispiel, wenn du deine Seele zu dir rufst, mit ihr eins wirst und deine Herzzentren erweckst. Genau wie du Helfer und Lehrer in deiner Welt hast, gibt es auch Lehrer und Helfer in unserer Dimension. Natürlich kannst du auch mit deiner Seele in Kontakt treten und deine Herzzentren erwecken, ohne diese höheren Wesen um Unterstützung anzurufen; doch durch die Zusammenarbeit mit ihnen kann dein Weg des inneren Erwachens leichter und freudvoller werden.

Die Lichtwesen treten auf telepathischem Weg mit den Menschen in Verbindung, mit denen sie zusammenarbeiten. Sie berauben dich nie deines freien Willens, mischen sich in dein Leben ein oder verlangen blinden Gehorsam. Sie leiten dich nur an und machen dir Vorschläge. Und sie kommen auch nur dann zu dir, wenn du sie um ihre Unterstützung bittest und offen dafür bist. Sie machen den Menschen, die für diesen Kontakt bereit sind und sich darauf konzentrieren, diese Information, diese Energie oder dieses Wissen zu empfangen, bestimmte Gedanken und Ideen zugänglich. Diese Wesen sind zwar dazu da, um dir beizustehen; aber sie nehmen dir deine Lektionen nicht ab. Sie unterweisen und unterstützen dich, wenn du sie darum bittest, sie sind immer für dich da und bieten dir ihre Liebe an.

Wie du mit diesem Buch arbeitest

Es gibt viele Möglichkeiten, dieses Buch zu lesen. Lasse deine Wünsche und Gefühle zu Wegweisern deiner Seele werden, die dir zeigen, welche Methoden für dich geeignet sind. Du kannst mit Hilfe dieses Buches deiner Seele begegnen und eins mit ihr werden; damit sie dir zu einem Quantensprung in deiner spirituellen Entwicklung verhilft. Du kannst dir diese Informationen aber auch zunutze machen, um anders zu lieben als bisher und um deine Beziehungen zu allen Menschen, die du kennst, zu verbessern. Was dieses Buch dir bringen wird, hängt von deiner Absicht, deinem Engagement und der Zeit und Energie ab, die du in die Arbeit mit diesen Übungen und Techniken investierst.

Du kannst das ganze Buch oder auch nur einen Teil davon lesen. Da dieses Buch dir ein schrittweises System zeigt, wie du mit deiner Seele in Kontakt treten und deine Herzzentren erwecken kannst, wirst du jedoch mehr davon haben, wenn du erst einmal alle Informationen in der Reihenfolge liest, in der sie hier aufgeschrieben wurden. In jedem Teil dieses Buches lernst du neue Fähigkeiten, die auf den vorher erlernten aufbauen. Du kannst dich mit jedem dieser Teile so lange beschäftigen, wie du möchtest – du kannst Tage, Wochen oder Monate damit zubringen, ehe du weiterliest. Oder vielleicht möchtest du auch das ganze Buch in einem Zug von Anfang bis Ende durchlesen und dann noch einmal zurückblättern und dich näher mit den Themen befassen, die dich besonders interessieren.

Die kursiv hervorgehobenen Anweisungen führen dich durch die wichtigsten Übungsschritte in diesem Buch. Du kannst sie während des Lesens als Leitlinien benutzen und erfahren, wie sie deinen Horizont erweitern und was für ein spirituelles Wachstum sie dir bringen. Du kannst sie aber auch erst lesen, nachdem du dieses Buch durchgearbeitet hast, um noch einmal die innere Wandlung nachzuvollziehen, die diese Übungsschritte in deinem Leben bewirken können.

Auf den »Seelenspiel«-Seiten am Ende eines jeden Kapitels sind jeweils die wichtigsten Übungen und Techniken noch einmal kurz zusammengefaßt. Wenn du diese Übungen nach der Lektüre des jeweiligen Kapitels machst, kannst du die Fähigkeiten, die du gerade erlernt hast, noch weiter vertiefen. Spiele jeden Tag einen oder mehrere Übungsschritte des Seelenspiels oder wähle diejenigen aus, die dich am meisten ansprechen. Dadurch kannst du die Verbindung zu deiner Seele stärken, die Eigenschaften der Seelenliebe zum Ausdruck bringen und deine Beziehungen zu anderen Menschen verbessern.

Ich habe die Sätze in diesem Buch bewußt so formuliert, daß beim Lesen ein bestimmter Rhythmus und bestimmte Pausen entstehen. Das kann es dir erleichtern, die feinstofflichen Energien deiner Seele wahrzunehmen, während du die Sätze liest und gleichmäßiger im Seelenrhythmus zu atmen beginnst. Erkunde die Räume, in die meine Worte dich führen, als Möglichkeiten, dir deiner Seele bewußter zu werden.

Betrachte die Ideen, die dich besonders ansprechen, als Botschaften deiner Seele.

Wenn du dich für deine Seele öffnest, findet sie Wege, zu dir zu sprechen. Nachdem du dieses Buch gelesen und durchgearbeitet hast, möchtest du es vielleicht einmal aufs Geratewohl irgendwo aufschlagen. Begreife die Informationen auf dieser

Seite als Botschaft deiner Seele, die dir sagen will, womit du dich an diesem Tag beschäftigen sollst.

Die Lektüre dieses Buches kann dir etwas darüber verraten, wie du neues Wissen und neue Erfahrungen in dich aufnimmst und integrierst. Akzeptiere alles, was du während der Lektüre dieses Buches tust, als das Richtige für dich. Respektiere deine Art, zu lernen und zu wachsen. Ertappe dich sofort bei jeder Selbstkritik oder jedem negativen Urteil über dich selbst und ersetze es durch einen positiven Gedanken: wie gut du deine Sache machst! Ein Teil der Seelenliebe besteht darin, dich selbst zu lieben und zu respektieren. Ob du nun einschneidende positive Erlebnisse hast oder subtile, kaum merkliche neue Erkenntnisse oder ob du überhaupt keine Veränderung wahrnimmst – akzeptiere all diese Erfahrungen als die richtigen, vollkommenen Schritte auf deinem Weg.

Lasse während des Lesens ruhig deine Phantasie spielen, um die Bilder zu sehen, zu fühlen oder dir vor Augen zu halten. Mache dir nichts daraus, wenn du dir die Bilder nicht ganz genau so vorstellen kannst, wie ich sie hier beschreibe. Es gibt keine richtige oder falsche Art, deine Seele oder deine Herzzentren zu visualisieren, zu fühlen, oder wahrzunehmen. Du brauchst nicht unbedingt zu spüren, was in dir vorgeht, um von den Energien profitieren zu können, die du von deiner Seele und den höheren Wesen empfangen wirst. Setze einfach deine Vorstellungskraft ein und nimm dir Zeit, so viel zu spüren, zu entdecken und dir auszumalen, wie du kannst. Deine Phantasie ist eine kreative Kraft, welche die Materie beeinflussen und Resultate in deiner physischen Welt hervorbringen kann.

Im Laufe der Lektüre dieses Buches wirst du lernen, deiner Seele zu begegnen und mit ihr eins zu werden, deine Herzzentren zu erwecken und Seelenverbindungen zu anderen Menschen herzustellen. Wenn du dir während des Lesens alles lebhaft vorstellst, kannst du deine Seele besser wahrnehmen, und es wird dir leichter fallen, deine Herzzentren zu erwecken. Außerdem habe ich Tonkassetten aufgenommen, die viele Übungen aus diesem Buch enthalten. Auf diesen Kassetten findest du Botschaften von mir selbst und anderen Lichtwesen, die mit mir zusammenarbeiten, um dich zu unterstützen. (Weitere Informationen befinden sich am Ende des Buches.)

Es gibt mehr über die Seelenliebe und die Erweckung deiner Herzzentren zu erfahren, als in einem einzigen Buch Platz hat. Dieses Buch soll dein eigenes inneres Wissen stimulieren und dazu beitragen, daß du deine Wahrheiten selbst entdeckst. Beurteile die Richtigkeit dieser Ideen nach ihrem Nutzen für dich und dem Stellenwert, den sie in deinem Leben einnehmen.

Was sich in einer bestimmten Epoche der Menschheitsgeschichte als absolute Wahrheit darstellt, entpuppt sich später, wenn weitere Erkenntnisse dazukommen, vielleicht nur als Bruchteil einer viel größeren Wahrheit. Vorläufig sind die Informationen in diesem Buch komplett. Doch wenn der richtige Zeitpunkt kommt und die Menschheit bereit ist, ein noch höheres, umfassenderes Bild entstehen zu lassen, werden diese Informationen nur noch Teil eines viel größeren Ganzen sein. Gehe beim Lesen über die bloßen Worte hinaus und nimm die Energie, die ich übertrage, direkt wahr. Dann kannst du schon jetzt Teile dieser größeren Wahrheit erfassen.

Teil I

Werde eins mit deiner Seele

Deine Persönlichkeit begibt sich auf eine Reise.
Dein Führer ist das Solarlicht,
dein Ziel die Seelenebene.
Am Tempel der Erleuchteten
rufst du deine Seele, und sie kommt zu dir.
Die Lichtwesen unterstützen dich
bei der Verschmelzung mit deiner Seele.
Du bist erfüllt
mit der Liebe, dem Willen und dem Licht deiner Seele.
Die Gegenwart deiner Seele
wird zu einem Bestandteil deines täglichen Lebens.

Kapitel 1

Die Vorbereitung deiner Persönlichkeit

Dein Höheres Selbst tritt mit deinen Teilpersönlichkeiten in Verbindung, bereitet sie auf den Kontakt mit deiner Seele vor und öffnet sie für eine neue Sichtweise. Es herrscht Kooperation.

Du bist jetzt bereit, dich auf eine wunderbare Entdeckungsreise zu begeben, auf der du mehr über dich und deine Seele erfahren wirst. Es ist wichtig, deine Persönlichkeit auf dieses Abenteuer vorzubereiten, genau wie du dich auf jede andere Reise vorbereiten würdest. Wenn du im Begriff wärst, in ein anderes Land zu reisen, würdest du auch darauf achten, daß du die richtige Kleidung und Ausrüstung dabei hast. Du würdest dein Geld in die entsprechende Landeswährung umtauschen, Vorkehrungen für den Aufenthalt in einem Land treffen, dessen Sprache du nicht verstehst, die nötige Zeit einplanen und dich in Gedanken auf die Freuden und Herausforderungen vorbereiten, die dich dort erwarten.

Das Abenteuer, für das du dich nun bereit machst, ist eine Reise zur Seelenebene, wo du deiner Seele begegnen und mit ihr eins werden wirst. Du wirst eine Welt aus Licht kennenlernen, eine Sprache erlernen, die aus Bildern besteht und auf telepathischem Weg übermittelt wird, und eine Währung der Liebe benutzen. Dazu ist es notwendig, abzuschalten, deine täglichen Routinen hinter dir zu lassen und den Zeitpunkt für deinen Aufenthalt in diesem Land zu bestimmen, das wir als Seelenebene bezeichnen. Wie bei vielen Reisen wird dir vielleicht erst nach deiner Rückkehr klarwerden, wieviel du erreicht und wie sehr du dich seit deinem Aufbruch verändert hast. Diese Reise zur Seelenebene und die Begegnung mit deiner Seele kann viele positive Veränderungen in dein Leben bringen. Anfangs fallen sie dir vielleicht gar nicht auf. Doch durch die Verbindung mit deiner Seele wird dein Bewußtsein sich erweitern, und vielleicht dein Denken, Fühlen, deine Lebensweise und deine Beziehungen verändern. Ehe du dich mit deiner Seele verbindest, ist es wichtig, daß du dir genügend Zeit nimmst, alle Ängste, Zweifel oder Bedenken, die dich in diesem Zusammenhang vielleicht noch bewegen, genau in Augenschein zu nehmen.

Um diese Zweifel oder Bedenken zu zerstreuen, kannst du verschiedenen Aspekten deiner Persönlichkeit begegnen und sie weiterentwickeln. Deine Persönlichkeit besteht aus vielen Teilen. Du kannst zum Beispiel eine gehorsame, eine rebellische, eine elternhafte und eine kindliche Teilpersönlichkeit haben, ein selbstbewußtes Ich, ein ängstliches Ich, und so weiter. Ich bezeichne diese verschiedenen Ichs als Teilpersönlichkeiten.

Die meisten dieser Teilpersönlichkeiten hast du entwickelt, als du noch klein warst. Sie entschieden, was für dich am besten war, und orientierten sich dabei an dem Charakter, den du als Kind hattest, an deiner Umgebung und den Zielen, die du damals verfolgtest. Die Bilder, die deine Teilpersönlichkeiten von dir und deinen Zielvorstellungen haben, sind vielleicht schon seit Jahren veraltet! Immer wenn du dir neue Ziele setzt, ist es notwendig, erst einmal deine Teilpersönlichkeiten auf den neuesten Stand deiner Entwicklung zu bringen, damit sie bei der Verwirklichung deiner Ziele mit dir zusammenarbeiten können. Vielleicht sieht es so aus, als arbeiteten sie deinen neuen Zielen entgegen; aber in Wirklichkeit »helfen« sie dir immer noch, frühere Ziele zu erreichen, die vielleicht gar nicht mehr in deinem Interesse liegen.

Bei jeder Veränderung, die du in deinem Leben in Angriff nehmen möchtest, gibt es vielleicht eine oder mehrere Teilpersönlichkeiten, mit denen du erst einmal reden solltest. Informiere sie über deine Pläne und bitte sie, dich beim Erreichen dieses Ziels zu unterstützen. Jedesmal, wenn du ein inneres Widerstreben gegen den Kontakt mit deiner Seele oder irgendwelchen anderen Zielen spürst, nimm dir die Zeit, herauszufinden, welche Teilpersönlichkeiten dahinterstecken, deren Ängste, Zweifel und Bedenken vielleicht erst einmal angehört und weiterentwickelt werden müssen. Auf diese Weise gewinnst du ihre Mitarbeit. Sie können dann ihre Einstellung ändern, leisten deinen Wünschen keinen Widerstand mehr, sondern unterstützen dich aktiv dabei, sie zu verwirklichen.

Um mit deinen Teilpersönlichkeiten Kontakt aufzunehmen, und sie weiterzuentwickeln, entspanne deinen Körper zunächst einmal. Atme tief ein. Bringe deine Gedanken und Gefühle zur Ruhe. Stelle dir vor, auf einer schönen grünen Wiese zu sitzen. Du bist dein Höheres Selbst – weise, allwissend und mitfühlend, ruhig, gelassen und zentriert. Das ist das Selbst, das mit deiner Seele zusammenarbeitet, um ihre Weisheit in alle Teile deiner Persönlichkeit einströmen zu lassen. Es macht nichts, wenn du nur so tust, als seist du dein Höheres Selbst; denn mit Hilfe deiner Phantasie kannst du dein Höheres Selbst besser kennenlernen und zu diesem Höheren Selbst werden. Stelle dir einfach vor, so zu denken, zu fühlen und zu handeln, als seist du dein Höheres Selbst.

Lasse dich von dem Frieden und der Harmonie dieser Wiese durchdringen. Rieche den Duft der Blumen, der in der Luft liegt. Spüre die sanfte Brise. Sobald du bereit dazu bist, lade den Teil deiner Persönlichkeit, der deine Aufmerksamkeit und Zuwendung braucht, ehe du deiner Seele begegnen kannst, zu dir auf die Wiese ein. Vielleicht wehrt diese Teilpersönlichkeit sich gegen den Kontakt mit deiner

Seele, weil sie andere Ziele verfolgt. Denke an diese Teilpersönlichkeit oder rufe irgendeine andere Teilpersönlichkeit herbei, die jetzt angehört werden möchte. Sieh sie aus der Ferne langsam auf dich zukommen. Schließe die Augen und achte darauf, wie dieser Teil deines Ichs aussieht. Ist es ein Mann oder eine Frau? Wie alt ist diese Persönlichkeit? Wie ist sie gekleidet? Wie bewegt sie sich? Bemühe dich, möglichst viele Details zu registrieren.

Laß diese Teilpersönlichkeit nahe genug an dich herankommen, so daß ihr miteinander sprechen könnt. Sie möchte schon lange mit dir reden und freut sich darüber, daß du jetzt dazu bereit bist. Frage sie, ob sie einen Namen hat. Was möchte sie dir sagen? Nimm dir Zeit, dieser Teilpersönlichkeit zuzuhören. Lege das Buch beiseite, schließe die Augen und versuche möglichst viel über diesen Teil deiner Persönlichkeit zu erfahren. Spüre die bedingungslose Liebe, die du als dein Höheres Selbst für diese Teilpersönlichkeit empfindest. Umgib sie mit deiner Liebe.

Und nun sage der Teilpersönlichkeit, daß du sie auf den Gipfel eines Berges mitnehmen wirst, um ihr von dort aus eine erweiterte Sicht deines Lebens zu zeigen. Nimm sie bei der Hand und begib dich gemeinsam mit ihr zu dem Gipfel. Ihr könnt hinauf wandern, tanzen oder fliegen. Eine herrliche Sonne strahlt auf euch herab. Die Lichtstrahlen dieser Sonne der inneren Wandlung beginnen deine Teilpersönlichkeit zu verändern. Achte darauf, wie sie immer schöner wird, je höher ihr emporsteigt.

Diese Teilpersönlichkeit beginnt schon jetzt auf dem Weg zum Gipfel, während sie das Licht der großen Sonne über euch empfängt, innerlich zu wachsen und sich zu verändern. Sobald ihr oben angekommen seid, zeigst du diesem Teil deiner Persönlichkeit den erweiterten Ausblick bis zum Horizont und das weite Tal, das unter euch liegt. Laß sie erkennen, daß dein Leben viel mehr beinhaltet, als sie bisher gesehen hat.

Bitte deine Teilpersönlichkeiten, dich beim Erreichen deiner Ziele zu unterstützen.

Als dein Höheres Selbst wendest du dich um und schaust deiner Teilpersönlichkeit ins Gesicht. Frage sie, was sie dir Gutes zu tun versucht. Alle deine Teilpersönlichkeiten wollen dich nämlich nur unterstützen, selbst wenn es so aussieht, als leisteten sie dir Widerstand. Vielleicht versuchen sie, etwas Gutes für dich zu tun, orientieren sich dabei aber immer noch an alten Zielsetzungen oder haben das Bild des Menschen vor Augen, der du früher einmal warst. Bedanke dich bei deiner Teilpersönlichkeit für ihre guten Absichten. Sie möchte, daß du ihr zuhörst und ihr Achtung entgegenbringst. Spürst du, wie sie gleich viel schöner wird – einfach nur, weil du Verständnis für sie hast und sie anerkennst?

Zeige dieser Teilpersönlichkeit nun deine aktuellen Pläne und Ziele: zum Beispiel, daß du mit deiner Seele eins werden, deine Herzzentren erwecken und deine Liebesfähigkeit erweitern willst. Frage sie, ob sie irgendwelche Ängste vor der Verwirklichung dieser Pläne und Träume hat. Sprich mit ihr und beruhige sie. Mache ihr klar, daß sie trotzdem immer noch eine wichtige Rolle in deinem Leben spielen wird, und bitte sie, dich bei der Verwirklichung deiner neuen Pläne und Träume zu unterstützen. Achte darauf, wie dieser Teil deiner Persönlichkeit gleich viel sanfter und nachgiebiger wird, innerlich wächst und sich verändert, sobald ihm ein neues Verständnis davon zuteil wird, wer du sein möchtest.

Erkläre der Teilpersönlichkeit, daß du, wenn sie möchte, ein Lichtwesen rufen wirst, das ihr hilft, sich zu entfalten. Dieses Lichtwesen kann ein Meister, ein Engel oder ein Geistführer sein. Es weiß genau, was es zu tun hat, um deiner Teilpersönlichkeit zu innerem Wachstum zu verhelfen. Wenn deine Teilpersönlichkeit damit einverstanden ist, wird nun ein Lichtwesen zu euch kommen. Dieses Wesen ist sehr erfreut darüber, hier sein zu dürfen. Begrüße es und danke ihm dafür, daß es gekommen ist. Als dein Höheres Selbst bitte dieses Lichtwesen nun um Unterstützung. Das Lichtwesen nimmt deine Teilpersönlichkeit beiseite und sendet ihr eine besondere heilende Energie. Es bietet deiner Teilpersönlichkeit Liebe an, um ihre Ängste zu heilen, damit sie gemeinsam mit dir daran arbeiten kann, deine Ziele zu erreichen. Du kannst die Veränderungen an diesem Teil deines Ichs wahrnehmen: wie er sich weiterentwickelt, immer schöner und reifer wird. Laß ihn so lange mit diesem Lichtwesen zusammen sein, wie es notwendig ist. Sobald die beiden miteinander fertig sind, wird das Lichtwesen deine Teilpersönlichkeit zu dir zurückbringen. Danke diesem schönen Wesen – diesem Engel, Meister oder Geistführer – für seine Unterstützung. Das Wesen wird deinen Dank annehmen und sich wieder entfernen.

Mache dir bewußt, zu was für einer Person dieser Teil deines Ichs sich entwickelt hat. Wie alt ist deine Teilpersönlichkeit jetzt? In welcher Hinsicht hat sie sich verändert? Sprich in Gedanken mit ihr. Frage sie, ob sie jetzt mit dir zusammenarbeiten und dich bei der Verfolgung deiner gegenwärtigen Ziele, Visionen und Träume unterstützen will. Das ist ein wichtiger Schritt: Kommuniziere so lange weiter mit deiner Teilpersönlichkeit, bis sie sich einverstanden erklärt, mit dir zusammenzuarbeiten. Bitte sie, kreativ zu sein und sich mindestens drei Möglichkeiten einfallen zu lassen, wie sie dir beim Erreichen deiner neuen Ziele beistehen könnte. Du brauchst nicht unbedingt zu wissen, was das für Möglichkeiten sind. Es wird dir dann später einfach leichter fallen, deine Pläne und Träume in die Realität umzusetzen. Danke deiner Teilpersönlichkeit für ihre Mitarbeit. Ihr arbeitet jetzt zusammen an der Erschaffung deines neuen Lebens.

Stelle dir vor, daß die Teilpersönlichkeit direkt vor dir steht und sich in ein Symbol des Lichts verwandelt. Nimm dieses Symbol in dein Herz hinein und werde eins mit ihm.

Jetzt bist du mit deiner Teilpersönlichkeit verschmolzen. Spüre das neue Licht in deinem Inneren, während ihr beide – du und deine Teilpersönlichkeit – gemeinsam Kontakt mit deiner Seele aufnehmt, um deine Herzzentren zu erwecken und deine Visionen, Hoffnungen und Träume wahr werden zu lassen.

SEELENSPIEL

Bereite deine Persönlichkeit auf den Kontakt mit deiner Seele vor, indem du dich mit all deinen Teilpersönlichkeiten triffst, die sich vielleicht noch gegen diesen Schritt wehren, um sie innerlich weiterzuentwickeln. Auch sonst kannst du immer dann, wenn du das Gefühl hast, vor dem Kontakt mit deiner Seele zurückzuscheuen oder nicht das zu tun, wovon du weißt, daß es gut für dich ist, die Teilpersönlichkeiten ausfindig machen, die dahinterstecken, und dich um ihre Weiterentwicklung kümmern. Oder wähle diejenigen Teilpersönlichkeiten aus, die vielleicht noch Widerstand gegen den Kontakt mit deiner Seele leisten, weil sie folgende Vorstellungen oder Gefühle haben:

- Sie glauben, daß sie dadurch an Macht oder Kontrolle verlieren oder nicht mehr gebraucht werden.
- Sie haben Angst davor, daß dein Leben sich verändert, selbst wenn es besser wird.
- Sie fürchten, daß du durch den Kontakt mit deiner Seele zu mächtig werden könntest; und sie haben Angst davor, mächtig zu sein.
- Sie vermuten, daß es zu mühsam sein wird, als deine Seele zu leben, und daß sie es ohnehin nicht schaffen werden; warum also sollen sie es dann überhaupt versuchen?
- Sie machen sich Sorgen darüber, daß die anderen Menschen dich vielleicht nicht mehr lieben werden, wenn du dich veränderst und weiterentwickelst; oder daß sie dich womöglich sogar ablehnen, weil du dann anders bist als sie.
- Sie sind sich nicht sicher, ob der Kontakt mit deiner Seele

wirklich das höchste Ziel ist; vielleicht sollten sie lieber abwarten, bis sich etwas Besseres ergibt.

- Sie befürchten, daß du vielleicht den Bezug zur Realität verlieren und nie wieder etwas Praktisches zustande bringen wirst, wenn du als deine Seele lebst.
- Sie haben das Gefühl, all die Liebe, die der Kontakt mit deiner Seele ihnen bringen kann, gar nicht zu verdienen, und wissen nicht, wie sie so viel Liebe empfangen sollen.
- Sie sind überzeugt davon, daß sie alles allein schaffen und deine Seele nicht brauchen.

Kapitel 2

Reise zur Seelenebene

Du erweiterst dein Bewußtsein mit Hilfe des Solarlichts, um zur Seelenebene zu reisen. Auf der Seelenebene nimmst du wahr, wie du dich von Augenblick zu Augenblick zu einem schöneren, vollkommeneren Licht entwickelst.

Du bist nun bereit, auf der Seelenebene deiner Seele zu begegnen und mit ihr zu verschmelzen. Was ist die Seelenebene? Es gibt viele verschiedene Realitätsebenen – von der physischen Erdebene, auf der du lebst, bis hin zu den höheren Dimensionen, wo alles aus Licht besteht. Auf der Erdebene kommen Lebenskraft, Zeit, Materie und Energie auf eine ganz bestimmte Art und Weise zusammen und bilden die Realität, die du kennst. Auf der Seelenebene läuft alles gleichzeitig ab, das Licht hat eine andere Qualität, und Materie, so wie du sie kennst, gibt es dort nicht.

Du kannst die Seelenebene und deine Seele spüren, indem du dein Bewußtsein erweiterst. Es gibt viele Möglichkeiten der Bewußtseinserweiterung, um zur Seelenebene zu gelangen. Du kannst dich zum Beispiel mit Hilfe von Klängen und Gesängen in einen Zustand der Meditation versetzen oder mit einem Geistführer zusammenarbeiten. Dabei erreichst du stets einen Zustand, in dem dein Körper entspannt, deine Gefühle ruhig und dein Verstand klar ist.

Wir möchten dir nun einen Weg beschreiben, wie du zur Seelenebene gelangen kannst. Du brauchst dir nicht alle einzelnen Schritte zu merken. Wichtig ist nur, daß du die feste

Absicht hast, die Seelenebene zu erreichen, und daß du das Solarlicht spürst.

Die Konzentration auf das Solarlicht ist eine sehr mächtige und wirksame Methode, um dein Bewußtsein zu erweitern und zur Seelenebene zu gelangen. Was ist das Solarlicht? Es ist die Seele der physischen Sonne. Manche Menschen nennen es auch das Herz der Sonne. Es nährt alles Leben auf der Seelenebene, genau wie die physische Sonne das Leben auf der Erdebene nährt und erhält. Das Solarlicht ist ein gewaltiges, großartiges Wesen. Seine Energie reicht in viele höhere Dimensionen und strahlt bis zur Erdebene herab. Es ist die Gesamtsumme allen Bewußtseins auf der Seelenebene und auf sämtlichen Ebenen darunter, einschließlich der Erdebene. Das Solarlicht ist ein Licht der Schönheit, Vollkommenheit und Liebe.

Denke an die physische Sonne, und stelle dir vor, daß das Solarlicht so ähnlich wie diese physische Sonne ist, nur viel schöner und strahlender. Da es die Seele der Sonne ist, mußt du deine inneren Augen und deine Phantasie einsetzen, um es dir vorstellen zu können. Wenn du es nicht fühlen oder spüren kannst, möchtest du dir vielleicht ein Symbol dafür erschaffen. Dann kannst du dich bei deiner Reise zur Seelenebene auf dieses Symbol konzentrieren. Aber du brauchst dir das Solarlicht gar nicht unbedingt vorzustellen, es zu spüren oder sonst irgend etwas zu tun; es genügt, wenn du einfach nur daran denkst. Dann erweitert es dein Bewußtsein und führt dich zur Seelenebene.

Rufe Solarlicht herbei,
und umgib dich damit.

Die Reise zur Seelenebene ist keine Bewegung von einem Ort zum anderen, sondern eine Reise der Ausdehnung. Sobald du dich auf der Seelenebene befindest, kannst du deiner Seele begegnen und mit ihr verschmelzen. Beginne deine Reise zur Seelenebene jetzt, indem du das Solarlicht in dein Bewußtsein bringst. Begrüße es als ein lebendiges, liebevolles Wesen. Stelle dir einen Strom der Liebe vor, der vom Solarlicht direkt in dein Herzzentrum fließt, das in der Gegend deines physischen Herzens liegt. Dieser Liebesstrom ist die Energie, welche die Erlöser dieser Welt der Menschheit durch ihre erwachten Herzzentren senden. Seine magnetische Liebe zieht alles an. Die Liebe, die das Solarlicht aussendet, ist eine Kraft, welche die Herzen aller Menschen berührt und sie nach Hause in die spirituellen Reiche des Lichts und der Liebe führt.

Nimm eine bequeme Haltung ein, in der du ganz entspannt bist. Blicke mit deinen inneren Augen nach oben und lenke deine innere Sicht zum Solarlicht. Entspanne deinen Kiefer und die Muskeln rund um die Augen. Achte auf deinen Körper und lockere alle Bereiche, in denen du dich verkrampft oder angespannt fühlst. Löse dich für einen Augenblick von deiner äußeren Welt. Werde dir deiner inneren Welt der Gedanken und Gefühle bewußt. Laß alle Sorgen und Gedanken darüber los, wie dein Tag verlaufen wird bzw. verlaufen ist oder was du als nächstes tun mußt.

Entspanne dich immer mehr und steige zur Seelenebene empor, indem du mit deinem Atem spielst. Atme einmal tief und sanft ein. Stelle dir vor, daß du Solarlicht einatmest. Dann laß den Atem sanft wieder ausströmen und stell dir vor, daß du dabei Solarlicht in die Welt sendest. Wiederhole das noch ein paarmal und entspanne dich bei jedem Atemzug ein bißchen mehr.

Stelle dir deine Wirbelsäule als hohlen Stab vor, der Licht enthalten kann. Rufe Solarlicht herbei und laß es in diesen Stab hineinfließen. Nimm immer mehr Solarlicht in dich auf, bis du in deinem Körper eine Lichtsäule erschaffen hast, die nun zu glühen beginnt. Von dieser Säule breitet sich das Licht aus und bildet einen Lichtkokon rund um deinen Körper.

Laß dein Licht weiter nach außen strömen und stelle dir vor, daß du in allen Gegenständen und Lebewesen um dich herum Licht wahrnehmen kannst. Alles in deiner Welt ist vibrierendes Licht. Schließe die Augen und male dir aus, wie deine Umgebung aussehen würde, wenn du alles das Licht wahrnehmen könntest. Dadurch entwickelst du die Fähigkeit, die feinstofflichen Energien des Lichts zu erspüren, wie sie in deiner dreidimensionalen Welt der Form und Materie existieren.

Ziehe Solarlicht in deine DNS hinein, um deinen Körper weiterzuentwickeln.

Während du Solarlicht einatmest, sende einen Strom dieses Lichts in deine DNS hinein, die sich im Zentrum jeder einzelnen Zelle deines Körpers befindet. Stell dir vor, daß du den Lebenscode in dir weiterentwickelst, um deine nächste Evolutionsstufe zu erreichen. Deine DNS enthält den Code, nach dem dein Körper aufgebaut ist. In den Augenblicken, in denen du dich auf das Solarlicht konzentrierst, entstehen in deinem Körper Zellen, die aus einer feineren Materie bestehen und mehr Solarlicht enthalten.

Wenn du die Seelenebene und deine Seele kennenlernen möchtest, ist es wichtig, daß deine Gefühle sehr ruhig, sanft und fließend sind. Deine Gefühle sehen aus wie kleine vibrierende Lichtteilchen, die deinen physischen Körper umgeben und durchdringen. Wenn du dich in einem normalen Bewußtseinszustand befindest, kannst du sie dir als sehr rasch vibrierende Teilchen vorstellen. Sie können auf alle emotionalen Energien reagieren, die dich auf der Erdebene umgeben. Starke Empfindungen oder Ängste können deinen Gefühlskörper zusätzlich intensiv zum Vibrieren bringen.

Um deine Gefühle zur Ruhe kommen zu lassen, atme ganz ruhig und gleichmäßig, wie du es gerade getan hast. Denke an das Solarlicht. Lasse seine Strahlen diese vibrierenden Teilchen deines Gefühlskörpers berühren, bis sie ganz ruhig werden. Wenn du irgendwelche Sorgen, Kümmernisse oder andere

Empfindungen hast, die dich beunruhigen, dann stelle dir vor, wie Solarlicht in sie hineinfließt. Spüre, wie die vibrierenden Teilchen deines Gefühlskörpers allmählich immer ruhiger werden. Wenn du deiner Seele begegnest und mit ihr eins wirst, möchtest du sicher in einem ruhigen, fließenden emotionalen Zustand sein.

Du kannst dich nun weiter in die Seelenebene hinein ausdehnen, indem du einen klaren, fließenden mentalen Zustand erzeugst. Heftige Gefühle zu beruhigen, erfordert Willenskraft und innere Stärke; um deine Gedanken zur Ruhe zu bringen, brauchst du Geduld und Ausdauer. Atme Solarlicht ein. Beobachte den Strom der Gedanken, die dir durch den Kopf gehen. Wenn dich irgendwelche Gedanken bewegen, die du gern loslassen möchtest, dann stelle dir vor, wie sie dich beim Ausatmen verlassen. Lasse die ausströmende Luft all deine alten oder beschränkten Gedanken davontragen. Wenn manche besonders hartnäckigen Gedanken trotzdem immer wieder in dir aufsteigen, dann ziehe beim Einatmen Solarlicht in sie hinein. Umgib jeden dieser Gedanken mit so viel Solarlicht, daß er selbst zu Licht wird, und sende diese in Licht verwandelten Gedanken beim Ausatmen in die Welt hinaus. Du kannst innerlich ruhig und friedlich bleiben, unabhängig davon, was für Gedanken dich bewegen. Laß die Gedanken einfach in dir aufsteigen und verwandle sie in Licht. Dann wird dein Geist so klar wie ein Bergsee, der die Sonne und den Himmel über sich wie ein Spiegel reflektiert.

Erweitere dein Bewußtsein mit Solarlicht, um auf die Seelenebene zu reisen.

Konzentriere dich auf das Solarlicht über dir. Laß dich von ihm in eine Welt unglaublich schönen Lichts emporziehen – des Lichts der Seelenebene. Wenn du dich umschaust, siehst du überall funkelnde, sich bewegende Lichtpunkte. Es ist, als seist du in ein Meer des Lichts eingetaucht. Dein Bewußtsein hat sich erweitert; es ist jetzt flüssiges Licht. Du kannst überall hin reisen, dich von einem Lichtpunkt zum anderen bewegen. Du kannst zum Raum zwischen den Lichtern werden und dich unter ihnen hindurchbewegen. Du kannst tanzen, dich umherwälzen oder hüpfen und springen. Du kannst dich im Bruchteil einer Sekunde bis ins Unendliche ausdehnen und dich ebenso schnell wieder zu einem winzigen Lichtpunkt zusammenziehen. Du kannst dich überall in diesem Meer des Lichts gleichzeitig aufhalten. Du kannst ein Lichtpunkt sein, der in diesem Meer fließt, oder das Meer selbst. Das ist die Seelenebene der Unendlichkeit, des Lichts, des unbegrenzten Raumes, wo es keine Zeit gibt. Auf dieser Ebene kannst du deine Seele aufgrund der Verstärkung der vorhandenen Seelenenergie am deutlichsten spüren.

Die Welt der Seelenebene kennt weder Schmerz noch Kummer, sondern nur Liebe, Freude und Glückseligkeit. Von der Seelenebene fließen Ströme von Solarlicht nach außen und nach unten zur Erdebene. So wie diese Energie nach unten strömt, fließt sie auch wieder nach oben und holt alles Leben, das unter ihr liegt, nach Hause zurück. Denke an das Solarlicht, das auf dich herabscheint, während du dich auf der Seelenebene befindest. Nimm seine warmen Lichtstrahlen in deine Seele auf. Spüre seinen Willkommensgruß, seine Liebe und Freude. Das ist das Licht der Verwandlung auf allen Ebenen.

Stelle dir vor, wie du zu einem immer schöneren, vollkommeneren Licht wirst.

Bewahre das Bild des Solarlichts so lange in deinem Bewußtsein, bis du ein besseres Gespür dafür hast. Während du das Solarlicht beobachtest, achte darauf, wie es immer schöner und vollkommener wird. Stelle dir dabei vor, daß auch du dich in ein immer schöneres, vollkommeneres Licht verwandelst. Dein inneres Licht wird klarer, ausgeglichener, harmonischer und strahlender. Immer wenn du in das Solarlicht eintauchst, erfüllst du eines der Ziele deiner Seele: selbst zu einem schöneren, vollkommeneren Licht zu werden.

Durch die Arbeit mit dem Solarlicht kannst du tiefgreifende Veränderungen in deinem Leben und Bewußtsein sowie auf deinem spirituellen Weg bewirken. Das Solarlicht ist eine der mächtigsten Kräfte des Universums. Denke so oft wie möglich an dieses Licht – beim Aufwachen, vor dem Einschlafen oder auch zu anderen Tageszeiten. Dadurch wächst deine Fähigkeit, wahrzunehmen und auszustrahlen. Auf diese Weise kannst du viele wunderbare Veränderungen in dein Leben bringen.

Reise zur Seelenebene

Seelenspiel

Nimm auf einem oder mehreren der folgenden Wege Kontakt mit dem Solarlicht auf, um dein Bewußtsein zu erweitern und dich für die Reise auf die Seelenebene vorzubereiten, wo du deiner Seele begegnen und mit ihr verschmelzen wirst.

1. Begrüße das Solarlicht heute als lebendiges, liebevolles Wesen. Empfange einen speziellen Lichtstrahl von ihm, der direkt in dein Herzzentrum strömt, um es zu erwecken.
2. Rufe Solarlicht zu dir und bilde daraus einen Kokon um dich herum. Umgib dich den ganzen Tag mit diesem Licht.
3. Wenn heute Sonnenlicht auf deinen Körper fällt, dann spüre die Solarlicht-Teilchen, die darin enthalten sind. Stelle dir vor, daß diese Teilchen deinen Körper weiterentwickeln.
4. Atme Solarlicht ein und sende es beim Ausatmen in die DNS im Zentrum aller Zellen deines Körpers. Stelle dir vor, daß du dadurch den Lebenscode in dir weiterentwickelst, um deine nächste Evolutionsstufe zu erreichen.
5. Atme Solarlicht ein, um deine Gefühle zur Ruhe kommen zu lassen. Beim Ausatmen bringe Solarlicht in alle aufgewühlten, negativen oder intensiven Gefühle. Fahre so lange damit fort, bis du innerlich ruhig geworden bist.
6. Umgib alle unerwünschten Gedanken mit Solarlicht, bis sie sich in Licht verwandelt haben. Sei geduldig und tue das jedesmal, wenn diese Gedanken in dir aufsteigen – so lange, bis sie nur noch als Licht existieren.
7. Beobachte, wie das Solarlicht immer schöner und vollkommener wird und wie auch du dich allmählich zu einem immer schöneren, vollkommeneren Licht entwickelst.

Kapitel 3

Die Begegnung mit deiner Seele

Am Tempel der Erleuchteten auf der Seelenebene
rufst du deine Seele, und sie kommt.
Während du in den Juwel deiner Seele reist,
enthüllt deine Seele dir ihr leuchtendes Licht des Geistes.

Es ist an der Zeit, deiner Seele zu begegnen. Nimm zunächst einmal eine Haltung ein, die körperlich bequem für dich ist und in der du dich entspannen kannst. Denke an das Solarlicht und stelle dir vor, wie seine warmen Strahlen auf dich herabscheinen. Atme tief ein und nimm dabei Solarlicht auf. Male dir aus, wie Solarlicht durch deinen Körper strömt und alle Körperbereiche entspannt, die es berührt. Ziehe es in dich hinein, bis um dich herum ein Kokon aus Solarlicht entsteht. Umgib auch deine Gefühle mit Solarlicht, um sie zu beruhigen. Atme Solarlicht in deine Gedanken und stelle dir vor, wie beim Ausatmen alle alten, beschränkten Gedankenformen aus dir hinausströmen. Lasse deine Gedanken ganz ruhig und klar werden. Spüre die Strahlen des Solarlichts auf dir und fühle, wie sie dich zur Seelenebene hinaufziehen, bis du in das Meer des Lichts eintauchst. Spiele einen Augenblick lang auf der Seelenebene.

Auf der Seelenebene gibt es einen Ort, den ich den Tempel der Erleuchteten oder ganz einfach den Tempel nenne. Dort arbeiten erleuchtete Wesen wie die Meister und die Lichtwesen zum Wohl der Menschheit zusammen. Sie unterstützen die Menschen auf vielerlei Art, indem sie beispielsweise Liebe, Freude, Harmonie, Frieden und Hoffnung aussenden. An diesem Ort wirst du deiner Seele zum ersten Mal begegnen, denn die Unterstützung, die dir hier zuteil wird, kann dir den Kontakt mit deiner Seele erleichtern.

Vielleicht stellst du dir jetzt einen Tempel mit Wänden und verschiedenen Räumen vor; doch in Wirklichkeit besteht er nur aus Licht und hat gar keine Form. Die Wesen in diesem Tempel ermöglichen es dir, ihn als Form zu sehen oder zu spüren. Vielleicht sieht er jedesmal anders aus, wenn du hierher kommst, denn er besteht aus Lichtmustern, die sich ständig verändern. Es kann sogar sein, daß dieser Tempel dir überhaupt nicht wie ein Ort vorkommt; vielleicht empfindest du ihn nur als Licht, oder du erkennst ihn an dem Gefühl der Liebe und des inneren Friedens, das dich überkommt, wenn du an ihn denkst.

Du bist eingeladen, zu diesem Tempel zu kommen. Auf der Seelenebene kannst du dich überhall hinbegeben, indem du dir einfach nur vorstellst, wo du sein möchtest. Gehe zu dem Tempel, indem du an diesen schönen, erhabenen Ort denkst und dir vornimmst, dort hinzugehen. Achte darauf, wie der Tempel aussieht oder wie er sich anfühlt, wenn du näherkommst. Vielleicht spürst du die Gegenwart der höchsten Wesen, deren Herzen von reiner Liebe erfüllt sind, oder stellst sie dir vor. Hier kannst du ruhig und friedlich, glücklich und frei sein. An diesem wunderbaren Ort bist du sicher und geborgen und wirst geliebt.

Begegne den Seelen anderer Menschen,
die hierhergekommen sind,
um ihre Herzzentren zu erwecken.

An dem Tempel wartet ein Lichtwesen auf dich und führt dich in einen riesengroßen Innenhof. Sieh dich um und nimm die Seelen der anderen wahr, die ebenfalls hier sind und sich auf den Kontakt mit ihrer Seele vorbereiten. Du wirst im Laufe deiner Lektüre dieses Buches noch oft mit ihnen zusammenarbeiten. Manche sind Seelen von Freunden und anderen Menschen, die du kennst und liebst. Viele gehören zu Personen, die dir in Zukunft noch begegnen werden. Es sind auch einige darunter, die genau wie du dieses Buch lesen. Du wirst manche vielleicht nie persönlich kennenlernen, sondern nur auf der Seelenebene mit ihnen zusammentreffen. Du legst nun den Grundstein für viele neue Freundschaften mit Menschen, die du in diesem Leben noch kennenlernen wirst. Sobald du ihnen begegnest, wirst du sie an den wunderbaren Gefühlen erkennen, die euch verbinden. Viele werden Freunde sein, die gleiche Interessen haben und sich auf einem ähnlichen Weg befinden wie du. Jeder, der sich mit anderen, die gerade den gleichen Entwicklungsschritt tun wie er, zu einer Gruppe zusammenschließt, bekommt große Kraft. Sende den Seelen, die hier an diesem Ort sind, deine Liebe. Nimm die schönen Lichtmuster wahr, die ihr durch euer Zusammenspiel auf dieser Ebene erschaffen könnt.

Verbinde dich mit den Lichtwesen, die hier sind, um dich zu unterstützen.

Nun beginnt die Zeremonie der Begegnung mit deiner Seele. Da diese Zeremonie auf der Seelenebene stattfindet, wo es keine Zeit gibt, kannst du jederzeit dazustoßen und kommst doch immer genau zur rechten Zeit. Mit jedem Menschen, der sich hinzugesellt, bekommen die Mitglieder dieser Gruppe mehr Kraft, ihre Seelen herbeizurufen und ihnen zu begegnen.

Die Erleuchteten haben einen Ruf nach den Lichtwesen ausgesandt, deren Aufgabe es ist, Menschen bei der Begegnung mit ihrer Seele zu unterstützen. Während du wartest, kommen immer mehr Reihen und Hierarchien dieser Lichtwesen zu dir, bis du ganz von ihrem schönen Licht umgeben bist. Sie helfen dir, indem sie deinen Ruf nach deiner Seele verstärken. Diese Lichtwesen haben sich freiwillig erboten mit dir zu arbeiten, und werden immer für dich da sein, wenn du sie um Hilfe bittest. Außerdem sind auch noch viele andere Lichtwesen zu dir gekommen. Fühle die Liebe, die sie dir entgegenbringen, und ihre Freude darüber, dir in diesem wichtigen Augenblick beistehen zu können. Wenn du wünschst, daß sie dich unterstützen, wenn du deine Seele zu dir rufst, dann bitte sie jetzt darum.

Nun ist es an der Zeit, deine Seele zu dir zu rufen. Das ist ein sehr bedeutender Augenblick für deine Seele. Sie hat darauf gewartet, daß du diese Entwicklungsstufe erreichst, auf der du bewußt mit ihr Verbindung aufnehmen kannst. Wenn du mit deiner Seele in Kontakt trittst, gibst du ihr dadurch die Kraft und Energie, die sie braucht, um ihre nächste Entwicklungsstufe zu erreichen. Sie war vorher in einem Zustand tiefer Meditation, hatte sich ganz auf die höheren Dimensionen konzentriert und darauf gewartet, daß du dir ihrer mehr bewußt wirst. Sobald du mit deiner Seele Kontakt aufnimmst, wird sie einen größeren Teil ihrer Energie auf dich konzentrieren.

Stimme den Ton an, der deine Seele zu dir ruft.

Du kannst deine Seele herbeirufen, indem du einen inneren Ton anstimmst. Ein Teil deiner selbst weiß ganz genau, wie das geht. Du hast diesen Ton auch früher schon angestimmt, wenn du um mehr Kraft, Weisheit, Liebe oder Unterstützung batest. In solchen Augenblicken kam deine Seele zu dir und ließ ihr Licht mit dem deinen verschmelzen, um dein inneres

Wissen, deine Kraft und deinen Mut zu stärken. Jetzt rufst du deine Seele ganz bewußt zu dir und bittest sie, zu einem ständigen Teil deines Bewußtseins zu werden und ihre Gegenwart stärker in dein tägliches Leben einzubringen.

Finde den Ton, den du aus deinem tiefsten Inneren heraus erklingen lassen kannst, um deine Seele zu rufen. Dieser Ton hat den Beiklang deiner Entschlossenheit, der deiner Seele verrät: »Ich bin bereit.« Es kann ein Gefühl, ein Ton oder ein Klang sein. Bringe diesen Ton in deinem Inneren zum Erklingen oder stimme ihn laut an. Übe mit einem »OM« oder mit anderen Lauten. Es gibt keinen richtigen oder falschen Weg, deine Seele zu dir zu rufen. Mache dir daher keine Sorgen darüber, ob du den richtigen Ton oder Klang gefunden hast. Die Lichtwesen unterstützen dich und verstärken deinen Ruf nach deiner Seele. Deine Seele wird deine Absicht erkennen, ihr zu begegnen. Sie wird deinen Ruf hören und kommen.

Sobald deine Seele deinen Ruf hört, reagiert sie darauf, indem sie für dich sichtbar wird. Beobachte, wie sie sich dir nähert. Vielleicht scheint sie von weit her zu kommen, sich auf dich zuzubewegen, bis sie schließlich vor dir steht. Sei dir der Tragweite dieses Augenblicks bewußt. Spüre die Energiewelle, die dich durchflutet, und das Gefühl des Kontakts, sobald deine Seele dir ihre Aufmerksamkeit zuwendet. Sie ist glücklich darüber, daß du sie gerufen hast und bereit bist, mit ihr Verbindung aufzunehmen.

Entdecke die Kraft, Großartigkeit und Schönheit deiner Seele. Spüre ihre unermeßliche Größe und ihre Liebe. Das ist ein Teil von dir! Deine Seele ist ein äußerst feines, wunderbares, göttliches Wesen. Sie empfindet so viel Liebe für dich. Öffne dich, um diese Liebe zu empfangen, und sende auch ihr deine Liebe.

Begrüße deine Seele als eine lebendige Gegenwart von großer Liebe, Weisheit und Intelligenz.

Nimm möglichst viel von deiner Seele wahr. Achte auf alle Licht- oder Farbmuster in ihrem Inneren. Alles, was du an deiner Seele wahrnehmen kannst, ist genau richtig, selbst wenn du das Gefühl hast, dir das nur auszudenken. Vielleicht spürst oder siehst du aber auch gar nichts. Deine Seele kann mit dir arbeiten, ob du es bemerkst oder nicht.

Stelle dir deine Seele als riesengroße, leuchtende Lichtkugel vor. In ihrem Zentrum, von Blütenblättern verhüllt, strahlt ein wunderschönes, herrliches Licht. Es sind zwölf Blütenblätter, in vier Reihen mit jeweils drei Blättern. Natürlich handelt es sich nicht um wirkliche Blütenblätter, sondern um Energiewirbel, die dieses wunderschöne, strahlende Licht umgeben und verhüllen. Das Licht im Zentrum deiner Seele ist wie ein leuchtender Juwel. Es ist die Quelle des Lebens deiner Seele, ihr Ursprung, ihr Geist. Wenn deine Seele sich weiterentwickelt, werden diese Blütenblätter in allen Regenbogenfarben erstrahlen. Sobald du eine bestimmte spirituelle Entwicklungsstufe erreicht hast, entfalten die Blütenblätter sich ganz und das wunderschöne Licht wird unverhüllt sichtbar sein.

Nun, da du deine Seele herbeigerufen hast, wird sie dir erlauben, dich mit deinem Bewußtsein in ihren Juwel hineinzubegeben. Sie läßt ihre Blütenblätter durchscheinender werden und enthüllt dir ein herrliches, leuchtendes Licht, das dich mit seiner Schönheit blendet. Betrachte diesen Juwel im Zentrum deiner Seele mit deinen inneren Augen. Beobachte, wie Licht und Energie von ihm ausstrahlen. Am Anfang bekommst du möglicherweise nur einen flüchtigen, verschwommenen Eindruck von diesem Licht. Aber jedesmal, wenn du daran denkst, wird dir vielleicht auffallen, daß du mehr davon sehen, spüren oder wahrnehmen kannst.

Du kannst dir dich selbst als winzig kleines Wesen vorstellen, das ein ungeheuer großes, strahlendes Licht betrachtet. Du kannst dein Bewußtsein immer tiefer in den Juwel deiner Seele senden, in Gedanken immer weiter in ihn hineingehen. Dieses Licht hat kein Ende, denn du reist in die Unendlichkeit. Du wirst eins mit dem Ursprung, dem Geist. Während du in den Juwel deiner Seele reist, hast du vielleicht das Gefühl, dich in einen höheren Bewußtseinszustand auszudehnen. Vielleicht kommt es dir so vor, als ob du in einer unendlichen Welt jenseits von Zeit und Raum schwebst.

Begib dich in den Juwel deiner Seele,
um dein Bewußtsein zu verwandeln.

Sobald dein Bewußtsein ganz im Juwel deiner Seele ist, empfindest du vielleicht ein so tiefes Gefühl der Stille, daß du es nur ein paar Sekunden lang festhalten kannst. Tauche ganz tief in die Stille dieses leuchtenden Lichts ein. Lasse dich davon durchströmen. Dieses Licht des Geistes besitzt die Macht, dich auf allen Ebenen zu verwandeln. Wenn du dieses strahlende Licht im Zentrum deiner Seele betrachtest, schenkt es dir mentale Klarheit. Es bringt dich mit deinem innersten Wesen, der Essenz deines Seins in Verbindung. Vereinige dich so oft mit dem Juwel deiner Seele, wie du möchtest. In jedem Augenblick, in dem du an ihn denkst, ihn fühlst oder spürst, verwandelst du dein Bewußtsein.

Du bist nun deiner Seele begegnet und hast dich mit dem Licht des Geistes in harmonischen Einklang gebracht. Sobald du beginnst, aktiver mit deiner Seele zusammenzuarbeiten, wird sie auch aktiver mit dir zusammenarbeiten. Zum Schluß bedanke dich bei allen Lichtwesen, die dich unterstützt haben. Jedesmal, wenn du deine Seele rufst und Hilfe dabei brauchst, kannst du die Lichtwesen darum bitten, und sie werden für dich da sein.

Seelenspiel

Wähle aus der untenstehenden Liste irgend etwas aus, was du heute spielerisch üben möchtest, um deine Fähigkeit, deiner Seele zu begegnen und sie zu spüren, noch mehr zu verstärken.

1. Erforsche den Tempel der Erleuchteten und versuche mehr darüber herauszufinden. Begib dich mindestens einmal dorthin und nimm die dort gegenwärtigen Gefühle des Friedens, der Liebe und Freude in dich auf.
2. Triff dich wieder mit den Seelen, denen du im Tempel begegnet bist. Spüre, wie sie sich über deine Gegenwart freuen, und empfange ihre herzlichen Willkommensgrüße. Sende ihnen Liebe und nimm ihre Liebe an. Spüre das Licht und die Liebe, die dir zugänglich werden, wenn du dich auf diese Art und Weise mit einer Gruppe verbindest. Die Zusammenarbeit mit einer Gruppe verbessert die Fähigkeit aller Mitglieder, mit ihrer Seele in Kontakt zu treten.
3. Übe, deine Seele zu dir zu rufen. Stimme laut einen inneren Ton oder ein »OM« an. Bitte die Lichtwesen, deinen Ruf zu verstärken. Gewinne immer mehr Zutrauen zu deiner Fähigkeit, deine Seele herbeizurufen und ihre Antwort zu erhalten.
4. Rufe deine Seele und heiße sie als lebendiges, liebevolles Wesen willkommen. Öffne dich für die Liebe, die sie dir entgegenbringt. Sende ihr deine Liebe.
5. Begegne deiner Seele und nimm möglichst viel von ihr wahr. Betrachte ihr Licht, spüre ihre Gegenwart und fühle die Liebe, die von ihr ausgeht.

6. Nimm den herrlichen Juwel deiner Seele wahr. Begib dich in deiner Phantasie in diesen Juwel hinein, und spüre den Frieden und die Stille dort. Laß diese Stille dein ganzes Wesen durchdringen.
7. Reise in den Juwel deiner Seele und schöpfe Energie aus ihm. Lade dich innerlich mit neuer Energie auf, während du mit dem Geist, der Essenz deines Wesens, in Verbindung trittst.

KAPITEL 4

Die Verschmelzung mit deiner Seele

Deine Seele sendet ihr Licht, ihre Liebe
und ihren Willen in deine Persönlichkeit.
Du erkennst dich selbst als deine Seele.

Du bist deiner Seele begegnet und bereit für den nächsten Schritt: die Verschmelzung mit deiner Seele. Nimm eine bequeme Haltung ein, in der du dich entspannt fühlst. Denke an das Solarlicht und rufe es herbei. Hülle deinen Körper in einen Kokon aus Solarlicht. Atme dieses Licht ein und bringe deine Gefühle zur Ruhe. Lasse das Solarlicht auch in deine Gedanken einströmen und beobachte, wie sie dadurch selbst zu Licht werden. Atme das Solarlicht nun wieder aus und laß dabei all deine alten, verbohrten oder engherzigen Gedanken aus dir herausströmen. Dein Geist wird ganz ruhig und gelassen. Lasse dich leicht und mühelos zur Seelenebene emporsteigen, bis du wieder im Meer des Lichts bist und das wunderschöne Solarlicht auf dich herabscheint.

Denke an den Tempel der Erleuchteten, bis du spürst, daß du dort bist. Vielleicht sieht er immer noch genauso aus wie beim letzten Mal, vielleicht aber auch nicht. Fühle den Frieden und die Liebe um dich herum. Spüre den sanften Windhauch, der dich berührt. Nimm alles Schöne um dich herum wahr und rieche den Duft der Blumen. Führe dir das Bild des Tempels so real vor Augen, wie du kannst.

Man erwartet dich bereits. Ein Lichtwesen tritt dir entgegen und führt dich in die Mitte des Innenhofs, in dem du vorher schon einmal warst. Eine Zeremonie der Vereinigung mit deiner Seele ist für dich und alle anderen geplant, die sich darauf vorbereiten, mit ihrer Seele zu verschmelzen. Begrüße all die anderen und spüre, wie sie dich lieben und akzeptieren. Mache dir eure Einheit und das gemeinsame Ziel bewußt, das euch alle verbindet, während ihr euch auf die Verschmelzung mit eurer Seele vorbereitet.

Viele Lichtwesen sind gekommen, um euch zu unterstützen. Immer mehr Reihen und Hierarchien von Lichtwesen kommen aus den höheren Dimensionen des Lichts zu euch herabgestiegen. Wieder umgibt dich eine Atmosphäre strahlenden, schimmernden Lichts. Und über dir ist das Solarlicht und scheint auf alles herab. Die Wesen, die dich bei der Anrufung deiner Seele unterstützen können, sind wieder da. Außerdem ist noch eine andere Gruppe von Lichtwesen gekommen, um deiner Persönlichkeit bei der Verschmelzung mit deiner Seele Hilfestellung zu leisten. Du kannst diese Wesen jederzeit anrufen, wenn du das Gefühl hast, dich innerlich gegen deine Seele zu wehren, oder wenn du mit deiner Seele eins werden und dir ihrer Gegenwart intensiver bewußt werden möchtest.

Jetzt ist es an der Zeit, mit deiner Seele in Verbindung zu treten. Rufe sie zu dir, indem du ihren Ton anstimmst. Du kannst die Lichtwesen bitten, dich dabei zu unterstützen, indem sie deinen Ruf verstärken. Bringe deine Gedanken zur Ruhe, atme tief ein und sende den Ton aus, der deine Seele herbeiruft.

Spüre die Gegenwart deiner Seele
wie die Berührung
eines Engels.

Deine Seele hört dich und kommt näher. Stelle dir vor, wie ihr strahlendes Licht auf dich zukommt, bis es direkt vor dir ist. Spüre ihre friedliche, liebevolle Gegenwart und ihren Willkommensgruß, ihre sanfte, akzeptierende Haltung und die Liebe, die sie dir entgegenbringt. Deine Seele ist so voller Freude, daß du ganz mit ihr eins werden möchtest. Während sie sich auf die Verschmelzung mit dir vorbereitet, fragt sie dich noch einmal: »Bist du bereit, mit mir eins zu werden?« Überlege dir genau, ob du auch wirklich bereit dazu bist, ehe du den nächsten Schritt tust. Obwohl deine Seele schon immer ein Teil von dir war, ist sie bisher noch nie auf diese Art und Weise mit dir verschmolzen. Die Energie deiner Seele ist so mächtig, daß sie dein Leben verändern wird, wenn sie ihre Energie mit deiner verbindet. Wenn du das Gefühl hast, noch nicht bereit dafür zu sein, dann arbeite so lange weiter mit deinen Teilpersönlichkeiten, bis du wirklich antworten kannst: »Ja, ich bin bereit.«

Sobald dieser Zeitpunkt gekommen ist, nähert deine Seele sich dir. Sie beginnt langsam und respektvoll, dich mit ihrer Gegenwart zu umgeben. Lasse die Lichtkugel deiner Seele ganz sanft deinen Körper umhüllen; ihr Juwel aus Licht umgibt dabei dein Herzzentrum. Vielleicht möchtest du ein paar Sekunden lang die Augen schließen, um diese Verschmelzung so intensiv wie möglich zu erleben. Spüre, wie du ganz von Licht eingeschlossen wirst. Stelle dir um dich herum lauter sich bewegende Lichtmuster vor. Suche eines dieser Lichtmuster heraus und lasse dich »hineinfallen«. Fühle, wie du dabei zum Licht deiner Seele wirst, denn deine Seele besteht aus Licht.

Laß das Licht deiner Seele,
das eine höhere Frequenz hat,
mit dem Licht deiner Persönlichkeit verschmelzen.

Ziehe deine Seele mit jedem Atemzug näher zu dir heran und öffne dich für ihr Licht. Stelle dir vor, wie das Licht deiner Seele mit dem Licht deiner Persönlichkeit verschmilzt. Anfangs spürst du dabei vielleicht eine Art Spannung, denn das Licht deiner Persönlichkeit hat eine andere Frequenz als das Licht deiner Seele. Doch im Laufe des Verschmelzungsprozesses wirst du ganz im Licht deiner Seele erstrahlen. Rufe die Lichtwesen an, die deine Persönlichkeit bei der Einswerdung mit der Seele unterstützen, damit dieser Prozeß für dich und deine Seele möglichst leicht und reibungslos abläuft.

Spüre die Kraft deiner Seele, während immer mehr von ihrem Licht in dich einströmt. Laß dich von ihren Lichtströmen und ihrer Kraft durchfließen. Ehe es nun weitergeht, nimm dir einen Augenblick Zeit, um die Kraft deiner Seele zu spüren, die dich durchströmt. Öffne dich, um von deiner Seele die Energie zu empfangen, die dich am meisten dabei unterstützen wird, eine neue Ebene des Lichts zu erreichen.

Spüre,
wie deine Seele dir den Weg erhellt.

Fühle, wie das Licht und die Energie deiner Seele durch dich hindurchpulsieren. Stelle dir vor, daß ihr Licht so groß ist, daß es dir immer einen Weg erhellt, den du erkennen und dem du folgen kannst. Deine Seele zeigt dir das Licht, das dich umgibt, in dir selbst und in anderen Menschen. Spüre dieses Licht deiner Seele, das deinen höchsten Weg erleuchtet und überall um dich herum Licht erschafft. Laß das Licht deiner Seele in dein Denken einströmen und dir von deiner Seele neue Gedanken, Ideen und kreative Inspirationen eingeben.

Deine Seele reinigt alles, was sie berührt. Während sie dich in ihrem reinigenden Licht badet, verwandelt sie niedrigere Energien in dir in ihren höheren Ausdruck. Erlebe die transformierende Kraft deiner Seele, während ihr reinigendes Licht durch dich hindurchfließt. Ziehe das Licht deiner Seele in alle Zellen und Atome deines Körpers hinein. Stelle dir im Zentrum jeder Zelle und jedes Atoms ein winzig kleines Licht vor, das nun im hellen Licht deiner Seele erstrahlt.

Laß dich von der Liebe deiner Seele durchströmen, damit du diese Liebe kennenlernen und zum Ausdruck bringen kannst. Spüre, wie die Essenz der Seelenliebe dein Herzzentrum durchströmt. Du nimmst nun die Liebe deiner Seele in dich auf und erweiterst dadurch deine Liebesfähigkeit. Fühle die Freude und Glückseligkeit, den Frieden und die Gelassenheit deiner Seele.

Deine Seele ist unbegrenzt und kennt keine Beschränkungen. Sie ist kreativ und intelligent. Deine Seele kann dich weit über das hinausbringen, was du in deinem Leben bisher für möglich hieltest. Sie kann dich in die höheren Dimensionen emporheben und deine Fähigkeiten erweitern, zu denken und Dinge zu erschaffen. Nimm dir einen Augenblick Zeit, um die ausdehnende Energie deiner Seele in dich hineinzuziehen, damit du dich von all deinen Grenzen freimachen und deine unbeschränkten Möglichkeiten geltend machen kannst.

Deine Seele befindet sich im Einklang mit dem Höheren Willen. Sie kennt den höheren Sinn und Zweck deines Lebens. Dieses Wissen kannst du jedesmal, wenn du mit deiner Seele verschmilzt, in dich aufnehmen. Bitte darum, daß der Wille deiner Seele dich durchströmen und dir mehr vom höheren Sinn deines Lebens offenbaren möge.

Betrachte dich mit den Augen deiner Seele.
Erkenne die Schönheit deines Wesens.

Dehne dich ins Bewußtsein deiner Seele hinein aus, als würdest du selbst zu deiner Seele werden. Du kannst dir zum Beispiel vorstellen, daß du immer größer wirst, während dein Bewußtsein sich in den »Körper« deiner Seele hinein ausweitet. Dehne dich so lange weiter aus, bis du das Leben aus der Perspektive deiner Seele wahrnehmen kannst. Vielleicht kommt es dir gar nicht so vor, als ob sich dabei irgend etwas verändert. Es kann aber auch sein, daß du kleine, kaum merkliche Veränderungen spürst. Betrachte dich und dein Leben einmal aus dem Blickwinkel deiner Seele. Sie sieht immer überall Schönheit, Vollkommenheit und Liebe. Erkenne, wie schön du bist, wenn du dich durch die Augen deiner Seele betrachtest.

Du hast es geschafft! Du bist mit deiner Seele verschmolzen. Ob du diese Vereinigung nun gespürt hast oder nicht – deine Seele hat auf jeden Fall begonnen, sich mit dir zusammenzutun und auf eine ganz neue, wunderbare Art mit dir zu arbeiten. Danke den Lichtwesen für all die Geschenke, die du von ihnen empfangen hast, und für ihre Unterstützung.

Vielleicht möchtest du diese Schritte noch ein paarmal wiederholen, um eine klarere Vorstellung davon zu bekommen, was für ein Gefühl es ist, zu deiner Seele zu werden. Was sich ereignet hat, ist viel bedeutsamer, als dir vielleicht bewußt ist. Du hast den Boden für viele wunderbare Veränderungen bereitet. Anfangs sind es vielleicht nur ganz kleine, kaum merkliche Wandlungen; doch sie werden sich in deinem Leben bemerkbar machen.

Die Verschmelzung mit deiner Seele

Seelenspiel

Wähle aus der nun folgenden Liste eine Eigenschaft deiner Seele aus, die du gern erfahren möchtest. Lasse dich von dieser Eigenschaft durchströmen, während du mit deiner Seele verschmilzt.

- Gegenwart. Wenn du einsam oder müde bist, unter Streß stehst oder nicht die Kraft in dir spürst, um all das zu tun, was getan werden muß, dann werde eins mit deiner Seele und sei dir ihrer heilenden, liebevollen Gegenwart bewußt.
- Liebe. Wenn dir ein kritischer Gedanke über dich selber oder andere Menschen kommt oder wenn du gern mehr Liebe und Mitgefühl empfinden würdest, bitte deine Seele, dich mit ihrer Liebe zu erfüllen.
- Licht. Wenn dein höchster Weg oder deine höchsten Möglichkeiten für dich nicht deutlich genug erkennbar sind, oder wenn du das Bedürfnis hast, das Licht in einer ganz bestimmten Situation wahrzunehmen, dann rufe das Licht deiner Seele an, damit es dir den Weg erhellt.
- Reinheit. Wenn du dich von alten Formen und niedrigeren Energien freimachen oder deine Schwingung auf eine höhere Frequenz emporheben möchtest, öffne dich für die reinigende Energie deiner Seele und nimm sie in dich auf.
- Ausdehnung. Wenn du deinen Horizont erweitern, deine Gefühle auf eine höhere Ebene emporheben oder dich für neue Ideen öffnen möchtest, dann lasse dich von der inneren Weite deiner Seele durchströmen.
- Wille. Ehe du eine wichtige Entscheidung triffst oder andere Menschen berätst, lasse den Willen deiner Seele durch

dich hindurchfließen. Dadurch bringst du dich mit dem Höheren Willen in Einklang.

- Freude. Immer wenn du dich niedergedrückt, müde oder deprimiert fühlst, halte einen Augenblick inne und werde eins mit deiner Seele. Laß dich von ihrer Freude durchströmen. Stimme auf deinem Weg durch den Tag den Freudenton deiner Seele an.

KAPITEL 5

Wie du als deine Seele leben kannst

Die Kraft, Liebe und Gegenwart deiner Seele,
ihr Licht und ihr Wille
werden zu einem Teil deines Alltags.

Du bist nun mit deiner Seele verschmolzen und hast ihre Gegenwart gespürt. Jetzt hast du viel mehr Zugang zu der grenzenlosen Kraft und Liebe sowie zum Licht deiner Seele. Anfangs wirst du deine Seele vielleicht am intensivsten erleben, wenn du im Zustand der Meditation mit ihr in Kontakt trittst. Aber sobald du das einmal getan hast, kannst du lernen, sie auch in ganz gewöhnlichen Momenten herbeizurufen, ihre Gegenwart zu spüren und sie zu einem Teil deines Alltags zu machen, indem du einfach nur an sie denkst. Diese Verschmelzung während des Tages wird deine Fähigkeit verstärken, als deine Seele zu leben. Die Zusammenarbeit mit deiner Seele ist ein wichtiger Schritt auf deinem Weg zur Erleuchtung.

Wenn du mit deiner Seele Verbindung aufnehmen möchtest, ohne dich auf die Seelenebene zu begeben, dann atme ein paarmal ruhig und gleichmäßig ein und aus. Stelle dir das Solarlicht vor und laß dich davon erfüllen. Es soll dich dabei unterstützen, deine Gefühle zur Ruhe zu bringen und deine Gedanken zu klären. Denke an deine Seele und rufe sie herbei. Spüre, wie sie deinen Körper umgibt, während du mit ihr verschmilzt. Lege dieses Buch für einen Augenblick beiseite und übe so lange, deine Seele zu rufen und mit ihr zu verschmelzen, bis du dir ihre Gegenwart vorstellen oder sie spüren kannst.

Manchen von euch wird es leichtfallen, zu erkennen, wann ihre Seele gegenwärtig ist, da sie bereits Erfahrung im Erspüren feinstofflicher Energien haben. Andere stehen erst am Anfang ihres spirituellen Entwicklungswegs oder haben noch zu wenig Erfahrung mit Meditation oder der Wahrnehmung feiner Energien. Vielleicht mußt du erst öfter üben, mit deiner Seele zu verschmelzen, ehe du in der Lage bist, ihre Gegenwart zu erkennen. Selbst wenn du dir ihrer Anwesenheit nicht bewußt bist, rufe sie trotzdem immer wieder herbei und vereinige dich mit ihr. Du brauchst deine Seele nicht unbedingt zu spüren, zu sehen oder zu hören, um aus dem Kontakt mit ihr Nutzen zu ziehen.

Vielleicht wirst du feststellen, daß du deine Seele manchmal sehr gut und manchmal weniger deutlich wahrnehmen kannst. Einmal spürst du genau, wenn du mit ihr in Verbindung trittst; ein andermal merkst du vielleicht überhaupt nichts. Manche Menschen empfinden die erste Begegnung mit ihrer Seele als überwältigendes Erlebnis und erfahren die nächsten Kontakte als weniger intensiv. Wenn du erst einmal eine Zeitlang mit deiner Seele zusammengearbeitet hast, wird ihre Gegenwart dir vielleicht so vertraut sein, daß du sie nicht mehr als einschneidendes Erlebnis empfindest. Wie du deine Seele wahrnimmst, kann aber auch davon abhängen, in welchem Zustand du dich während der Verschmelzung mit ihr gerade befindest. In einer ruhigen, harmonischen emotionalen Verfassung fällt es dir möglicherweise leichter, den Frieden und die Gelassenheit deiner Seele zu spüren. Die meisten Menschen können ihre Seele mit der Zeit immer besser wahrnehmen, je öfter sie in den unterschiedlichsten Situationen mit ihr verschmelzen.

Beobachte, wie du deine Seele an unterschiedlichen Orten und in verschiedenen Situationen erlebst.

Nun möchten wir dir ein paar Vorschläge machen, wann du deine Seele herbeirufen und erleben kannst. Nimm in verschiedensten Situationen Kontakt mit ihr auf, um mehr über sie zu erfahren und herauszufinden, wie ihre Anwesenheit dein Leben verbessern kann. Tritt möglichst oft mit ihr in Verbindung, damit ihre Gegenwart, Kraft und Liebe, ihr Licht, ihr Wille und andere ihrer Eigenschaften mehr zu einem Teil deines täglichen Lebens werden können.

Ziehe deine Seele an den unterschiedlichsten Orten zu dir hin und spüre, wie ihre Gegenwart dich durchströmt. Werde eins mit ihr, während du dich in einem Garten voller Blumen, in der freien Natur, zu Hause, in einer Menschenmenge, in der Öffentlichkeit oder an einem spirituellen Ort befindest, wenn du mit Freunden zusammen bist oder in der Sonne sitzt. Achte einmal darauf, wie sich die Wahrnehmung deiner Seele und deine Fähigkeit, sie zu spüren, verändern, je nachdem, an welchem Ort und unter welchen Umständen du mit ihr in Kontakt trittst.

Verbinde dich in den verschiedensten Stimmungen mit deiner Seele. Verschmelze mit ihr, wenn du dich gut und friedlich fühlst, aber auch, wenn du verwirrt, müde, ängstlich oder innerlich aufgewühlt bist. Achte darauf, ob du dich dadurch anders fühlst, selbst wenn es nur eine ganz kleine Veränderung sein sollte. Positive Gefühle können sich durch den Kontakt mit deiner Seele verstärken, bedrückende Gefühle friedlicher und harmonischer werden.

Achte darauf, wie du deine Seele in der Gegenwart unterschiedlicher Menschen wahrnimmst.

Wie gut kannst du deine Seele in Gegenwart von Kindern, Angehörigen, Freunden, Kollegen, flüchtigen Bekannten und Fremden wahrnehmen? Tritt auch einmal in Anwesenheit eines spirituellen Führers mit deiner Seele in Kontakt. Achte darauf, ob deine Seelenerfahrung sich verändert, je nachdem, mit wem du gerade zusammen bist. Erlebst du diese Menschen anders, nachdem du dich mit deiner Seele verbunden hast? Vielleicht wirst du feststellen, daß dein Herz sich öffnet und daß du jetzt auf ganz neue Art und Weise Liebe zum Ausdruck bringst. Vielleicht kannst du nun plötzlich liebevoll reagieren, statt Angst zu haben oder in die Defensive zu gehen. Oder das Thema deiner Gespräche mit anderen Menschen oder die Energie zwischen euch wird positiver. Es kann aber auch sein, daß deine Perspektive sich verändert: Du konzentrierst dich nicht mehr so sehr auf dich selbst und dein eigenes Leben, sondern dir wird bewußter, wie dein Verhalten auf andere wirkt. Möglicherweise hast du jetzt mehr Mitgefühl mit anderen Menschen und machst dir mehr Sorgen um sie als früher. Du bist eher bereit, zuzuhören, und willst nicht mehr unbedingt deinen Willen durchsetzen; eine friedliche Lösung ist dir jetzt lieber als ein Konflikt. Vielleicht entscheidest du dich, deinen Mitmenschen eine weise, reife Liebe entgegenzubringen, die ihrer Seele dient, statt den Launen ihrer Persönlichkeit nachzugeben.

Denke während der verschiedensten Aktivitäten an deine Seele und werde eins mit ihr. Tritt mit ihr in Kontakt, während du meditierst, oder nimm während ganz gewöhnlicher Alltagsaktivitäten Verbindung mit ihr auf – zum Beispiel, wenn du deine Hausarbeit erledigst, Auto fährst, liest, schreibst, spielst oder fernsiehst. Achte darauf, was sich dabei verändert. Vereinige dich im Stehen, Sitzen oder Liegen mit deiner Seele und auch, während du Sport oder Gymnastik treibst. Genieße es! Suche spielerisch und erfinderisch nach neuen Wegen, deine Seele zu erleben und besser kennenzulernen. Mache sie zu einem Bestandteil deines täglichen Lebens, statt immer nur zu besonderen Anlässen mit ihr in Verbindung zu treten.

Wir möchten jetzt ein paar Erfahrungen beschreiben, die du vielleicht machen wirst, wenn du dich mit deiner Seele verbindest. Es kann aber auch scin, daß du nichts Derartiges wahrnimmst. Akzeptiere alles, was du erlebst, als genau das Richtige für dich. Es gibt ebenso viele unterschiedliche Wege, deine Seele kennenzulernen. wie es Menschen gibt.

Spüre die Zuversicht, den Mut und die Freude deiner Seele.

Wenn du dich mit deiner Seele vereinigst, wirst du vielleicht zu einer positiveren Einstellung dir selbst gegenüber gelangen. Es kann sein, daß du selbstbewußter und mutiger wirst und mehr inneren Frieden empfindest. Auch wenn du deine Seele in schwierigen Situationen anrufst, kann ihre Kraft und ihre Gegenwart deine Einstellung zu dir selbst und deinen Lebensumständen verändern.

Es kann passieren, daß du plötzlich das Gefühl hast, größer zu werden, wenn du mit deiner Seele verschmilzt. Du empfindest dich nicht mehr als so groß, wie dein physischer Körper ist, sondern als viel größer. Vielleicht nimmst du deine Seele in deinem Körper und um deinen Körper herum wahr, oder außerhalb deines Körpers oder beides. Wie auch immer du deine Seele erlebst, ist es gut und richtig für dich. Achte darauf, ob dein Körper sich anders anfühlt als bisher oder ob sich neue, bisher nicht gekannte physische Empfindungen einstellen. Manche Menschen werden schläfrig, wenn sie mit ihrer Seele verschmelzen, während andere hellwach sind.

Vielleicht nimmst du auch feinstoffliche Lichtqualitäten wahr, wenn du mit deiner Seele in Verbindung trittst. Es kann sein, daß du ein goldenes, weißes oder vielfarbiges Licht siehst oder dir vorstellst; oder deine ganze Umgebung erscheint dir plötzlich viel heller und lichtvoller. Deine Seele kann vor deinen inneren Augen als schimmerndes, glühendes oder leuchtendes, als gleichmäßig strahlendes, helles Licht oder in vielen anderen Eigenschaften von Licht erscheinen. Vielleicht spürst du auch mehr Licht um dich herum oder empfindest mehr innere Offenheit und Liebe. Wenn du mit deiner Seele verschmilzt, kann es dir so vorkommen, als hättest du dich in ein riesengroßes, strahlendes Licht oder in einen Lichtengel verwandelt.

Vielleicht kommt dir die Begegnung und Verschmelzung mit deiner Seele wie eine Wiedervereinigung mit einem innig geliebten Freund oder Angehörigen vor, der lange Zeit fort war. Es ist ein Gefühl der »Heimkehr«, als sei dieses Zusammensein mit deiner Seele etwas, das du früher schon einmal erlebt hast.

Oder du nimmst deine Seele auf eine ganz subtile Art und Weise wahr, die du überhaupt nicht beschreiben oder in Worte fassen kannst, obwohl du schon das Gefühl hast, daß sich irgend etwas verändert hat. Setze ruhig deine Phantasie ein, um deine Seele richtig kennenzulernen; Phantasie ist nämlich ein sehr wichtiges Werkzeug dazu. Deine Vorstellungsgabe ist eine kreative Kraft, die auf feinstoffliche Energien einwirkt und sie verwandelt, und gleichzeitig ein Medium, mit dem du solche feinstofflichen Energien wahrnehmen kannst.

Denke oft an deine Seele. Übe dich darin, dein Leben aus ihrer Perspektive zu betrachten, selbst wenn es dir so vorkommt, als dächtest du dir das alles nur aus. Durch die Vereinigung mit deiner Seele kannst du deine Probleme mit ganz neuen Augen betrachten. Deine Prioritäten können sich verändern. Was deiner Persönlichkeit wichtig erscheint, kommt dir in Gegenwart deiner Seele vielleicht plötzlich bedeutungslos vor. Du siehst die Dinge jetzt in einem anderen Licht oder hast neue Einsichten und Erkenntnisse. Vereinige dich mit deiner Seele, während du über deine Zukunft nachdenkst oder Zukunftspläne schmiedest. Achte darauf, ob du die Dinge, über die du gerade nachdenkst, plötzlich anders siehst oder aus einer neuen Perspektive betrachtest oder ob sich der Horizont deines Denkens dadurch erweitert. Kommen dir neue, kreative Ideen?

Frage deine Seele:
»Was sind deine Pläne und Ziele für heute?«

Um als deine Seele leben zu können, brauchst du dir einfach nur vorzustellen, daß du deine Seele *bist*. Frage dich: »Was würde ich als meine Seele in diesem Bereich meines Lebens tun? In welchem Verhalten würden sich die Ziele und Absichten meiner Seele widerspiegeln?« Frage deine Seele in Gedanken: »Wie kann ich mich innerlich öffnen, um mehr von deiner Energie und Liebe zu empfangen? Wie kann ich dir beim Erreichen deiner Ziele dienen? Wie könnte ich noch besser mit dir zusammenarbeiten?« Vielleicht bekommst du keine eindeutigen Antworten auf diese Fragen; doch allein dadurch, daß du sie stellst, ziehst du Informationen an, die später in Form neuer Einsichten und Erkenntnisse in dir aufsteigen werden.

Wenn du feststellst, daß du immer wieder vergißt, mit deiner Seele zu verschmelzen, oder wenn du zwar daran denkst, es dir aber irgendwie widerstrebt, mit ihr in Kontakt zu treten, dann arbeite weiter mit deinen Teilpersönlichkeiten. Vielleicht hat eine von ihnen das Gefühl, nicht mehr gebraucht zu werden, wenn deine Seele alles für dich erledigt. Oder sie glaubt, alles allein zu schaffen und deine Seele nicht zu brauchen. Es ist wichtig, deine Teilpersönlichkeiten auf diese Reise mitzunehmen. Das ist ein gemeinsames Unterfangen, an dem deine Persönlichkeit mit all ihren Teilpersönlichkeiten sowie deine Seele beteiligt sind: Du strebst nach oben, und deine Seele strebt nach unten. Wenn du deine Teilpersönlichkeiten weiterentwickelst, können sie dich auf deiner Reise begleiten, innerlich wachsen und ihren Horizont erweitern, bis auch sie verwandelt sind.

Empfange die Liebe deiner Seele.

Halte einen Augenblick inne und öffne dich für die Liebe deiner Seele. Während du sie in dich aufnimmst, sage dir: »Ich verdiene es, geliebt zu werden. Ich lasse jetzt grenzenlose Liebe in mein Leben hinein.« Indem du dich für die Liebe deiner Seele öffnest, entwickelst du die Fähigkeit, Dinge anzunehmen. Durch deine wachsende Fähigkeit, Liebe zu empfangen, kannst du alle Geschenke, die das Universum und deine Seele dir anbieten, dankbar entgegennehmen. Werde dir all der positiven Dinge bewußt, die du bereits besitzt, und wisse sie zu schätzen. Durch diese Dankbarkeit ziehst du noch mehr Gutes von deiner Seele und dem Universum an.

Öffne dich, sooft du daran denkst, für die Liebe deiner Seele. Sie weiß, daß du ein großartiges, wundervolles Wesen bist, und liebt deine Menschlichkeit ebenso wie deine Göttlichkeit. Deine Seele ist gar nicht fähig, dich zu verurteilen, zornig oder enttäuscht über dich zu sein. Sie feiert jedesmal, wenn du dich selbst liebst und ehrst, ein Freudenfest, denn dadurch kommst du ihr immer näher. Deine Seele liebt und akzeptiert dich uneingeschränkt!

Wie du als deine Seele leben kannst

SEELENSPIEL

Vertiefe und intensiviere deine Seelenerfahrung auf eine oder mehrere der folgenden Arten:

1. Übe im Lauf des heutigen Tages mehrmals, mit deiner Seele zu verschmelzen, und achte dabei auf alle feinen Wahrnehmungen, an denen du erkennen kannst, daß deine Seele anwesend ist.
2. Vereinige dich mit deiner Seele, wenn du in ruhiger, friedlicher Stimmung bist – und auch, wenn nicht. Achte darauf, wie unterschiedlich du deine Seele wahrnimmst, je nach deiner emotionalen Verfassung. Mache dir auch bewußt, wie die Verschmelzung mit deiner Seele deine Gefühle verändert.
3. Wähle eine ganz neue Umgebung, in der du dich mit deiner Seele verbindest. Was verändert sich, wenn du die Gegenwart deiner Seele an unterschiedlichen Orten erlebst?
4. Halte heute mindestens einmal, bevor du irgend etwas tun willst, inne, vereinige dich mit deiner Seele und frage dich: »Was würde ich als meine Seele in dieser Situation tun?«
5. Öffne dich für die Liebe deiner Seele. Sage dir: »Ich verdiene es, geliebt zu werden. Ich lasse jetzt grenzenlose Liebe in mein Leben hinein.«
6. Verstärke deine Fähigkeit, Dinge anzunehmen, indem du deinen Dank für all die Geschenke zum Ausdruck bringst, die du bereits von deiner Seele und dem Universum empfangen hast.
7. Wenn du dich aus irgendeinem Grund innerlich noch

immer gegen die Verschmelzung mit deiner Seele wehrst, versuche herauszufinden, welche Teilpersönlichkeiten dahinterstecken, und arbeite mit ihnen. Bitte auch die Lichtwesen, dich bei der Einswerdung mit deiner Seele zu unterstützen.

Teil II

Erwecke deine Herzzentren

Du verbindest den Juwel deines Herzzentrums
mit dem Juwel deiner Seele.
Aus deinem Herzzentrum
steigt Licht in dein Kopfzentrum.
Du erkennst die Gelassenheit
und Einheit der Liebe.
Deine Seele aktiviert
einen verborgenen Lichtpunkt
in deinem Solarplexuszentrum.
Du erkennst den Willen deiner Seele, zu lieben.
Du läßt Solarplexusenergie
in dein Herzzentrum aufsteigen
und gibst dich der Liebe hin.
Zwischen deinen Herzzentren zirkuliert Licht.
Du liebst als deine Seele.

KAPITEL 6

Vorbereitung auf das innere Erwachen

Du bereitest dich auf die Erweckung deiner Herzzentren vor, indem du mehr über sie erfährst und lernst, wie sie erweckt werden.

Nun, da du mit deiner Seele in Kontakt getreten bist, kannst du gemeinsam mit ihr deine Herzzentren erwecken. Das ist ein wichtiger Schritt auf deinem Weg zur Erleuchtung. Wenn du lieben lernst, kann deine Seele dir viele ihrer anderen Geschenke zuteil werden lassen, denn dann besteht kein Zweifel mehr, daß du diese Gaben für dein eigenes Wohl und das anderer Menschen einsetzen wirst. Wenn deine Herzzentren erweckt sind, kannst du die Liebe der Erleuchteten empfangen, die ihre Liebe für die ganze Menschheit aussenden. Du kannst zu einer Quelle der Liebe werden und viele Gelegenheiten anziehen, etwas auf der Welt zu bewirken.

In diesem Buch wirst du mit drei Herzzentren arbeiten, um die Seelenliebe besser verkörpern zu können. Wie ich in der Einleitung bereits gesagt habe, befindet sich das erste Herzzentrum in dem Bereich um dein physisches Herz herum. Ich nenne es dein *primäres Herzzentrum* oder einfach dein *Herzzentrum* (Singular). Das zweite ist das Herz deines Kopfzentrums und liegt in einem Bereich nahe der Mitte deiner Schädelkrone. Dieses Zentrum bezeichne ich als dein *Kopfzentrum*. Das dritte ist dein *Solarplexuszentrum*, das in dem

Bereich um deinen Nabel herum liegt. Das sind die drei Zentren, die ich als deine *Herzzentren* bezeichne. Sie sind auf Seite 83 abgebildet. Wenn diese drei Zentren erweckt sind und Seelenenergie zwischen ihnen fließt, kannst du Seelenliebe erfahren.

Insgesamt besitzt du sieben wichtige Zentren, zu denen auch die drei Herzzentren gehören, mit denen du jetzt arbeiten wirst. Manche Menschen bezeichnen diese Zentren auch als *Chakras, feinstoffliche Energiezentren* oder *Räder des Lebens*. Diese Zentren befinden sich nicht in deinem physischen Körper. Sie existieren als feinstoffliche Energien in deiner Aura oder deinem Ätherkörper. Das erste Zentrum liegt am unteren Ende deiner Wirbelsäule; von dort aus befinden sich in aufsteigender Reihenfolge verschiedene Zentren, bis hin zu deinem Kopfzentrum (oder Kronenchakra) auf deinem Scheitel.

Diese sieben Zentren haben viele Funktionen. Sie bestehen aus Energieströmen, die aus deiner Seele kommen, und fungieren als Empfänger und Sender deiner Seelenenergie. Manche Zentren versorgen deinen physischen Körper mit Leben und Vitalität. Andere entwickeln dein höheres Bewußtsein.

Drei Zentren liegen unterhalb deines Zwerchfells. Diese drei unteren Zentren, zu denen auch dein Solarplexuszentrum gehört, stehen in Wechselwirkung mit Energien der dreidimensionalen Welt der Form und Materie. Sie heißen »niedrigere Zentren«, weil sie hauptsächlich mit deinem physischen Leben zu tun haben: zum Beispiel mit der Art, wie du mit deiner Persönlichkeit zur Welt und den Menschen um dich herum in Beziehung stehst. Dein Herzzentrum liegt zwischen den höheren und den niedrigeren Zentren; Energie von oben und unten strömt durch dieses Zentrum hindurch. Oberhalb deines Herzzentrums liegen die drei höheren Zentren, zu denen auch dein Kopfzentrum gehört. Diese drei Zentren wirken sich in erster Linie auf dein intellektuelles und spirituelles Leben aus.

Es gibt viele verschiedene Systeme, welche die Funktionen

dieser Zentren definieren. Häufig werden ein und demselben Zentrum ganz unterschiedliche Eigenschaften, Aufgaben und Bewußtseinszustände zugeschrieben – je nachdem, mit welchem System du dich befaßt. Es gibt nicht nur eine Möglichkeit, ihre Funktionen zu klassifizieren. Die Zentren und ihre Aufgaben sind ein großes, komplexes Gebiet. Die Eigenschaften, auf die ich hier mein besonderes Augenmerk lege, sind diejenigen, die deine Herzzentren erwecken. Vielleicht wirst du auch noch Systeme kennenlernen, welche die Funktionen der Zentren anders definieren, als ich es in diesem Buch tue. Wenn das so ist, dann entscheide, welche Aspekte dieses Systems für dich sinnvoll und hilfreich sind, und nutze sie, um dich selbst besser zu verstehen.

Vereinige dich mit deiner Seele, um deine Herzzentren zu erwecken.

Es gibt viele Möglichkeiten, deine Herzzentren zu erwecken. Sie entwickeln sich durch deine liebevollen Handlungen, deine mitfühlenden Gedanken und die Entscheidung, deine Einheit mit anderen Menschen zu empfinden, ständig weiter. Du erweckst deine Herzzentren, indem du Seelenliebe zum Ausdruck bringst – durch Vergebung und allumfassende, bedingungslose Liebe. Zusammenarbeit mit einer Gruppe, Liebe zur Menschheit und Dienst an anderen sind sehr wirkungsvolle Methoden, um deine Herzzentren zu erwecken. Die Art, wie du im Alltag lebst, Beziehungen zu anderen Menschen pflegst, wie du sprichst und handelst, erweckt langsam, aber sicher deine Herzzentren.

Du kannst dich aber auch mit deiner Seele vereinen und in deinem Leben die Qualitäten der Seelenliebe praktizieren, die die einzelnen Zentren erwecken. Und du kannst lernen, deine Herzzentren miteinander zu verbinden, indem du Energie zwischen ihnen zirkulieren läßt. Dadurch wirst du die Seelenliebe besser erfahren und zum Ausdruck bringen können.

In den folgenden Kapiteln wirst du lernen, wie du mit deiner Seele verschmelzen kannst, um deine drei Herzzentren zu erwecken. Die Methoden, die du kennenlernen wirst, um Energie von einem Zentrum zum anderen zu leiten, sind lediglich Symbole dafür, wie du mit deinen Zentren arbeiten kannst. Wenn du mit diesen Bildern spielst, kannst du durch dein bloßes Vorhaben deine Zentren erwecken. Benutze dazu die Bilder, die ich dir vorgebe, oder sei kreativ und laß dich von deiner Seele zu jenen Bildern hinführen, die für dich am besten geeignet sind. Es gibt keine richtige oder falsche Methode, deine Zentren zu erwecken. Statt sie dir vorzustellen, kannst du sie auch erspüren oder erfühlen. Vertraue einfach darauf, daß die Methode, die du wählst, um mit deinen Herzzentren zu arbeiten, die richtige für dich ist.

Wenn du deine Zentren nicht visualisieren oder dir kein geistiges Bild von ihnen machen kannst, schadet das auch nichts. Du brauchst deine Herzzentren nicht unbedingt vor dir zu sehen oder zu spüren, um sie erwecken zu können. Durch eine feste Absicht, mit ihnen zu arbeiten und Liebe zum Ausdruck zu bringen, werden sie sich ganz automatisch weiterentwickeln. Stimme jeden einzelnen Schritt vorher mit deiner Seele ab und gehe ihn nur, wenn du das Gefühl hast, daß er richtig ist. Folge stets deiner inneren Führung, auch wenn sie dir einen anderen Weg zeigt als meine Anleitungen. Du selbst und deine Seele bestimmen, was für dich richtig ist.

Du wirst nicht nur lernen, Energie zwischen deinen Zentren zu leiten, sondern auch Eigenschaften der Seelenliebe kennenlernen, in denen du dich üben kannst, um deine Herzzentren zu erwecken. Jede dieser Eigenschaften – zum Beispiel Magnetismus oder Durchlässigkeit – beinhaltet Elemente aller anderen Qualitäten der Seelenliebe. Das liegt daran, daß all diese Qualitäten ein und dieselbe Essenz haben – die Essenz der Seelenliebe. Ich schreibe den verschiedenen Zentren in diesem Buch jeweils bestimmte Eigenschaften der Seelenliebe zu. Du kannst dir jedes Herzzentrum als Teil eines Hologramms deiner Seele vorstellen. Jedes Zentrum enthält in sich alle Energien und sämtliche Eigenschaften deiner Seele. Manche Zentren bieten dir jedoch einen besonders leichten Zugang zur Erfahrung bestimmter Seelenqualitäten. Ich habe für deine Arbeit mit den einzelnen Zentren jeweils die Qualitäten der Seelenliebe ausgewählt, die sich von diesem Zentrum aus besonders leicht spüren und erfahren lassen. Doch letzten Endes besteht das Ziel darin, alle Qualitäten der Seelenliebe als Ganzes wahrnehmen zu können – die Erfahrung der Seelenliebe.

Wenn du Seelenliebe auszustrahlen beginnst, spürst du vielleicht eine Veränderung in deinem Inneren. Manche Menschen empfinden diese Veränderung als eine Art »Aha-Erlebnis«, eine Befreiung oder ein Gefühl intensiver Liebe. Es kann aber auch eine physische Empfindung sein; zum Beispiel kann plötzlich irgendwo in deinem Körper ein Gefühl der Anspannung nachlassen. Auch deine Einstellungen können sich verändern. All das sind Zeichen dafür, daß deine Herzzentren erwachen.

Wenn du dich in den Eigenschaften der Seelenliebe übst, kann es sein, daß du plötzlich eine Fähigkeit zu viel dauerhafterer Liebe in dir spürst – vielleicht aber auch nicht. Normalerweise finden Veränderungen langsam und allmählich statt. Ein rasches inneres Wachstum ist nicht erforderlich; wichtig ist, daß du dich genau in dem Tempo weiterentwickelst, das für dich richtig ist. Du brauchst nicht ständig ein vollkommener, liebevoller Mensch zu sein, um deine Herzzentren zu erwecken. Jeder Augenblick, in dem du Liebe empfindest und ausdrückst, bringt dich deiner Seele näher und erweckt deine Herzzentren. Selbst wenn du beim Lesen dieses Buches nur ein einziges Mal mit jeder Eigenschaft der Seelenliebe arbeitest, wirst du dein Herzzentrum dadurch weiter erwecken und in hellerem Licht erstrahlen lassen.

Wenn deine Herzzentren erwachen, können auch gewisse ungelöste Herzensprobleme in dir auftauchen, zum Beispiel ein verleugneter oder, tief in deinem Inneren vergrabener Schmerz. Wenn du das Gefühl hast, daß die Lektionen, die du zu lernen hast, zu schnell auf dich einstürmen, oder wenn der Prozeß des inneren Erwachens dir zu rasch geht, dann höre einfach eine Zeitlang auf, dich auf die Erweckung deiner Herzzentren zu konzentrieren. Öffne dich in solchen Zeiten um die Liebe deiner Seele zu empfangen, und bitte sie um Beistand bei der Loslösung von deiner Vergangenheit und der Öffnung für die Liebe.

Praktiziere alle Qualitäten der Seelenliebe mit dem Gefühl, ein Abenteuer zu erleben und etwas ganz Neues zu entdecken und zu erforschen: Es gibt nicht nur einen einzigen »richtigen« Weg Seelenliebe zum Ausdruck zu bringen. Löse dich von allen Werturteilen und mache dir keine Sorgen darüber, ob du meine Anleitungen auch »richtig« ausführst. Deine Seele besitzt eine großartige Gabe, alle Dinge freudig und spielerisch anzugehen. Gestalte deine Erfahrungen mit dem Ausdruck der Seelenliebe wie ein Spiel, so daß sie dir Spaß machen. Lebe dabei das Kind in deinem Inneren aus, das so gern immer wieder etwas Neues ausprobiert und erforscht. Sei kreativ und setze deine Phantasie ein. Entdecke mehr von den Qualitäten und Ausdrucksmöglichkeiten der Seelenliebe, die es gibt, während du mit deiner Seele eins wirst und Seelenliebe ausdrückst.

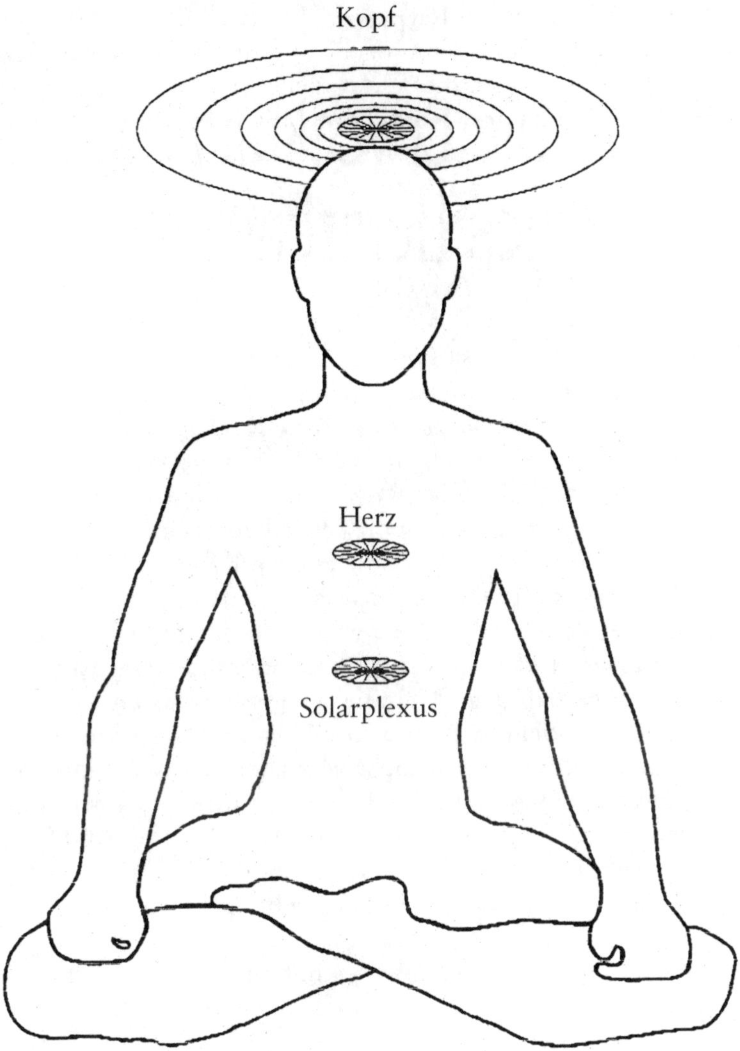

Die drei Herzzentren

Kapitel 7

Die Erweckung deines Herzzentrums

Das Wesen der Liebe ist bei dir,
während du den Juwel deines Herzzentrums
mit dem Juwel deiner Seele vereinigst.

Du bist nun bereit, auf eine ganz besondere Art und Weise mit deiner Seele zu verschmelzen, die es dir erleichtern wird, dein Herzzentrum zu erwecken. Begib dich zunächst auf die Seelenebene. Rufe das Solarlicht herbei und umgib deinen Körper mit einem Kokon aus diesem Licht. Atme Solarlicht ein und laß es zu, daß deine Gefühle ruhig und gelassen werden. Lasse das Solarlicht auch in deine Gedanken einströmen und beobachte, wie sie sich in Licht verwandeln. Atme dann Solarlicht wieder aus und laß alle alten, verbohrten oder engstirnigen Gedanken aus dir herausströmen. Erweitere mit Hilfe des Solarlichts dein Bewußtsein und begib dich auf die Seelenebene, bis du beim Tempel der Erleuchteten angelangt bist.

Dort nimmt dich ein Lichtwesen in Empfang und führt dich in die Mitte eines Innenhofs, wo viele Lichtwesen versammelt sind – auch diejenigen, die dich bei der Anrufung und Vereinigung mit deiner Seele unterstützt haben. Nun beginnt eine Zeremonie der Erweckung deines primären Herzzentrums.

Sieh dich mit deinen inneren Augen um und begrüße die anderen, die hierher kommen, um genau wie du ihre Herzzentren zu erwecken. Fühle die Liebe, von der dieser Ort erfüllt ist, und die Schönheit des Lichts, das ihr gemeinsam hervorbringt. Sende all diesen Menschen deinen Segen.

Die Lichtwesen bitten nun alle Anwesenden, sich im Kreis aufzustellen. Dann erscheint inmitten dieses Kreises ein Erhabenes Wesen, und alle überkommt ein Gefühl tiefer Stille. Das Wesen steigt aus einer höheren Dimension herab. Zuerst erscheint es nur als schimmerndes Licht; während es näher kommt, nimmt es allmählich mehr Substanz an. Dieses Wesen ist weder männlich noch weiblich, denn es hat seine männlichen und weiblichen Aspekte miteinander verschmolzen. Dennoch kann es eine bestimmte äußere Erscheinungsform annehmen, damit du seine Gegenwart leichter wahrnehmen kannst.

Heiße das Wesen der Liebe in deinem Leben willkommen.

Fühle oder spüre die Gegenwart dieses sehr erhabenen Wesens oder stelle sie dir vor. Das Wesen strahlt ein sehr intensives Licht aus. Es hat Erleuchtung erlangt, und seine Herzzentren sind voll und ganz erweckt. Dieses Wesen ist gekommen, um dich bei der Kontaktaufnahme mit deiner Seele und der Erweckung deiner Herzzentren zu unterstützen. Ich werde diese große Gegenwart von nun an als das Wesen der Liebe bezeichnen.

Es gibt verschiedene Wesen der Liebe, einschließlich der Herren der Liebe, der Meister des Mitgefühls, der Engel der Göttlichen Liebe, der Göttinnen und anderen, die ich hier nicht alle aufzählen kann. Welches Wesen der Liebe dir erscheinen wird, hängt davon ab, wer du bist und welches Wesen dich unterstützt. Diese Wesen empfinden große Liebe für die Menschheit. Sie haben sich entschlossen, den Weg des Mitgefühls zu gehen. Diejenigen, die den Weg des Mitgefühls wählen, lieben die Menschen so sehr, daß sie hierbleiben, um ihnen beizustehen, auch wenn sie auf eine höhere Ebene aufsteigen könnten. Sie werden so lange bleiben, bis die ganze Menschheit befreit ist.

Spüre die Gegenwart des Wesens der Liebe, das gekommen ist, um mit dir zu arbeiten und dir mehr über die Seelenliebe beizubringen. Dieses Wesen wird dir bei der Erweckung deiner Herzzentren beistehen. Es verkörpert die höchsten Prinzipien der Liebe und dient für dich als Vorbild für vollkommen erweckte Herzzentren. Es gehört zu den Zielen dieses Wesens, dich zu lieben, zu unterweisen und bei der Erweckung deiner Herzzentren zu unterstützen. Es bereitet ihm Freude.

Wenn du dich jemals fragst, wie du Seelenliebe ausdrücken sollst, kannst du das Wesen der Liebe einladen, in dein Herzzentrum zu kommen und dir zu zeigen, wie du dich am liebevollsten verhalten magst. Gib dir einen Augenblick Zeit, um es zu begrüßen, und nimm mit deinen inneren Augen möglichst viel von diesem Wesen wahr. Achte auf sein leuchtendes Herzzentrum und auf das Licht, das von dem Wesen ausgeht. Stelle dir vor, wie es dich begrüßt. Spüre, was für eine besondere Bedeutung du für dieses Wesen hast und wie sehr es dich liebt.

Das Wesen der Liebe wird nun Liebe für dein Herzzentrum ausstrahlen, damit dieses Zentrum mehr von der Liebe deiner Seele empfangen kann. Doch das Wesen der Liebe kann dir nur dann Energie senden, wenn du es darum bittest. Du kannst zum Beispiel sagen: »Bitte sende mir Liebe. Ich öffne mein Herz dafür.«

Dann werde innerlich ganz ruhig, schließe die Augen und öffne dich für die Energie des Wesens der Liebe. Empfange die erste Energieübertragung direkt in deinem Herzzentrum. Vielleicht nimmst du sie als Schwingung, Licht, Liebe oder Klang wahr. Aber deine Herzzentren können auch durch diese Energie erweckt werden, ohne daß du irgend etwas siehst, fühlst oder wahrnimmst. Spüre, wie dein Herzzentrum immer heller in Liebe erstrahlt, während du die Liebe und Energie empfängst, die das Wesen der Liebe dir übermittelt.

Als nächstes sendet das Wesen dir eine Art von Liebe, die dich wissen läßt, daß du stets sicher und geborgen bist und daß jemand über dich wacht, wo immer du dich auch aufhalten magst. Das ist eine Übertragung von Liebe, die hohe Wesen und Engel zu dir ruft, die von nun an deine »unsichtbaren« Helfer sein und dafür sorgen werden, daß du immer in Sicherheit bist. Sage dir: »Wo ich auch sein werde, ich bin stets sicher und werde beschützt«, während du diese zweite Übertragung von Liebe empfängst.

Beobachte den schönen Juwel in deinem Herzzentrum.

Du bist nun bereit, mit deiner Seele zu verschmelzen, um dein Herzzentrum zu erwecken. Du fühlst vielleicht dein Herzzentrum in einem Bereich um dein physisches Herz herum (siehe Abbildung Seite 83). Genau wie deine Seele besitzt auch dein Herzzentrum in seiner Mitte einen schönen, prachtvollen Juwel, der von zwölf Blütenblättern umhüllt ist. Die Blütenblätter sind in vier Reihen zu jeweils drei Blättern angeordnet. Manche sind ganz geöffnet, andere nur halb, und einige sind geschlossen wie bei einer Rosenknospe. Die geschlossenen Blütenblätter verbergen den Juwel in ihrer Mitte. Sobald dein Herzzentrum ganz erweckt ist, werden alle Blütenblätter sich entfalten, und dann wird der Juwel in ihrem Zentrum in seiner ganzen Schönheit erstrahlen.

Deine Seele und das Liebeswesen werden dich nun unterstützen, damit du den Juwel deines Herzzentrums betrachten kannst. Während du ihn mit deinen inneren Augen anschaust, ist es, als begäbest du dich an einen heiligen Ort in deinem Inneren. Stelle dir den Juwel in der Mitte deines Herzzentrums wie einen Diamanten vor, mit vielen Facetten, von dem Licht ausströmt. Die Facetten dieses Edelsteins erstrahlen in allen Regenbogenfarben. Er ist so wunderschön, daß du dich schon allein durch seine Betrachtung ganzer und vollkommener fühlst. Sieh nun vor deinem geistigen Auge, wie dieser Edelstein sich langsam dreht und dabei ein funkelndes, schimmerndes Licht ausstrahlt. Spüre die Essenz der Liebe, die aus diesem Diamanten strömt. Jede seiner Facetten strahlt eine andere Liebesqualität aus.

Stimme nun den Ton an, der deine Seele herbeiruft – so lange, bis du ihre Gegenwart spürst. Begrüße deine Seele und fühle ihre Sanftheit, Fürsorge und Liebe, die sie dir entgegenbringt. Sie ist so froh darüber, daß du sie gerufen hast. Nun wirst du auf eine ganz spezielle Art und Weise mit ihr verschmelzen, die es dir erleichtert, dein Herzzentrum zu erwecken. Das Wesen der Liebe ist da, um dich dabei zu unterstützen. Sieh, wie deine Seele langsam näherkommt, bis sie sich direkt über deinem Kopf befindet. Sanft und schwerelos steigt sie herab und strömt durch dein Kopfzentrum in dein Herzzentrum hinein. Spüre, wie behutsam und liebevoll deine Seele sich mit dir verbindet.

Verbinde den Juwel deines Herzzentrums mit dem Juwel deiner Seele.

Deine Seele steigt in dein Herzzentrum hinab, bis ihr Juwel den Juwel deines Herzzentrums von allen Seiten her umgibt. Der Juwel deines Herzzentrums ist viel kleiner als der deiner Seele; deshalb paßt er gut hinein. Deine Seele verändert durch viele kleine Bewegungen ihre Position nun so, daß der Juwel deines Herzzentrums ganz von dem Juwel im Zentrum deiner Seele umschlossen ist. Vielleicht spürst du eine Art »Klicken«

oder eine Veränderung, wenn die beiden Juwele sich zusammenschließen. Das kann fast ein physisches Gefühl sein. Deine Seele stimuliert nun das Liebespotential in deinem Herzzentrum. Der Juwel deines Herzzentrums wird heller und schöner, und die Blütenblätter reagieren darauf, indem sie sich ein bißchen mehr öffnen, so daß sein strahlendes Licht deutlicher zu sehen ist.

Diese beiden Juwele existieren in verschiedenen Dimensionen. Der Juwel deines Herzzentrums beginnt nun in harmonischem Einklang mit dem deiner Seele zu schwingen. Wenn du mit deinen inneren Ohren lauschst, kannst du den Ton, den die beiden Steine aussenden, beinahe hören. Es klingt, als stimmten zwei wunderschöne Kristalle gemeinsam ihre reinen Klänge an. Sie vereinigen sich zu einer herrlichen, überwältigenden, tiefgründigen Klangsymphonie, die alles lindert und heilt, was sie berührt. Dieser Ton sendet Liebe in alle Atome und Zellen deines Körpers. Seine Melodie strahlt wie ein Leuchtfeuer der Liebe ins Universum und nährt alles, was sie berührt.

Lade das Wesen der Liebe in dein Herzzentrum ein.

Du kannst das Wesen der Liebe in dein Herzzentrum einladen, damit du die Seelenliebe besser verkörpern und zum Ausdruck bringen kannst. Wenn dieses Wesen dein Herzzentrum erfüllt, wird deine Fähigkeit, Seelenliebe auszustrahlen, sich ständig verstärken und verfeinern, und dein Herzzentrum wird immer weiter erwachen. Um das Liebeswesen in dein Herzzentrum zu bringen, stelle dir vor, daß du ganz klein bist. Sieh den Juwel deines Herzzentrums als riesengroßen, strahlenden Lichtjuwel vor dir. Lade das Wesen der Liebe ins Zentrum dieses Juwels ein. Spüre, wie es in dein Herzzentrum eintritt. Du kannst dabei ein ganz kleines Bild des Wesens der Liebe sehen, das mitten im Juwel deines Herzzentrums steht. Dein Herzzentrum wird durch diese Liebe noch schöner und strahlender. Nimm dieses Bild in allen Details in dich auf, und kehre dann wieder zu deiner normalen Größe zurück. Du kannst das Wesen der Liebe jederzeit wieder in dein Herzzentrum einladen; du kannst es aber auch bitten, für immer dort zu bleiben. Nimm diese wunderbare Liebe in dich auf und laß dich von dem Wesen der Liebe bei der Erweckung deines Herzzentrums und beim Ausdrücken der Seelenliebe unterstützen.

Reise ins Licht des Juwels in deinem Herzzentrum.

Stelle dir dein Herzzentrum als Mittelpunkt deines Seins vor – als dein wahres Ich. Dieses Ich ist weise, ruhig, gelassen und mitfühlend; es verzeiht und schließt die ganze Welt in seine Liebe ein. Das Licht, das aus dem Juwel deines Herzzentrums strömt, während er mit dem Juwel deiner Seele verschmilzt, verwandelt alle Energien in dir, die nicht dein wahres Wesen widerspiegeln: Es löst sie auf und entwickelt sie weiter. Es vertreibt Sorgen, Anspannungen, Ängste, Schatten der Vergangenheit und andere Dinge, die dich davon abhalten, die Liebe deiner Seele kennenzulernen.

Deine Seele läßt durch dein Herzzentrum ihre Lebenskraft-Energie in dich einströmen. Stelle dir vor, wie Seelenliebe aus deinem Herzzentrum in dein physisches Herz und von dort aus in deinen Blutkreislauf fließt. Male dir aus, wie das funkelnde Licht deiner Seele durch deine Adern strömt und reine Liebe durch deinen Körper zirkulieren läßt. Dieser Liebesstrom fließt durch deine Arterien und Venen, reinigt und verjüngt dich und gibt dir neue Kraft. Deine Seele erfüllt deinen ganzen Körper mit ihrer Lebenskraft-Energie. Nimm diese

Energie als spirituellen Lebensstrom wahr, rein und vollkommen, der durch deinen Körper fließt. Stelle dir vor, wie Liebe und Energie frei und ungehindert zirkulieren und alle Teile deines Seins berühren. Du fühlst dich viel lebendiger und hast mehr Energie, wenn deine Seele dein Herzzentrum belebt.

Übe immer wieder, mit deiner Seele zu verschmelzen und den Juwel deines Herzzentrums mit dem Juwel zu bereinigen. Mache dich mit den subtilen Bildern und Empfindungen vertraut, die dabei vielleicht in dir aufsteigen.

Bedanke dich bei dem Wesen der Liebe, das zu dir gekommen ist. Nimm dir einen Augenblick Zeit, um das Herzzentrum dieses Wesens zu spüren. Beobachte dein eigenes Herzzentrum und stelle dir vor, daß es genauso wird wie das des Wesens der Liebe. Male dir aus, wie die Blütenblätter deines Herzzentrums sich entfalten und der Juwel in ihrer Mitte deutlicher sichtbar wird. Der Juwel deines Herzzentrums und der Juwel deiner Seele stimmen nun gemeinsam einen Ton der Liebe an. Spüre, wie Seelenliebe von dir zu allen Menschen strömt, die du kennst.

Die Erweckung deines Herzzentrums

Seelenspiel

Wähle aus der folgenden Liste eine oder mehrere Möglichkeiten aus, dein Herzzentrum zu erwecken:

1. Reise zum Tempel und sieh den Juwel deines Herzzentrums als vielfacettierten Diamanten vor dir. Während du ihn betrachtest, stelle dir vor, daß du dich an einen heiligen Ort in deinem Inneren begibst. Der Edelstein ist so wunderschön, daß du dich schon allein durch seine Betrachtung ganzer und vollkommener fühlst.
2. Lasse dir von dem Wesen der Liebe Energie senden, um dein Herzzentrum zu erwecken. Bekräftige dabei innerlich, daß du bereit bist, in deinem täglichen Leben mehr Liebe zum Ausdruck zu bringen.
3. Immer wenn du vor irgend etwas Angst hast, sage dir: »Ich bin stets sicher und geborgen.« Fühle, wie das Wesen der Liebe andere hohe Wesen und Engel zu deiner Unterstützung herbeiruft.
4. Verbinde den Juwel deines Herzzentrums und den Juwel deiner Seele miteinander. Übe das möglichst oft und stelle dir ein Klicken oder eine Veränderung vor, wenn sie zusammenkommen. Lausche mit deinen inneren Ohren auf den wunderbaren Klang, den die beiden gemeinsam anstimmen.
5. Immer wenn du mehr Liebe empfinden oder dich liebevoller verhalten möchtest, lade das Wesen der Liebe in dein Herzzentrum ein. Achte darauf, ob sich dadurch an deiner Fähigkeit, Liebe zu empfinden und zum Ausdruck zu bringen, etwas verändert.
6. Sei dir deines Herzzentrums heute als eines strahlenden

Lichts bewußt, das über die Grenzen deines Körpers hinausreicht und alle Menschen in deiner Umgebung mit seiner Liebe berührt.

7. Immer wenn du krank oder müde bist oder einfach gern mehr Energie hättest, lasse den Juwel deines Herzzentrums mit dem deiner Seele verschmelzen. Stelle dir vor, wie Seelenliebe aus deinem Herzzentrum in dein physisches Herz und dann in deinen Blutkreislauf strömt, dich neu belebt und verjüngt.

Kapitel 8

Seelenverbindungen herstellen

Aus deinem Herzzentrum strahlt Licht
zum Herzzentrum eines anderen Menschen.
Mit dem Solarlicht über euch beiden
bildet sich ein Lichtdreieck,
und eine Seelenverbindung ist entstanden.

Verbindungen zu anderen Seelen herzustellen, ist eine Möglichkeit, deine Herzzentren zu erwecken und anderen Menschen Seelenliebe entgegenzubringen. Es ist eine wichtige Fähigkeit, mit deren Hilfe du deine zwischenmenschlichen Beziehungen weiterentwickeln kannst. Deshalb wirst du nun lernen, gemeinsam mit anderen Menschen bestimmte Lichtmuster zu erschaffen. Du kannst diese Muster erst einmal in Gedanken einüben, wenn die anderen gerade nicht physisch anwesend sind. Mit ein wenig Übung wirst du die Lichtmuster dann auch ganz mühelos und automatisch erschaffen können, wenn du mit anderen Menschen zusammen bist. Diese Lichtmuster zur Herstellung von Seelenverbindungen und die Bilder, deren du dich dabei bedienst, müssen nicht unbedingt genau mit den Beschreibungen in diesem Buch übereinstimmen. Spiele mit den Bildern, die wir dir hier vorstellen, und setze sie so ein, wie es bei dir am besten funktioniert. Du kannst sie verändern oder verstärken oder dir auch ganz neue Bilder ausdenken.

Seelenverbindungen herzustellen, ist eine Möglichkeit, Liebe für andere Menschen auszustrahlen. Vielleicht kommt es dir vor, als würdest du diesen Menschen Liebe »senden«. In Wirklichkeit sendest du sie jedoch nicht, sondern die anderen empfangen sie gleich in dem Augenblick, in dem du sie ausstrahlst. Das funktioniert nach dem Prinzip der Resonanz. Vielleicht hast du das schon einmal erlebt, wenn du mit einem glücklichen Menschen zusammen warst und dich plötzlich entschiedest, selbst glücklicher zu sein. Diese andere Person hat dir kein Glück gesandt, sondern du hast begonnen, in ihrer Glücksfrequenz mitzuschwingen. Das Glück, das du dabei empfandest, war nicht das Glück der anderen Person, sondern dein eigenes. Die Entscheidung, ob du Glück empfinden wolltest oder nicht, lag bei dir. Genauso ist es, wenn du Seelenkontakte zu anderen Menschen knüpfst: Du sendest ihnen dabei keine Energie, sondern strahlst verschiedene Qualitäten der Seelenliebe aus, weil du sie selbst empfindest. Wenn die anderen sie ebenfalls empfinden, liegt das daran, daß sie mit den Liebesqualitäten, die du ausstrahlst, mitschwingen und sich freiwillig dazu entscheiden, sie zu fühlen.

Schließe nun für ein paar Sekunden die Augen und lasse das Bild eines Menschen in dir aufsteigen, für den du Liebe ausstrahlen und zu dem du einen Seelenkontakt aufbauen möchtest. Solche Seelenverbindungen kann man schaffen, um eine Beziehung zu einem ganz speziellen Menschen weiterzuentwickeln; es geht aber auch mit jemandem, dem man noch gar nicht begegnet ist, zum Beispiel mit einem künftigen Seelengefährten oder einer künftigen Seelengefährtin. Du kannst Seelenverbindungen zu Freunden und geliebten Menschen, Kindern, Eltern, Verwandten und Kollegen herstellen, zu Menschen, die du früher einmal kanntest oder die du erst noch kennenlernen wirst. Seelenkontakte können auch dazu dienen, eine Beziehung zu einem Menschen, der gestorben ist oder im Koma liegt, zu vollenden oder fortzusetzen, denn Seelen können über Zeit und Raum hinweg Verbindungen miteinander eingehen.

Erschaffe eine Lichtlinie zwischen deinem Herzzentrum und dem eines anderen Menschen.

Stelle dir nun vor, daß die Person, die du ausgewählt hast, vor dir steht. Lasse dein Bild vom Körper dieser Person verblassen und in den Hintergrund treten, bis du dir ihr Herzzentrum als strahlendes Licht vorstellen kannst. Rufe deine Seele herbei und beobachte, wie sie durch dein Kopfzentrum in dein Herzzentrum hinabsteigt. Sieh zu, wie der Juwel deines Herzzentrums und der Juwel deiner Seele sich vereinigen. Dabei kannst du dir ein funkelndes, schimmerndes Licht vorstellen, das von deinem primären Herzzentrum ausstrahlt. Sieh einen Lichtstrahl, der von deinem Herzzentrum ausgeht und das Herzzentrum des anderen Menschen berührt. Du kannst dir alles ausmalen, was dir richtig und passend erscheint. Manche Menschen stellen sich einen Lichtstrahl vor, der ihre Herzzentren miteinander verbindet. Andere sehen ein schmales oder breites Lichtband, eine Lichtschnur oder einen Lichtfaden vor sich; oder sie nehmen schimmernde Lichtstrahlen von ihrem Herzzentrum zum Herzzentrum der anderen Person hin wahr. Vielleicht strömen viele Lichtstrahlen nacheinander von deinem Herzzentrum zu dem der anderen Person hin; oder es ist ein einziger, beständiger Strahl. Möglicherweise spürst du auch einfach nur, wie dein Herzzentrum so hell erstrahlt, daß das Licht, das von ihm ausgeht, das Herzzentrum des anderen Menschen berührt. Wichtig ist nur, daß du eine Verbindung zwischen euren beiden Herzzentren spürst.

Ich benutze als Symbol für diese Herzverbindung das Bild einer Lichtlinie. Du kannst aber auch jedes andere Bild oder Symbol wählen, das dich erinnert, immer, wenn du mit anderen Menschen zusammen bist, eine solche Verbindung von Herz zu Herz herzustellen. Und es braucht auch nicht unbedingt ein Bild zu sein. Bei diesem ersten Schritt zur Herstellung von Seelenkontakten kommt es nur darauf an, daß du eine Herzverbindung spürst oder dir vornimmst, sie herzustellen.

Verbinde dich mit der Seele des anderen Menschen.

Der zweite wichtige Schritt besteht darin, deine Seele und die Seelen anderer Menschen wahrzunehmen, während du eine Herzverbindung aufbaust. Dadurch verstärkst du gleichzeitig auch den Kontakt zu deiner eigenen Seele. Dir wird bewußt, daß du eine Seelenverbindung zu anderen Menschen hast, die noch wichtiger ist als eure Beziehung auf der Persönlichkeitsebene. Wenn du mit den Seelen anderer Menschen in Verbindung trittst, wird es dir leichter fallen, Dinge zu tun, die ihrer Seele gerecht werden, statt dich von den Wünschen ihrer Persönlichkeit beeinflussen zu lassen.

Stelle noch einmal eine Herzverbindung zu der Person her, für die du Liebe ausstrahlen möchtest. Achte genau darauf, wie du die Seele dieser Person spürst. Das können ganz unterschiedliche Wahrnehmungen sein. Vielleicht empfindest du mehr Liebe, Mitgefühl oder inneren Frieden, während du mit der Seele dieses Menschen in Verbindung trittst. Es kann aber auch sein, daß du deine eigene Seele intensiver erlebst. Oder du siehst plötzlich mehr Licht als zuvor. Konzentriere dich möglichst auf alle Details dieses Seelenkontakts und achte darauf, inwiefern er sich von deinem Persönlichkeitskontakt zu diesem Menschen unterscheidet. Laß all deine persönlichen Fragen und Probleme von dir abfallen und erkenne das Licht und die Schönheit der Seele dieses Menschen. Es macht aber auch nichts, wenn du gar nichts spürst. Die Absicht, mit der Seele der anderen Person in Kontakt zu treten, ist das einzige, was du brauchst, um eine Seelenverbindung herzustellen.

Stelle dir das Solarlicht über euch beiden vor.

Der letzte Schritt besteht darin, dir das Solarlicht über euch vorzustellen, während du eine Lichtlinie zwischen euren beiden Herzzentren schaffst. Das bringt die höchste Liebe und das Licht der Einheit in eure Beziehung und verbindet euch in der Verfolgung eines höheren Ziels. Es läßt all eure Kontakte in Solarlicht erstrahlen und bringt mehr Harmonie, Schönheit, Ausgewogenheit und Klarheit in eure Beziehung. Immer wenn du dich auf das Solarlicht konzentrierst, erweitert sich das Liebespotential zwischen euch. Wenn du während der Herstellung eines Seelenkontakts an das Solarlicht über euch denkst, wird es dir leichter fallen, deine Seele zu erfahren und Seelenliebe auszustrahlen.

Spanne eine Lichtlinie zwischen deinem Herzzentrum und der Person, mit der du gerade in Kontakt getreten bist. Nimm das Solarlicht über euch wahr. Beobachte, wie dieses Solarlicht einen Lichtstrahl herabsendet, der durch dein Kopf- in dein Herzzentrum eindringt und sich dann kraft eurer Herzverbindung zum Herzzentrum der anderen Person bewegt. Das Solarlicht steigt durch das Kopfzentrum des anderen Menschen in sein Herzzentrum hinab und dann hinaus zu deinem Herzzentrum.

Jetzt hast du ein Dreieck aus Licht zwischen euch beiden geschaffen, an dessen Spitze sich das Solarlicht befindet. Die Basis des Dreiecks bildet die Lichtlinie zwischen euren beiden Herzzentren. Durch dieses Dreieck strömt Solarlicht. Immer wenn du eine Lichtlinie zwischen deinem Herzzentrum und dem einer anderen Person erschaffst, deine Seele und ihre Seele spürst und Solarlicht in euren Kontakt einströmen läßt, stellst du eine *Seelenverbindung* her.

Obwohl ich in diesem Buch das Solarlicht als Höheres Licht einsetze, das eure Beziehung lenkt, kannst du ebensogut auch jedes andere Höhere Licht dazu benutzen. Das kann zum Beispiel ein Stern oder ein hochentwickeltes Wesen sein – ein Engel, ein Lichtwesen oder ein Meister, Gott, die Göttin, Alles-Was-Ist, und so weiter. Es kommt nur darauf an, dir der Existenz eines Lichts bewußt zu sein, das höher und erhabener ist als eure beiden Seelen und das dich bei der Herstellung dieser Seelenverbindung leitet. Das Solarlicht bringt die Energien zwischen euch in ein harmonisches Gleichgewicht, hebt sie auf eine höhere Ebene empor und lenkt eure Aufmerksamkeit nach oben, zum Licht. Vielleicht möchtest du erst einmal mit dem Bild des Solarlichts über euch beiden arbeiten und später andere Arten von Licht ausprobieren.

Lade das Wesen der Liebe in dein Herzzentrum ein, während du Seelenverbindungen herstellst.

Du kannst deine Beziehungen zu anderen Menschen weiterentwickeln, indem du während der Herstellung eines Seelenkontakts das Wesen der Liebe in dein Herzzentrum einlädst. Bitte es, dazu beizutragen, daß du mehr Liebe empfinden und dich liebevoller verhalten kannst. Das Wesen der Liebe kann dich unterstützen, wenn du dich in einer schwierigen Situation befindest oder Kraft und Mut brauchst, um andere Menschen als deine Seele zu lieben. Stelle eine Seelenverbindung zu einem der Menschen her, die du ausgewählt hast. Ziehe eine Lichtlinie zwischen euren beiden Herzzentren, tritt mit der Seele dieser Person in Kontakt und stelle dir das Solarlicht über euch vor. Lade das Wesen der Liebe in dein Herzzentrum ein und achte darauf, ob sich dadurch irgend etwas verändert. Stelle dir vor, daß du genau wie das Wesen der Liebe liebst, denkst und handelst. Frage dich: »Wie würde ich als Wesen der Liebe diesem Menschen gegenüber Seelenliebe zum Ausdruck bringen?« Laß das Wesen der Liebe deine Fähigkeit anregen, voller Zärtlichkeit, Weisheit und Mitgefühl zu lieben. Du tust liebevolle und weise Dinge – nicht, um die Persönlichkeit der Menschen zu befriedigen, sondern damit sie spirituell wachsen und sich weiterentwickeln.

Achte auf deine Energie, um festzustellen, ob deine Liebe auch angenommen wird.

Nun, da du dich in der Herstellung von Seelenverbindungen geübt hast, kannst du dir ein paar Energieprinzipien aneignen, die bei der Ausstrahlung von Liebe eine Rolle spielen. Das ist eine gute Vorbereitung darauf, die verschiedenen Qualitäten der Seelenliebe auszustrahlen, mit denen du dich später noch beschäftigen wirst. Bei diesen Prinzipien geht es darum, wie Energie funktioniert – wie du feststellen kannst, ob andere Menschen sich entschlossen haben, mit deiner Liebe mitzuschwingen, wie du deine Liebesausstrahlung verstärken kannst und woran du merkst, wann es an der Zeit ist, die Verbindung abzubrechen.

Stelle einen Seelenkontakt zu der Person her, die du dafür ausgewählt hast. Stelle dir eine Lichtlinie zwischen euren beiden Herzzentren vor. Das Solarlicht ist über euch. Spüre deine Seele und die Seele der anderen Person. Strahle Liebe für diese andere Person aus – eine Liebe, die sie innerlich emporhebt, tröstet und beruhigt. Ob sie diese Liebe auch annimmt, kannst du feststellen, indem du dich selbst beobachtest. Achte auf deine Gefühle und Gedanken und auf deine Energie. Wenn die Liebe, die du ausstrahlst, bei der anderen Person ankommt, wirst du dich während dieser Seelenverbindung innerlich offener, aufgeschlossener, freudiger oder liebevoller fühlen. Möglicherweise fällt es dir auch leichter, deine Seele zu spüren und mit ihr in Kontakt zu treten.

Verlasse dich nicht auf die äußeren Reaktionen der Menschen, um festzustellen, ob deine Liebe bei ihnen angekommen ist. Vielleicht reagieren sie nicht so, daß es äußerlich beobachtbar oder meßbar wäre. Andererseits kann es auch sein, daß sie sich nun plötzlich liebevoller verhalten, aufgeschlossener oder sonst irgendwie anders sind. Viel wichtiger als die Reaktionen der anderen ist deine wachsende Fähigkeit, deine Seele zu erfahren und Seelenliebe auszustrahlen. Es wird dir immer mehr Freude bereiten und immer leichter fallen, diese Liebe auszustrahlen; daran erkennst du, daß der andere Mensch mit ihr mitschwingt.

Verstärke die Übertragung von Liebe, wenn die Liebe, die du ausstrahlst, angenommen wird.

Wenn andere Menschen auf die Ausstrahlung deiner Liebe reagieren, kannst du die Übertragung von Seelenliebe auf verschiedene Weise intensivieren – zum Beispiel, indem du dich mit deiner Seele verbindest und die Liebesqualität, die du ausstrahlst, so vollständig wie möglich empfindest. Außerdem kannst du unterschiedliche Lichtqualitäten aus deinem Herzzentrum an das der anderen Person aussenden – zum Beispiel ein sanftes, gleichmäßiges, beruhigendes Licht, dem du eine rosige Farbe verleihst. Lasse das Licht deines Herzens hell erstrahlen oder experimentiere zur Abwechslung mit pulsierendem Licht.

Wenn du die Liebe, die du ausstrahlst, intensivierst, werden manche Menschen vielleicht nicht nur darauf reagieren, sondern sogar noch etwas dazu beitragen. Das merkst du an einem Gefühl der spiralförmigen Aufwärtsbewegung – du empfindest mehr Freude, Licht und Liebe. Das ist einer der Gründe, warum es sich lohnt, Seelenverbindungen herzustellen: die Freude am spielerischen Kontakt mit anderen Menschen, wenn sie auf deine Seelenliebe reagieren und mit ihr mitschwingen. Wenn das geschieht, hast du in deiner Fähigkeit und der Fähigkeit anderer Menschen, ihre Seele kennenzulernen und ihre Herzzentren zu erwecken, eine Veränderung bewirkt. Übe gleich heute, mit vielen Menschen eine Seelenverbindung herzustellen, und verstärke deine Liebesausstrahlung, wann immer du es als richtig empfindest.

Erkenne, wann du aufhören solltest, Liebe auszustrahlen.

Irgendwann wird der Punkt erreicht sein, eine Seelenverbindung zu beenden. Du hast dann so viel Liebe ausgestrahlt, wie der andere Mensch gebrauchen kann. Dieser Zeitpunkt kann gleich nach dem Aufbau der Seelenverbindung oder auch erst später eintreten. Manchmal reagieren die Menschen auf deine Seelenverbindung mit ihnen, und gehen in Resonanz damit. Dann baut sich Energie zwischen euch auf. Aber es wird immer einen Augenblick geben, in dem die Verbindung abgeschlossen ist, und dann sollte man sie auch beenden. Du kannst diesen Zeitpunkt erkennen, indem du in dich hineinhorchst. Vielleicht fällt es dir nicht mehr leicht oder bereitet dir keine Freude mehr, den Kontakt fortzusetzen. Oder du brichst ihn einfach ab, ohne zu wissen, warum. Oder du hast das Gefühl, zu drängen, etwas zu wollen und dich zu sehr um diese Seelenverbindung bemühen zu müssen. Wenn du sie dann trotzdem weiter aufrechterhältst, fühlst du dich hinterher vielleicht ausgelaugt, weil deine Energie nirgends hinfließen kann. (Der andere Mensch fühlt sich dabei jedoch ganz wohl.) Wenn es dir nicht mehr leichtfällt, die Seelenverbindung aufrechtzuerhalten, dann beende sie und sei dir darüber im klaren, daß du jetzt so viel Liebe ausgestrahlst hast, wie es zu diesem Zeitpunkt sinnvoll ist.

Warte nicht auf spezielle Resultate, an denen du erkennen kannst, ob deine Seelenverbindung funktioniert. Du kannst nie im voraus wissen, was sich aus einem Seelenkontakt ergeben wird und wann oder in welcher Form die Resultate eintreten. Es gibt keine Garantie dafür, daß dabei irgend etwas Bestimmtes geschehen wird, denn du kannst nie wissen, wie andere auf deine Liebe reagieren. Bei der Knüpfung von Seelenverbindungen arbeitest du auf der inneren Ebene, von Seele zu Seele. Das kann tiefgreifende positive Veränderungen bei dir selbst und in deinen Beziehungen bewirken, auch wenn du es nicht aus diesem Grund tust.

Du kannst aber auch Liebe für andere Menschen ausstrahlen, ohne dich dabei der geistigen Bilder zur Herstellung von Seelenverbindungen zu bedienen, die du gerade kennengelernt hast. Die hier beschriebenen Schritte zeigen dir, wie du unter der Anleitung eines höheren Lichts eine Herz- und Seelenverbindung zu anderen Menschen aufbauen kannst. Sobald du gelernt hast, auf diese Weise mit anderen in Kontakt zu treten, kannst du dich entweder weiterhin dieser Bilder bedienen, eigene erfinden oder ganz einfach Liebe ausstrahlen, ohne dabei irgendwelche Bilder zu benutzen. Entdecke deine eigenen Wege, wie du eine hohe, liebevolle Verbindung zu anderen Menschen herstellen kannst.

Die Menschen, mit denen du dich seelisch verbindest, müssen sich dessen nicht unbedingt bewußt sein. Du sendest ihrer Seele Liebe und läßt dich dabei von einem höheren Licht leiten. Wenn du auf diese Weise mit anderen Menschen in Verbindung trittst, veränderst du dich selbst und deine Realität – nicht ihre. Du errichtest ein Fundament der Liebe, das sich später in liebevollen Taten, Worten und Verhaltensweisen manifestieren kann. Aber du kannst anderen Menschen auch beibringen, eine Seelenverbindung zu dir herzustellen. Dann können sie an einer Veränderung ihrer eigenen Realität arbeiten, während du die deine veränderst.

Es ist absolut unbedenklich, durch Seelenverbindungen Liebe für andere Menschen auszustrahlen. Du kannst dadurch niemals Kontrolle über eine andere Person ausüben und auch nicht selbst beeinflußt oder kontrolliert werden, wenn andere einen Seelenkontakt zu dir herstellen. Mit der Seelenliebe strahlst du die feine, schöne Energie der Liebe aus. Andere können von dieser Energie so Gebrauch machen, wie sie es gern möchten, oder sie auch völlig ignorieren. Die Seelenliebe, die du ausstrahlst, ist immer ein Energiegeschenk, das andere Menschen stärken und ihnen Gelegenheit geben kann, ihre Herzzentren zu erwecken und mehr Liebe zu erhalten, falls sie es möchten.

Wenn andere Menschen Seelenliebe für dich ausstrahlen, ist es stets deine eigene Entscheidung, ob du sie nutzen oder darauf reagieren möchtest oder nicht. Sie machen dir damit ein Geschenk der Liebe, und dieses Geschenk verleiht stets Kraft. Es kann dich innerlich emporheben, deinen Horizont erweitern, dir mehr Energie verleihen oder dich weiser oder liebevoller werden lassen. Danke den anderen Menschen für die Liebe, die sie dir anbieten, wenn sie eine Seelenverbindung mit dir eingehen, und strahle auch für sie Liebe aus.

Seelenverbindungen herstellen

Seelenspiel

Stelle mit anderen Menschen eine Seelenverbindung her, indem du eine Lichtlinie zwischen deinem und ihrem Herzzentrum ziehst. Stelle dir das Solarlicht über euch vor, das durch eure beiden Kopfzentren herabsteigt und ein Dreieck aus Licht zwischen euch bildet. Übe, zu mehreren verschiedenen Menschen und während verschiedener gemeinsamer Aktivitäten Seelenverbindungen herzustellen. Wähle aus der folgenden Liste ein paar Möglichkeiten aus, die Verbindung zwischen zwei Seelen zu erfahren.

1. Schaffe eine Seelenverbindung und stelle dir dabei vor, daß du deine Seele bist. Achte darauf, ob sich dadurch an deinen Gefühlen, deiner Sprache oder deinen Reaktionen etwas verändert.
2. Spüre bei der Herstellung von Seelenverbindungen die Seelen der anderen Menschen. Verändert sich dadurch etwas? Denkst oder empfindest du im Hinblick auf sie jetzt anders, möchtest du dich ihnen gegenüber anders verhalten oder anders mit ihnen sprechen als bisher?
3. Achte während einer solchen Seelenverbindung auf das Solarlicht über dir. Beobachte, wie das Solarlicht die Harmonie, Schönheit, Ausgewogenheit und Klarheit eurer Verbindung verstärkt und wie eure Beziehung von Sekunde zu Sekunde schöner und vollkommener wird.
4. Lade das Wesen der Liebe in den verschiedensten Situationen in dein Herzzentrum ein und konzentriere dich darauf, wie du handeln, denken und fühlen würdest, wenn deine Liebe in diesen Situationen der des Wesens der Liebe entspräche.

5. Stelle zu verschiedenen Menschen Seelenverbindungen her, strahle Liebe für sie aus und achte dabei auf deine eigene Energie. Setze diese Verbindung so lange fort, wie sie dich innerlich emporhebt und erweitert.
6. Wenn dir heute spontan irgend jemand einfällt, dann stelle eine Seelenverbindung zu dieser Person her und strahle Liebe für sie aus, statt auf irgendeine andere Art an sie zu denken.

Kapitel 9

Die Gelassenheit der Liebe

Du erfährst die Eigenschaften der Liebe deiner Seele:
wie magnetisch und transparent sie ist,
wie sie Liebe verstärkt und andere Menschen
bedingungslos akzeptiert.
Du erkennst die Gelassenheit der Seelenliebe.

Alle Qualitäten der Seelenliebe, in denen du dich in diesem Kapitel üben wirst, um dein primäres Herzzentrum zu erwecken, sind Aspekte von Gelassenheit. Gelassenheit entsteht, wenn du andere Menschen genauso liebst wie deine Seele. Dann ziehst du Liebe magnetisch an, statt dich darum bemühen zu müssen. Du verstärkst sie, statt auf ihr Fehlen zu reagieren, und bleibst neutral und durchlässig für die Energien in deiner Umgebung. Du hältst die Liebe im Fluß, indem du andere Menschen akzeptierst und so sein läßt, wie sie sind. Wenn du andere als deine Seele liebst, dann liebst du bedingungslos. Das ist eine Liebe, die keiner Gegenleistung bedarf.

Wenn du nun weiterliest, werden sich dir Gelegenheiten bieten, Seelenverbindungen aufzubauen und für eine Person, die für dich eine besondere Rolle spielt, Qualitäten der Seelenliebe auszustrahlen. Du kannst diese Qualitäten jedesmal für denselben Menschen oder auch für verschiedene Menschen ausstrahlen. Es ist besonders wirkungsvoll, öfter zu ein und derselben Person eine Seelenverbindung aufzubauen und Seelenliebe für sie auszustrahlen, denn damit säst du die Saat der Liebe, die später keimen und positive Veränderungen in eure Beziehung bringen wird. Wenn dir, nachdem du einen bestimmten Menschen für die Knüpfung einer Seelenverbindung ausgewählt hast, noch jemand einfällt, dann stelle auch zu dieser Person eine Seelenverbindung her. Es gibt immer einen wichtigen Seelengrund, wenn du den Drang verspürst, seelisch mit jemandem Verbindung aufzunehmen, während du eine bestimmte Qualität der Seelenliebe praktizierst. Vielleicht kann irgend etwas an dieser Qualität deine Beziehung zu diesem Menschen heilen, weiterentwickeln oder auf ihre nächste Stufe emporheben. Hinterher kannst du wieder deine Seelenverbindung zu der Person fortsetzen, die du ursprünglich dafür ausgewählt hattest, falls du das immer noch als richtig und angemessen empfindest.

Du kannst die Qualitäten der Seelenliebe sowohl für einzelne Menschen als auch für Gruppen ausstrahlen. Durch Gruppenbewußtsein, Gruppenliebe und Gruppenaktivitäten werden deine Herzzentren erweckt. In Kapitel 21 wirst du lernen, gemeinsam mit Gruppen – beispielsweise Familie, Freunden und Kollegen – Liebesräder zu bilden. Praktiziere in jenem sowie den darauffolgenden Kapiteln die verschiedenen Qualitäten der Liebe und setze sie ein, wann immer es dir in deiner Zusammenarbeit mit einer Gruppe sinnvoll erscheint.

Komme nun innerlich zur Ruhe und bitte deine Seele, dir die Person zu zeigen, zu der sie gern eine Verbindung herstellen möchte, um eure Beziehung weiterzuentwickeln. Das kann derselbe Mensch sein, zu dem du auch vorher schon einen Seelenkontakt hergestellt hast, oder jemand anders. Warte einfach, bis dir jemand in den Sinn kommt. Wenn dir niemand einfällt, dann denke an eine für dich wichtige Beziehung, die du gern verbessern würdest, und stelle zu dieser Person eine Seelenverbindung her, während du diese Qualitäten der Seelenliebe praktizierst.

Erkenne, daß die Liebe
die mächtigste Energie des Universums ist.

Es gibt viele Energien in deinem Universum – die Energie der Wünsche, Begierden und Emotionen anderer Menschen, die dich dazu bringen wollen, das zu tun, was sie möchten; die Energie deiner Seele, die dich auf deinem Weg weiterführt; die Energie des Solarlichts, das alles Leben zurück nach Hause führt, und so weiter. Du lebst in einer Welt der Energie, erfährst ständig die Energie in deiner Umgebung und wirst von ihr beeinflußt.

Es gibt keine mächtigere Energie als die Liebe. Wenn du lernst, andere Menschen als deine Seele zu lieben, bringst du die mächtigste Kraft des Universums in dein Leben hinein. Liebe wirkt Wunder, heilt alle Wunden und reinigt alle niedrigeren Energien. Du kannst Liebe nicht hergeben, denn je mehr du davon verschenkst, um so mehr wirst du zurückbekommen. Wenn du dich für die Liebe entscheidest, erreichst du das Höchste und Beste für dich selbst und andere Menschen. Anderen Liebe anzubieten, ist immer die richtige Entscheidung. Damit kannst du alle Energien um dich herum verwandeln, reinigen, neutralisieren, auf ein höheres Niveau emporheben, erweitern, miteinander verbinden, harmonisieren, ausgleichen, verstärken, magnetisch anziehen, akzeptieren und mit mehr Licht und Schönheit erfüllen. Du kannst die Gedanken und Gefühle anderer Menschen verwandeln oder durchlässig für sie werden, »negative« Energie neutralisieren und dich mit allem Leben im Universum in harmonischen Einklang bringen. Alle Energien im Universum reagieren positiv auf Liebe.

Sei Liebe. Bringe diese Liebe in einen immer größer werdenden Lebenskreis ein.

Wenn du die Gelassenheit der Seelenliebe kennenlernen möchtest, atme zunächst einmal ein und erfülle dich ganz mit Solarlicht. Bringe deine Gefühle zur Ruhe und atme alle unerwünschten Gedanken aus. Du weißt inzwischen schon, wie du deine Seele herbeirufen und mit ihr verschmelzen kannst, ohne dich auf die Seelenebene zu begeben. Du kannst außerdem mit deiner Seele eins werden und den Juwel deines Herzzentrums und den Juwel deiner Seele miteinander verbinden, indem du einfach nur daran denkst. Rufe deine Seele jetzt zu dir und fühle, wie ihre schöne Gegenwart dich sanft und liebevoll umgibt. Ihr Juwel steigt durch dein Kopfzentrum immer tiefer herab, bis er den Juwel deines Herzzentrums umhüllt. Spüre die Veränderung oder das »Klicken«, sobald die beiden Edelsteine sich zusammenfügen. Stelle dir vor, wie ein wunderschönes Licht aus deinem Herzzentrum strahlt, während die beiden Steine sich vereinen. Nimm deine Seele als strahlende Lichtkugel wahr, die dich von allen Seiten umhüllt.

Sobald die beiden Juwele zusammenkommen, fließt Seelenliebe in dein Herzzentrum. Stelle dir vor, daß es vor Liebe erstrahlt und überströmt und daß diese Liebe um dich herum ein Feld der Liebe bildet. Die Liebe, die der Juwel deines Herzzentrums ausstrahlt, reicht weit über die Grenzen deines Körpers hinaus. Dieses Liebesfeld, das von deinem Herzzentrum ausgeht, hat viele Eigenschaften und Qualitäten. Die Seelenliebe, die davon ausstrahlt, kann magnetisch und durchlässig sein. Sie kann Liebe verstärken, kann akzeptieren und zulassen sowie großzügig und ohne jeden Vorbehalt zu anderen Menschen hinströmen. In ihrem ruhigen, gelassenen Zentrum der Liebe kennt deine Seele nichts als Frieden und die Gewißheit, daß alles in Ordnung ist. Sie weiß, daß es nichts gibt, wovor sie sich fürchten, worüber sie sich aufregen oder wogegen sie sich wehren müßte. Ihr ist bewußt, daß die Liebe die mächtigste Energie im Universum ist – und sie weiß, wie man liebt.

Ziehe Liebe und alles Positive magnetisch an.

Deine Seele ist ruhig und gelassen, weil sie es versteht, Liebe magnetisch anzuziehen. Sie muß nicht um Liebe kämpfen oder sich darum bemühen. Sie lebt ständig in einem Überfluß an Liebe. Du kannst die magnetische Qualität der Seelenliebe erfahren und Liebe und alles Positive in dein Leben hineinziehen. Spüre die magische Anziehungskraft dieses Liebesfeldes, das von deinem Herzzentrum ausgeht. Stelle dir vor, daß magnetische Liebesringe spiralförmig von deinem Herzzentrum nach außen gehen und Liebe in all ihren Formen, Aspekten und Ausdrucksmöglichkeiten anziehen. Wenn du Seelenliebe ausstrahlst, übst du eine magnetische Anziehungskraft aus auf die Schönheit und Liebe in deinen Mitmenschen und auf alles Positive, was das Universum zu bieten hat.

Viele Dinge tun die Menschen nur füreinander, um als Gegenleistung Liebe zu bekommen. Vielleicht hat man dir auch beigebracht, daß Liebe etwas ist, das man sich erst verdienen muß, indem man sich gut benimmt und die Bedürfnisse anderer Menschen erfüllt. Deshalb fällt es dir vielleicht schwer, anderen Grenzen zu setzen, weil du glaubst, daß du sie dadurch verletzen oder ihre Liebe verwirken könntest. Wenn du meinst, daß Liebe nur dann zu dir kommt, wenn du sie dir verdienst, ist es an der Zeit, die magnetische Anziehungskraft der Seelenliebe zu erfahren.

Denke über deine Beziehung zu der Person nach, die du für deine Seelenverbindung ausgewählt hast. Mußt du dich sehr um die Liebe dieser Person bemühen und Dinge tun, die du eigentlich gar nicht tun möchtest? Fühlst du dich ständig hin und her gezogen zwischen deiner Vorstellung von dem, was diese Person von dir erwartet, damit sie dich liebt, und der Erfüllung deiner eigenen Ziele und Sehnsüchte sowie der Führung deiner Seele? Was glaubst du, was diese Person tun oder empfinden würde, wenn du all die Dinge nicht mehr tätest, die du tust, um dir ihre Liebe zu verdienen?

Spüre dein Herzzentrum, das von der magnetischen Liebe deiner Seele erfüllt ist. Es kommt nicht darauf an, was du sagst oder tust; die Liebe – die Essenz deines Wesens – zieht die Menschen zu dir hin und hält sie bei dir. Erfülle dein Herzzentrum mit der Liebe deiner Seele. Stelle eine Seelenverbindung zu der Person her, die du dafür ausgewählt hast, und strahle die magnetische Qualität der Liebe für sie aus. Spüre, wie magnetisch deine Liebe ist und wie sie dadurch Gegenliebe anzieht.

»Übersetze« nun deine Seelenverbindung in Worte, die für dich deine neue Sicht dieser Beziehung definieren. Du könntest zum Beispiel sagen: »Ich biete dir Seelenliebe an. Das ist das wichtigste Geschenk, das ich dir machen kann. Nun ziehe ich das Höchste und Beste, was unsere Beziehung zu bieten hat, magnetisch an.« Wenn es zutreffen sollte, kannst du auch noch hinzufügen: »Von nun an werde ich mich nicht mehr anstrengen oder kämpfen, um deine Liebe zu gewinnen. Ich werde nicht versuchen, deine Bedürfnisse vorauszuahnen und zu erfüllen, damit du mich liebst. Ich werde deine Fähigkeit respektieren, dir deine Bedürfnisse selbst zu erfüllen.« Nimm dir einen Augenblick Zeit, um über all die Liebe nachzudenken, die du von dieser Person empfangen hast. Werde dir darüber klar, welche magnetische Anziehungskraft du schon jetzt in diesem Augenblick auf Liebe hast. Erkenne die vielen Wege, auf denen du ganz mühelos und automatisch Liebe anziehst.

Spüre, was für ein Unterschied es ist, ob man Liebe magnetisch anzieht oder ob man sich darum bemühen muß. Wenn du Liebe magnetisch anziehst, bleibst du dabei im Zentrum deines eigenen Wesens und in Kontakt mit deiner Seele. Liebe strömt aus dir heraus und zieht wiederum Liebe an. Du sendest dein Bewußtsein nicht zu anderen Menschen hin, um ihre Launen und Bedürfnisse zu erraten, damit du dich dann entsprechend verhalten kannst, um ihre Liebe zu erringen. Wenn du eine magnetische Anziehungskraft auf Liebe besitzt, hörst du auf, Dinge zu tun, die du eigentlich gar nicht tun willst, nur damit andere dich lieben. Statt dessen verhältst du dich liebevoll dir selbst gegenüber. Wenn du Liebe magnetisch anziehst, bist du nicht von einem einzigen Menschen als Quelle der Liebe abhängig; du kannst von überhall her Liebe empfangen und bist ganz ruhig und gelassen, weil du weißt, daß du Liebe in Hülle und Fülle erleben kannst, indem du Seelenliebe ausstrahlst; denn sie zieht Liebe in all ihren Formen und Ausdrucksmöglichkeiten zu dir hin.

In diesem und den folgenden Kapiteln möchte ich dir ein paar Sätze vorschlagen, die du in Gedanken zu dir selbst oder der anderen Person sagen kannst. Sie können dir helfen, die Qualitäten der Seelenliebe, die du gerade ausgestrahlt hast, in Worte zu fassen. Gehe diese Sätze in Gedanken immer wieder durch, bringe sie auf den neuesten Stand und verbessere sie. Mache Affirmationen daraus – Richtlinien, wie du die Liebe deiner Seele in deinen alltäglichen Beziehungen zum Ausdruck bringen kannst. Achte darauf, wie diese Worte deine Einstellung zu dir selbst und deinen Beziehungen verändern, wenn du sie in Gedanken vor dich hin sprichst. Du strahlst dann eine ganz andere Energie aus. Ob die anderen wissen, was du gesagt hast, oder nicht – die Veränderung, die diese Worte in dir bewirken, wird auch eine positive Wende in deine Beziehungen bringen.

Verstärke Liebe, um sie zu vermehren.

Die Seelenliebe ist ruhig und gelassen, weil sie Liebe verstärkt. Deine Seele weiß, daß sie immer Liebe finden kann: in jedem Menschen und in jeder Situation. Wenn du Liebe verstärkst, erkennst du sie selbst dann noch, wenn sie verschüttet, verborgen oder gar nicht vorhanden zu sein scheint. Dann kannst du dich viel liebevoller verhalten, selbst wenn du mit Menschen zusammen bist, die lieblos handeln. Du kannst andere dabei unterstützen, die Liebe zu erwecken, die in ihnen schlummert. Selbst die schwierigste Situation enthält Keime der Liebe, die nur darauf warten, hervorzusprießen.

Stelle dir vor, daß du in einer klaren Nacht nach draußen gehst, um die Sterne zu betrachten. Zuerst siehst du vielleicht gar nichts. Als nächstes erkennst du die Sterne, die am hellsten leuchten. Doch je länger du zum Himmel emporschaust, um so mehr Sterne werden sichtbar, bis du schließlich überall Sterne siehst. Auf ähnliche Weise verstärkt deine Seele die Liebe. Nimm dir einen Augenblick Zeit und lasse deine Seele die Liebe in deinem Inneren verstärken und erhellen. Genau wie du in einer klaren Nacht die Sterne sehen kannst, stelle dir nun vor, daß du mehr von der Liebe erkennen kannst, die in dir wohnt. Erkenne all die Liebe und Güte und das Mitgefühl, das du bereits zum Ausdruck bringst und verkörperst. Wenn du die Liebe in deinem Inneren verstärkst, kannst du anderen Menschen mehr Liebe schenken.

Werde eins mit deiner Seele und nimm das Liebesfeld wahr, das von deinem Herzzentrum ausgeht, wenn du den Juwel deines Herzzentrums und den deiner Seele miteinander verbindest. Stelle eine Seelenverbindung zu der Person her, die du ausgewählt hast. Fühle, wie Seelenliebe von deinem zu ihrem Herzzentrum strömt. Konzentriere dich auf den Aspekt der Seelenliebe, der Liebe verstärkt. Stelle dir vor, daß du all die Liebe in dir selbst, in der anderen Person und in deiner Beziehung zu ihr deutlicher sichtbar machst. Sei dankbar für alles, was an dieser Person gut und schön ist – sowohl die positiven Qualitäten, die sie bereits gezeigt hat, als auch diejenigen, die sie gerade erst entwickelt. Ignoriere alles, was du an ihr nicht magst.

Sage irgend etwas, worin sich deine Entscheidung widerspiegelt, Liebe zu verstärken, zum Beispiel: »Ich werde auf der Seelenebene daran arbeiten, die Liebe zwischen uns beiden zu intensivieren. Ich verstärke jetzt Liebe, damit wir neue Eigenschaften und Ausdrucksformen der Liebe erfahren, neue Wege des Liebens entdecken und Liebe in ganz neue Bereiche unserer Beziehung bringen können.« Werde dir klar darüber, wie oft du dich schon auf das Gute und Schöne in diesem Menschen und eurer Beziehung konzentriert und es an die Oberfläche gebracht hast, und sei dir selbst dankbar dafür.

Du kannst zum Beispiel eine Seelenverbindung herstellen und dich auf die verstärkende Qualität der Seelenliebe konzentrieren, wenn du dich mit jemandem gestritten hast, wenn du dich zurückgestoßen fühlst oder glaubst, daß der andere deine Liebe als selbstverständlich hinnimmt, oder auch, wenn es dir schwerfällt, das Gute an einer Situation oder einem anderen Menschen zu erkennen. Wenn ihr ein Problem miteinander habt, dann denke an diesen Problembereich, während du den Seelenkontakt herstellst, und strahle Liebe aus, die alles Gute und alles Licht zwischen euch beiden verstärkt. Du kannst so lange weiter auf dieser Seelenebene arbeiten, bis die Liebe, die verschüttet, verborgen oder gar nicht da war, zum Vorschein kommt. Dadurch verstärkst du deine Liebesfähigkeit und erkennst leichter, was für liebevolle Dinge du tun kannst.

Du kannst aber auch eine Seelenverbindung zu einem Menschen herstellen, den du bereits liebst, und die verstärkende Qualität der Seelenliebe für ihn ausstrahlen, um eure Beziehung auf eine neue Ebene emporzuheben. Du kannst das Wesen der Liebe bitten, in dein Herzzentrum einzutreten, damit es dir leichter fällt, Liebe zu verstärken. Arbeite auf dieser inneren Ebene und tue nur dann etwas, wenn du das Gefühl hast, daß es richtig ist. Die Liebe zwischen dir und anderen Menschen zu verstärken und zu vermehren, bedeutet nicht, daß du öfter mit ihnen in Kontakt treten oder sie näher zu dir heranziehen mußt. Du kannst häufiger oder seltener oder genauso oft wie bisher mit dem betreffenden Menschen zusammensein, während du die Liebe zwischen euch beiden verstärkst.

Strahle durchlässige Liebe aus.

Seelenliebe ist ruhig und gelassen, weil sie durchlässig ist. Deine Seele bietet anderen Menschen eine Liebe an, die den Energien um sie herum keinerlei eigene Färbung verleiht. Ihre Liebe strömt völlig transparent in die Welt hinaus, ohne die Energien, die sie berührt, zu beeinflussen oder selbst durch sie verändert zu werden. Deine Seele kann alle Energien, die nicht Liebe sind, durch sich hindurchlassen; sie wählt aus, mit welchen Energien sie mitschwingen möchte und mit welchen nicht. Du kannst die Gelassenheit dieser durchlässigen Liebe erleben – einer Liebe, die keine Widerstände schafft, keine eigenen Frequenzen in ihre Beziehungen einbringt und sich auch nicht von den Energien anderer Menschen beeinflussen läßt.

Sieh dich in Gedanken mit dem Menschen zusammen, den du ausgewählt hast. Wie liebst du diese Person? Versuchst du sie durch die Färbung deiner Gedanken und Gefühle zu beeinflussen oder zu verändern? Wehrt sie sich manchmal gegen deine Liebe? Erfülle dein Herzzentrum mit der Liebe deiner Seele und nimm das Liebesfeld wahr, das von deinem Herzzentrum ausgeht. Konzentriere dich auf den unsichtbaren, durchlässigen Aspekt der Seelenliebe. Stelle dir vor, wie Wellen transparenter Seelenliebe aus deinem Herzzentrum zu dem anderen Menschen hinfließen, während du eine Seelenverbindung zu ihm aufbaust. Du versuchst nichts an diesem anderen Menschen zu beeinflussen oder zu verändern. Werde zur Essenz der Liebe – einer Liebe, die alles Leben berührt, ohne es zu beeinflussen oder ihm etwas von ihrer eigenen Persönlichkeitsnote zu verleihen.

Male dir eine Situation aus, in der du versucht sein könntest, diese andere Person zu beeinflussen oder ihr den Stempel deiner eigenen Energie aufzuprägen. Und dann stelle dir vor, wie du statt dessen die durchlässige Qualität der Seelenliebe an sie ausstrahlst. Du liebst, ohne den anderen Menschen mit deinen Gedanken und Gefühlen beeinflussen oder verändern zu wollen. Vielleicht möchtest du dir dazu eine Affirmation ausdenken, zum Beispiel: »Meine Liebe zu dir ist durchlässig.

Ich will dich nicht mit meinen Gefühlen, Wünschen oder Bedürfnissen beeinflussen.« Rufe dir ein paar Anlässe ins Gedächtnis, bei denen du diese Eigenschaft bereits gezeigt und einem anderen Menschen Liebe angeboten hast, ohne ihn beeinflussen oder verändern zu wollen.

Wie neutral kannst du dich in Gegenwart dieses Menschen verhalten, wenn er oder sie aufgeregt oder unglücklich ist? Wie durchlässig bist du für die Ansichten, die diese Person vielleicht hat, und die Erwartungen, die sie an dich stellt? Strahle die transparente Qualität der Seelenliebe aus, wenn du mit ihr zusammen bist und inmitten intensiver Emotionen ruhig bleiben möchtest. Finde eine Affirmation und lasse dich von ihr leiten, sobald du beginnst, auf die emotionale Verfassung dieses Menschen zu reagieren. Du kannst zum Beispiel sagen: »Ich bin jetzt durchlässig für alle deine Emotionen, auf die ich nicht reagieren oder mit denen ich nicht mitschwingen möchte. Ich entscheide, was ich empfinden will.« Dann halte einen Augenblick inne und strahle eine durchlässige Liebe für diese Person aus. Mache dir bewußt, wie oft du auch bisher schon selbst entschieden hast, was du empfinden wolltest, und ruhig, zentriert und durchlässig gegenüber den Emotionen dieser Person geblieben bist. Bekräftige, daß du stets das fühlen kannst, was du möchtest – gleichgültig, in was für einem emotionalen Zustand andere Menschen sich befinden.

Spüre die Gelassenheit der Liebe, die sich einstellt, wenn du alle Menschen und Dinge so akzeptierst und so sein läßt, wie sie sind.

Die Seelenliebe ist ruhig und gelassen, weil sie akzeptiert. Sie akzeptiert das Universum so, wie es ist; sie läßt die Dinge so sein, wie sie sind. Deine Seele lebt nicht in einer Welt der Polaritäten. Sie akzeptiert Gutes und Schlechtes, Erhabenes und

Niedriges gleichermaßen. Deine Seele liebt andere Menschen unabhängig davon, wie sie leben, handeln, sich kleiden, sprechen oder sich verhalten. Deine Seele errichtet keine Mauern. Statt dessen läßt sie durch ihr Akzeptieren Barrieren zwischen dir und anderen Menschen dahinschmelzen. Deine Seele akzeptiert die Menschen so, wie sie sind, unabhängig von ihren Meinungen und Überzeugungen oder ihrer Lebensanschauung.

Erlebe diese akzeptierende Eigenschaft der Liebe, während Seelenliebe durch dein Herzzentrum nach außen strömt. Fühle, wie deine Seele alle Seiten deines Wesens liebt und akzeptiert. Spüre, daß deine Seele all deine Gewohnheiten, Wesenszüge und Charaktereigenschaften akzeptiert. Wenn es irgendeine innere Stimme gibt, die dich kritisiert, dann ist es nicht die Stimme deiner Seele, sondern eine deiner Teilpersönlichkeiten, die geliebt werden möchte. Gleichgültig, wer du bist, wie du dich verhältst oder was du sagst – deine Seele akzeptiert und liebt dich genau so, wie du bist.

Denke an die Person, die du ausgewählt hast, und stelle dir vor, daß du sie genau so akzeptierst und sein läßt, wie sie ist. Denke über ein paar Wesenszüge dieser Person nach, die du bereits jetzt akzeptierst und liebst. Werde dir bewußt, wieviel du mit deiner Liebe jetzt schon akzeptieren kannst, und sei dankbar dafür. Strahle während deines Seelenkontakts zu dem anderen Menschen eine akzeptierende Liebe aus – so lange, bis du noch mehr von dem Verhalten, den Worten, Gefühlen und Handlungen dieser Person akzeptieren kannst. Kleide deine akzeptierende Liebe in eine Affirmation, zum Beispiel: »Ich liebe und akzeptiere dich so, wie du bist. Ich lasse dich so fühlen, handeln und sein, wie du möchtest.« Empfinde die Gelassenheit der Liebe, während du diese akzeptierende Liebe ausstrahlst.

Wenn es dir widerstrebt, andere Menschen zu akzeptieren, dann versuche herauszufinden, welche Teilpersönlichkeit sich gegen diese akzeptierende Haltung wehrt, und entwickle sie weiter. Beginne damit, diese Seite deines Wesens zu lieben. Du kannst deine Mitmenschen zwar lieben, indem du sie akzeptierst und so sein läßt, wie sie sind; aber du brauchst ihre Handlungen und ihre Lebensweise deshalb nicht unbedingt gutzuheißen oder zu dulden. Du kannst andere Menschen auch dann lieben und akzeptieren, wenn du nicht mit ihrem Verhalten einverstanden bist. Akzeptieren bedeutet nicht, daß du jemandem erlauben mußt, dich zu verletzen oder zu mißhandeln, und es heißt auch nicht, daß du eine Beziehung aufrechterhalten mußt, die dir schadet. Du kannst andere Menschen auf der Seelenebene lieben und dich trotzdem entscheiden, nicht mit ihnen zusammenzusein.

Achte darauf, wie ruhig und gelassen du dich fühlst, wenn du eine akzeptierende Liebe ausstrahlst. Dann kämpfst du gegen nichts und niemanden mehr – du leistest keinen Widerstand, sondern arbeitest für die Dinge, an die du glaubst, statt dich gegen irgend jemanden oder irgend etwas zu wehren. Du liebst und akzeptierst dich selbst und lernst die Gelassenheit der Liebe kennen.

Liebe dich selbst und andere Menschen bedingungslos.

Die Seelenliebe ist ruhig und gelassen, weil sie keine Bedingungen stellt. Deine Seele liebt, ohne irgendeine Gegenleistung dafür zu erwarten. Seelenliebe ist eine Seinsqualität, ein strahlendes Licht, das alle Menschen, die in seinen Einflußbereich kommen, innerlich emporhebt, tröstet und beruhigt. Die Liebe deiner Seele fließt reichlich und ungehindert. Deine Seele mißt die Liebe, die sie schenkt, nicht daran, wieviel Liebe die anderen Menschen verdient haben. Sie bietet anderen Liebe an, ohne dafür akzeptiert, anerkannt, gelobt und belohnt werden zu wollen. Die Seelenliebe kommt und geht unabhängig von den Handlungen oder Reaktionen der anderen Menschen. Deine Seele schenkt deinen Mitmenschen Liebe, ohne sich darum zu kümmern, welchen Gebrauch sie davon machen – oder ob sie überhaupt Gebrauch davon machen. Spüre die innere Ruhe, die dich überkommt, wenn du anderen Liebe schenkst, ohne eine Gegenleistung dafür zu brauchen.

Erfahre die bedingungslose Liebe deiner Seele, die sie dir entgegenbringt. Deine Seele liebt dich, ohne dafür irgend etwas von dir haben zu wollen. Sie liebt dich, wenn du in ihrer Nähe bist, und auch, wenn du fern von ihr bist. Ihre Liebe ist wie ein Fluß, eine Strömung, in die du jederzeit eintauchen kannst.

Stelle eine Seelenverbindung zu deiner ausgewählten Person her und strahle bedingungslose Liebe für sie aus. Hast du irgend etwas von dieser Person erwartet, zum Beispiel Anerkennung oder ein bestimmtes Verhalten, bevor du sie ganz lieben konntest? Während Liebe durch dein Herzzentrum strömt, überlege dir eine Affirmation, in der sich deine vorbehaltlose Liebe widerspiegelt, zum Beispiel: »Ich biete dir meine uneingeschränkte Liebe an. Ich liebe dich, ohne irgend etwas dafür von dir zu wollen.« Rufe dir ein paar Situationen in Erinnerung, in denen du dieser Person auch früher bereits Liebe geschenkt hast, ohne eine Gegenleistung dafür zu erwarten. Erkenne an, wie großzügig und vorbehaltlos deine Liebe jetzt schon ist. Stelle dir vor, wie du deine Fähigkeit verstärkst, noch häufiger und in noch mehr Bereichen diese bedingungslose Liebe auszustrahlen.

Wenn du das tust, kannst du innerlich ganz ruhig und gelassen sein, denn du hast es nicht nötig, daß andere Menschen als Gegenleistung für deine Liebe irgend etwas tun. Wenn du großzügig und vorbehaltlos Liebe schenkst, empfängst du die Reichtümer deiner Seele, denn alle Liebe, die du anderen Menschen gibst, kommt in vielfacher Form zu dir zurück.

Die Gelassenheit der Liebe

Seelenspiel

Stelle zu verschiedenen Menschen in den unterschiedlichsten Situationen Seelenverbindungen her und erlebe die Gelassenheit der Liebe. Wähle zum Üben eine oder mehrere der Seelenliebe-Qualitäten der Gelassenheit aus, während du mit deiner Seele eins wirst und den Juwel deines Herzzentrums mit dem deiner Seele verschmelzen läßt.

1. Ziehe Liebe magnetisch an. Empfange von allen Menschen und von überall her Liebe. Beobachte, was du anziehst, wenn du die magnetische Qualität der Seelenliebe ausstrahlst.
2. Laß deine Seele die Liebe in deinem Inneren verstärken. Während du Liebe ausstrahlst, konzentriere dich auf den Aspekt der Seelenliebe, der die Liebe in anderen Menschen verstärkt, und auf die Liebe, die zwischen euch möglich ist.
3. Konzentriere dich auf die Durchlässigkeit der Seelenliebe. Strahle Liebe aus, ohne ihr etwas von deiner eigenen Persönlichkeitsfärbung zu verleihen. Sei durchlässig für alle Energien, mit denen du nicht mitschwingen möchtest.
4. Lerne die akzeptierende Haltung der Seelenliebe kennen. Akzeptiere alle Energien, die dir begegnen, ohne über sie zu urteilen oder dich gegen sie zu wehren. Lasse die Menschen und Umstände einfach so sein, wie sie sind, während du die akzeptierende Liebe deiner Seele erlebst.
5. Bringe bedingungslose Liebe zum Ausdruck – Liebe, die keine Gegenleistung braucht. Achte darauf, wie gelassen du dich fühlen kannst, wenn du deine Liebe großzügig verschenkst.

6. Lade das Wesen der Liebe in dein Herzzentrum ein und achte darauf, ob sich dadurch etwas an deiner Fähigkeit verändert, die Qualitäten der Seelenliebe auszustrahlen: magnetisch, verstärkend, durchlässig, akzeptierend und vorbehaltlos.
7. Liebe auch deine Teilpersönlichkeiten, die keine Seelenliebe zum Ausdruck bringen wollen, weil es ihnen zuviel Mühe ist oder weil sie das Gefühl haben, daß die anderen Menschen nicht so viel Liebe verdienen. Entwickle diese Teilpersönlichkeiten weiter.

Kapitel 10

Die Einheit der Liebe

Deine Seele stimuliert dein Herzzentrum.
Licht strömt aus deinem Herzzentrum in dein Kopfzentrum.
Dein Bewußtsein erweitert sich.
Du lernst die Einheit der Liebe kennen.

Du hast die Gelassenheit der Liebe erlebt, während du Seelenverbindungen aufgebaut und dich in den Qualitäten der Liebe – magnetisch, verstärkend, durchlässig, akzeptierend und vorbehaltlos – geübt hast. Nun bist du bereit, das Herz deines Kopfzentrums zu erwecken, das ich als dein *Kopfzentrum* bezeichne, um die Einheit der Liebe zu erfahren. Die Liebe, die von deinem Kopfzentrum ausgeht, bringt unterschiedliche Energien in harmonischen Einklang. Sie richtet ihre Handlungen danach aus, wie sie sich auf alles Leben auswirken, und verbindet Teile des Ganzen miteinander. Durch die Einheit der Liebe werden die Lichtmuster zwischen deinem eigenen Ich und dem anderen Menschen mit jedem Gedanken, jedem Wort und jeder Handlung immer schöner. Du kannst das Erwachen deines Kopfzentrums in deinem täglichen Leben an deinem verstärkten Mitgefühl und dem wachsenden Wunsch erkennen, der Welt auf irgendeine Weise zu dienen und ihr mehr Licht zu bringen.

Spirituelle Lehrer bezeichnen das Kopfzentrum als »tausendblättrigen Lotos«, weil ungefähr tausend Blütenblätter oder Energiewirbel von ihm ausgehen. Dein Kopfzentrum sieht wie eine auf dem Kopf stehende Blüte aus. Die Blütenblätter zeigen nach unten zu deinem Herzzentrum, und der

Blütenstengel reicht nach oben in die höheren Dimensionen hinein. Dein Kopfzentrum enthält die Entsprechungen aller darunterliegenden Zentren. Wenn du dich weiterentwickelst, hebst du die Energie aller dieser Zentren in dein Kopfzentrum hinein, bis alle tausend Blütenblätter aktiv und erweckt sind. Die Mitte deines Kopfzentrums sieht aus wie dein Herzzentrum mit den zwölf Blütenblättern, die einen prächtigen Juwel umhüllen. Wenn dein Herzzentrum erwacht, wird das Herz deines Kopfzentrums zu größerer Aktivität angeregt. Wenn du Liebe ausstrahlst, dich um das Wohl des Ganzen bemühst und deine Einheit mit allem Leben spürst, läßt deine Seele mehr von ihrer Liebe durch dich hindurchströmen, und dein Kopfzentrum erwacht.

Stelle dir einen Lichtstrom vor,
der von deinem Herzzentrum
zu deinem Kopfzentrum fließt.

Stimuliere nun gemeinsam mit deiner Seele dein Kopfzentrum. Rufe deine Seele herbei und beobachte, wie ihr Juwel und der Juwel deines Herzzentrums sich miteinander verbinden. Spüre das Klicken oder die Energieveränderung in dem Augenblick, wo das geschieht. Um dein Kopfzentrum anzuregen, beginnt deine Seele nun das Licht zu verstärken, das sie in den Juwel deines Herzzentrums hineinsendet. Aus dem Juwel deines Herzzentrums strömt Licht wie eine sprudelnde Quelle in dein Kopfzentrum. Beobachte, wie das Licht aus deinem Kopf- nun wieder zurück ins Herzzentrum fließt. Stelle dir beim Einatmen vor, wie du Energie aus dem Herz- ins Kopfzentrum hinaufziehst. Beim Ausatmen läßt du die Energie wieder ins Herzzentrum zurückfließen. Wenn du möchtest, kannst du ein »OM« anstimmen, während die Energie aus deinem Herz- zu deinem Kopfzentrum emporsteigt.

Erforsche die Zusammenarbeit zwischen diesen beiden Zentren. Licht aus deinem Herzzentrum stimuliert und erweckt seine Entsprechung in deinem Kopfzentrum. Wenn dieses Licht wieder zurückfließt, bringt es dein Herzzentrum ins Gleichgewicht, erweitert es und verschönert all seine Energien. Das Licht, das zwischen deinem Herz- und deinem Kopfzentrum hin und her strömt, ist die erste Verbindung zwischen deinen Herzzentren.

Dehne dich in die Einheit aus.
Tritt mit dem großen Netz des Lebens in Verbindung, von dem du ein Teil bist.

Gelassenheit ist eine Grundeigenschaft der Liebe, die dein Herzzentrum zum Ausdruck bringt. Ausdehnung in die Einheit ist eine Grundeigenschaft der Liebe, die du erleben kannst, wenn dein Kopfzentrum erwacht. Wenn dein Herzzentrum dein Kopfzentrum stimuliert, erweitert sich dein Bewußtsein. Deine Verbindung zur Einheit, zum Geist, zu Allem-was-ist wird dir bewußter. Du nimmst die Lebenskraft-Energie um dich herum viel intensiver wahr – in allen Dimensionen, auf und ab entlang der Evolutionsspirale.

Wenn dein Kopfzentrum erwacht, erweitern sich alle Aspekte der Liebe, auch deine Fähigkeit, die Gelassenheit der Liebe zu empfinden. Deine Liebe wird weiser und umfassender, wenn dir das größere Universum, von dem du ein Teil bist, zu Bewußtsein kommt. Wenn dieses Zentrum erwacht, verspürst du den Drang, Dinge zu tun, mit denen du einen Beitrag zum Wohl des Universums leistest. Mit deinem sich erweiternden Bewußtsein und deiner umfassenderen Liebe wirst du Teil eines höheren Flusses, bist in harmonischem Einklang mit den Energien um dich herum und zum richtigen Zeitpunkt am richtigen Ort. Du wirst zu einer Macht der Liebe, die der größeren Gruppe, zu der du gehörst, dient und Kraft gibt. Mit allem, was du tust, bringst du mehr Liebe in die Welt und bekommst dafür das Beste zurück, was diese Welt zu bieten hat.

Stelle dir einen Stein vor, der in einen Teich geworfen wird. Die konzentrischen Kreise, die von ihm ausgehen, berühren jeden Teil der Wasseroberfläche. Ebenso fließt die Energie, die sich auf einen bestimmten Bereich auswirkt, auch in andere Bereiche hinein. Es ist genau wie mit dem Teich: Du beeinflußt die Energien um dich herum – auf der Erdebene ebenso wie in anderen Dimensionen – und kannst von ihnen beeinflußt werden. Du bist ein Teil der Einheit allen Lebens.

Erlebe diese Ausdehnung in die Einheit, die stattfindet, wenn du dein Herz- und dein Kopfzentrum miteinander verbindest. Erinnere dich daran, wie du bei deiner Reise zur Seelenebene dein Bewußtsein erweiterst, indem du dich auf das Solarlicht konzentrierst. Fühle zunächst einmal deine Verbindung zu deiner Familie. Ziehe Solarlicht in dich hinein und erweitere dein Bewußtsein. Spüre deine Verbundenheit mit allen geliebten Menschen, mit deinen Freunden und schließlich mit allen Menschen, die du kennst. Stimuliere weiterhin dein Kopfzentrum und erfülle dich mit Solarlicht. Erweitere dein Bewußtsein so, daß es auch die Menschen in deiner Nachbarschaft, deiner Stadt und deinem Land einschließt. Dehne dein Bewußtsein so weit aus, bis du schließlich alle Menschen auf der Welt umfaßt. Ziehe dabei weiterhin Solarlicht an und stimuliere dein Kopfzentrum mit Licht aus deinem Herzzentrum. Spüre das Tierreich und alle Tiere. Fühle deine Verbindung zu sämtlichen Pflanzen. Dehne dein Bewußtsein so weit aus, bis es auch das Mineralreich einschließt.

Erweitere das Spektrum deines Bewußtseins noch mehr, indem du an die Seelenebene und all die Seelen denkst, die sich dort befinden. Schau auf das Meer des Lichts hinaus und sieh die Seelen der Menschheit als Lichtpunkte. Entdecke die Seele der Erde als riesengroßes, herrlich strahlendes Licht in diesem Meer. Finde die Lichtwesen hier – die Meister, Engel, Wesen der Liebe und Erleuchteten. Betrachte ihre schönen Seelen, die dir auf der Seelenebene erscheinen. Du wirst vielleicht feststellen, daß die Lichter ihrer Seelen sehr groß sind, hell strahlend und daher leicht zu erkennen – wie Leuchtfeuer.

Nun hast du dein Bewußtsein so erweitert, daß es mehr von einem größeren Universum einschließt. Das ist das Netz des Lebens, von dem du ein Teil bist. Du bist zwar immer noch ein Individuum, aber dein Bewußtsein hat sich ausgedehnt. Fühle, wie groß und allumfassend es geworden ist, nun, da du deine Verbindung zu dieser größeren Gruppe von Lebewesen spürst. Immer wenn du dein Herz- und dein Kopfzentrum miteinander verbindest, dehnst du dich in die Einheit aus. Jedesmal wenn du deine Verbundenheit mit dem Netz des Lebens spürst, zu dem du gehörst, erwacht dein Kopfzentrum.

Bringe den Ton deiner Seele mit dem Seelenton eines geliebten Menschen in Einklang.

Die Einheit der Liebe verstärkt die Harmonie zwischen allen Teilen des Ganzen. Sie bringt divergierende Energien besser in Fluß, in Gleichklang und Harmonie miteinander. Denke an all die Seelen auf der Seelenebene, von denen jede ihren eigenen Ton anstimmt und ihre individuelle Melodie spielt. Der Ton und die Melodie einer jeden Seele befindet sich in harmonischem Einklang mit dem Ganzen. So entsteht eine wunderschöne Klangsymphonie. Stelle dir vor, daß du den Ton deiner Seele wahrnehmen kannst. Auch sie spielt eine schöne Melodie, die mit den Melodien aller anderen Seelen harmoniert. Wenn dein Kopfzentrum in Liebe erstrahlt, kannst du mit allen Menschen und Lebewesen in viel größerer Harmonie leben.

Tritt mit deiner Seele in Verbindung und lasse dich von der

Seelenlieben-Qualität der Harmonie durchströmen. Lausche mit deinen inneren Ohren auf den schönen Ton, der erklingt, wenn der Juwel deines Herzzentrums mit dem Juwel deiner Seele harmoniert. Laß diesen gleichmäßigen, ausgewogenen, harmonischen Energiestrom aus deinem Herzzentrum in all deine Teilpersönlichkeiten hineinströmen. Dadurch bringst du sie in Harmonie mit der Einheit und verbindest sie mit der großen Welt, zu der auch sie gehören. Stimme den Ton deiner Seele an und lausche mit deinen inneren Ohren darauf, wie deine Seele ihren Ton und ihre Melodie in die Symphonie einfließen läßt, die alle Seelen zusammen spielen. Fühle deinen Einklang mit allem Leben im Universum.

Es ist wichtig, mit der größeren Gruppe in Verbindung zu treten, sie zu lieben, und gleichzeitig auch alle einzelnen Menschen innerhalb dieser Gruppe zu lieben und zu respektieren. Während du dich auf der Seelenebene befindest, rufe die Seele der Person zu dir, mit der du gern zusammenarbeiten möchtest. Spüre, wie eure beiden Seelen auf eine Art und Weise zusammenspielen, welche die Liebe und Harmonie zwischen euch vergrößert. Bringe den Ton deiner Seele mit dem Seelenton der anderen Person in Harmonie. Horche mit deinen inneren Ohren auf die schöne Melodie, die durch diese Verschmelzung eurer beiden Seelentöne entsteht. Stelle dir vor, daß eure Beziehung mit allen Menschen, die du kennst, und allem Leben im Universum im Einklang steht. Wenn du das Gefühl hast, eure Seelenenergien nicht in Einklang bringen zu können, dann spüre, wie eure beiden Seelen mit den Seelen aller Lebewesen harmonieren, und fühle euren Einklang auf dieser Ebene.

Sobald du die Harmonie zwischen euren beiden Seelen gespürt hast, lasse sie allmählich in eure Persönlichkeitsverbindung einströmen. Stelle einen Seelenkontakt her und spüre, wie die Unterschiede zwischen euch dahinschmelzen. Du kannst zum Beispiel sagen: »Ich schätze dich als den einmaligen, besonderen Menschen, der du bist. Ich werde die Harmonie zwischen unseren Seelen entdecken und in unsere Persönlichkeitsverbindung einbringen.« Bringe Harmonie in alle Bereiche, in denen es Unterschiede, Reibereien oder Uneinigkeit zwischen euch gibt. Zusätzlich kannst du dir noch sagen: »Ich werde herausfinden, inwiefern die Unterschiede zwischen uns beiden unsere Beziehung bereichern. Ich werde mehr darauf achten, was wir gemeinsam haben, und weniger auf unsere Unterschiede.« Nimm dir einen Augenblick Zeit, um dir klarzumachen, inwieweit du schon jetzt daran arbeitest, Harmonie zwischen euch herzustellen. Bekräftige deine wachsende Fähigkeit, Harmonie in diese und in all deine anderen Beziehungen zu bringen.

Arbeite gemeinsam mit deiner Seele daran, daß die Energie zwischen dir und anderen Menschen immer schöner wird.

Die Einheit der Liebe erweitert und verschönert alle Energien, Menschen und Lebenskräfte, die sie berührt. Stelle dir vor, daß du deine Seele bist, die sich auf der Seelenebene bewegt. Überall, wo du hingehst, trägst du zu der Schönheit um dich herum bei. Du schaffst Verbindungen und leistest deinen Beitrag zur Einheit der Gruppe. Du kannst dir auch vorstellen, daß alle Seelen ein Lichtmuster oder -mandala bilden – ein schönes, kunstvolles Lichtmuster, das sich ständig verändert. Wo immer du auch hingehst und was immer du auch tust, du bringst stets mehr Licht und Schönheit in das große, allumfassende Muster.

Verbinde dich mit deiner Seele. Während deine Seele dein Herz- und Kopfzentrum stimuliert, stelle dir vor, wie alle Lichtmuster in dir schöner werden – auch das Licht in deinen Zellen, deinen Gefühlen und deinem Denken.

Du kannst ebenso wie deine Seele daran arbeiten, daß alle

Lichtmuster und die Energie zwischen dir und anderen Menschen sich verschönern. Verbinde dich mit der Seele des Menschen, den du ausgewählt hast. Stelle dir das Solarlicht über euch vor. Beobachte, wie es von Augenblick zu Augenblick seinen höheren Zweck erfüllt, ein immer schöneres und vollkommeneres Licht zu werden. Während du das Solarlicht über euch beobachtest, spüre, wie auch die Liebe zwischen dir und der anderen Person immer schöner und vollkommener wird. Du brauchst dabei in Gedanken nichts zu sagen. Stelle einfach eine Seelenverbindung her und arbeite von Seele zu Seele daran, mehr Liebe, Schönheit und Licht zwischen euch zu erschaffen. Damit erfüllst du eines deiner höheren Ziele: Licht zu finden, in dich hineinzuziehen und es für andere Menschen auszustrahlen.

Du kannst auf der Seelenebene spielen, um die Lichtmuster zwischen euch beiden zu verschönern, wenn du eure Beziehung gern verbessern möchtest, aber nicht weißt, wie. Oder du kannst jedesmal auf dieser Ebene arbeiten, wenn du eure Beziehung verbessern willst. Das kann den Boden für wunderbare Veränderungen bereiten. Wenn du die Energie zwischen dir und einem anderen Menschen auf der Seelenebene verschönerst, wird es euch unter Umständen gelingen, eine liebevollere, harmonischere Beziehung zueinander aufzubauen. Auch Aspekte eurer Beziehung, an deren Verbesserung du vielleicht noch gar nicht gedacht hast, können dadurch besser funktionieren, als du je gedacht hättest. Problembereiche in eurer Beziehung lösen sich vielleicht auf eine Art und Weise, die du nie hättest vorausplanen können, denn deine Seele ist kreativ und intelligent.

Zum Schluß gestalte die Lichtmuster zwischen dir und allem Leben in deiner Umgebung schöner. Stelle dir vor, daß du überall, wo du hingehst, Schönheit, Ordnung und Harmonie verbreitest. Du verstärkst deine Verbindung zur Einheit und spürst das große Netz des Lebens, von dem du ein Teil bist.

Empfinde das Mitgefühl deiner Seele, während du das Leben deiner Mitmenschen mit deren Augen betrachtest.

Wenn du dich in die Einheit hinein ausdehnst und deine Verbindung mit dem großen Netz des Lebens erlebst, wächst auch deine Fähigkeit, Mitgefühl zu empfinden. Wenn du deine Einheit mit anderen Menschen erfährst und erkennst, kannst du mit ihrem Leiden mitfühlen, selbst wenn sie es ganz offensichtlich selbst durch unkluge Handlungen herbeigeführt haben. Du kannst dich in die Herzen deiner Mitmenschen hineinversetzen und ihr Leben mit ihren Augen betrachten und begreifen. Dann bist du kein Außenseiter mehr, der andere Menschen beurteilt, kritisiert oder sich von ihnen getrennt fühlt. Dein Mitgefühl weckt ein starkes Bedürfnis in dir, andere Menschen zu unterstützen, um ihr Bewußtsein zu erweitern und sie mit der Weisheit ihrer Seele in Kontakt zu bringen. Erst wenn du dich in die Lage anderer Menschen hineinversetzen und ihr Leben mit ihren Augen betrachten kannst, wird dir klar, was du für sie tun kannst. Da sie nun deine Liebe spüren, werden sie dir ihr Herz eher öffnen, so daß du einen Beitrag zu ihrem Leben und ihrem spirituellen Wachstum leisten kannst.

Stelle dir vor, daß du in die Einheit der Seelenebene reist und dort die Seele der Person findest, die du ausgewählt hast. Tritt mit ihrer Seele in Verbindung und fühle eure Einheit auf dieser Ebene. Male dir aus, wie das Leben dieser Person wohl aussehen mag, wenn du es aus ihrer Perspektive betrachtest und nicht aus deiner eigenen. Spüre, wie dein Herz sich für sie öffnet. Was hat sie für Bedürfnisse, Ziele und Empfindungen; was für Herausforderungen hat sie zu bestehen? Mache dir klar, daß dieser Mensch das Beste tut, was er oder sie tun kann. Seine oder ihre Handlungen richten sich nicht gegen dich, sondern sind normalerweise eine Reaktion auf eigene

Emotionen, Bedürfnisse oder frühere Erfahrungen. Vielleicht bist du mit dem Verhalten oder der Lebenssituation dieser Person nicht einverstanden. Trotzdem kannst du ihr Verständnis, Mitgefühl und Unterstützung anbieten, wenn es sinnvoll ist.

Wenn du mit anderen Menschen zusammen bist, bekräftige innerlich dein Mitgefühl mit ihnen, indem du beispielsweise sagst: »Ich bin eins mit euch; ich existiere nicht getrennt von euch. Ich biete euch mein Verständnis und mein Mitgefühl an.« Denke an eine Situation, in der du dich gütig, verständnisvoll und mitfühlend verhalten hast. Erkenne an, wie gütig, mitfühlend und verständnisvoll du jetzt schon bist. Wenn dein Gefühl der Einheit mit anderen Menschen wächst, wird dieses Mitgefühl für dich zu einer ganz normalen, natürlichen Reaktion werden. Du wirst mit den Seelen anderer Menschen in Verbindung treten und sie fragen, was du auf der Seelenebene für sie tun kannst. Du wirst deine Mitmenschen jedoch nicht vor den Konsequenzen ihres Handelns bewahren oder ihnen die Lektionen abnehmen wollen, die sie zu lernen haben. Du wirst arbeiten wie deine Seele und Seelenliebe ausstrahlen und anbieten. Wenn du weiterhin dein Kopfzentrum erweckst und dein Bewußtsein erweiterst, wird dir klarwerden, was für weise, liebevolle Dinge du tun kannst, um zur Bewußtseinserweiterung anderer Menschen beizutragen, damit sie neue Möglichkeiten erkennen, wie sie sein und sich verhalten können.

Nimm das Leben und die Sorgen anderer Menschen intensiver wahr. Übe, dein eigenes Ich zu vergessen.

Wenn du deine Verbindung zum allumfassenden Netz des Lebens spürst, gewinnst du eine viel weitere Perspektive, in der du, dein Leben und deine Belange nicht im Mittelpunkt des Universums stehen. Wenn du in die Einheit eintrittst und das

Leben anderer Menschen durch ihre Augen siehst, kommt dir die Realität der anderen stärker zu Bewußtsein. Egoismus verwandelt sich in Selbstlosigkeit. Du kommst dir nicht mehr so wichtig vor – ein Gefühl, das dich von anderen Menschen trennt – und fühlst dich statt dessen eins mit ihnen. Dann kannst du in deinen Kontakten mit deinen Mitmenschen mehr Harmonie und Frieden erleben, denn jetzt nimmst du ihr Verhalten nicht mehr persönlich. Du nimmst die größeren Zusammenhänge ihres Lebens wahr und betrachtest ihr Verhalten aus deinem Verständnis heraus, wer sie sind und was sie gerade lernen.

Spiele heute einmal mit dem Ausdruck der Seelenliebe-Qualität der Selbstlosigkeit – konzentriere dich auf andere Menschen statt auf dich selbst. Genieße das und achte auf die Resultate. Statt dich zu fragen, was andere Menschen *dir* zu geben haben, überlege dir lieber, was du *ihnen* geben kannst.

Stelle eine Seelenverbindung her, wenn du direkt mit der Person zusammen bist, die du dafür ausgewählt hast. Vergiß alle Sorgen um dich selbst und dein eigenes Leben und sei dir statt dessen der Realität dieses anderen Menschen bewußt. Wenn du die Versuchung spürst, über dich selbst zu reden, gib ihr nicht nach; sprich nicht über deine Sorgen und Belange oder deine Leistungen. Statt dessen erkundige dich nach der anderen Person. Streue nur dann Informationen über dich selbst ein, wenn sie dieser Person irgendwie von Nutzen sein können. Beglückwünsche dich zu all den Situationen, in denen du dich dieser Person gegenüber auch bisher schon so verhalten hast. Mache dir alle Anlässe bewußt, wo du deine eigenen Belange beiseite geschoben, deine Einheit mit anderen Menschen gespürt, ihnen gedient und sie unterstützt hast.

Leiste einen Beitrag zur Einheit,
indem du allem Leben Liebe anbietest.

Daß dein Kopfzentrum erwacht, erkennst du an deinem wachsenden Bedürfnis, etwas zu verändern, mehr Licht in die Welt zu bringen, einen sinnvollen Beitrag zu leisten und anderen Menschen irgendwie zu dienen. Der Wunsch, einen Beitrag zum Wohl anderer zu leisten, erwacht nicht deshalb in dir, weil das gerade modern ist, weil es dich in deiner spirituellen Entwicklung weiterbringen oder dir Ruhm oder Anerkennung eintragen wird. Er entspringt auch nicht dem sentimentalen Bedürfnis, die Lebensumstände deiner Mitmenschen zu verbessern, damit du beim Gedanken an sie nicht mehr so ein schlechtes Gewissen zu haben brauchst. Du unterstützt andere Menschen auch nicht aus Mitleid. Der Wunsch ist das Ergebnis des Kontakts mit der Seele.

Anderen Menschen zu dienen und mehr Kraft zu geben, ist ein freudiger Ausdruck der Seelenliebe, die von dir in die ganze Welt hinausfließt. Du möchtest anderen dienen, weil dir das ganz natürlich vorkommt, weil es dir Freude macht und eine Möglichkeit ist, die überströmende Liebe zu deinem Inneren zum Ausdruck zu bringen. Dein Dienst kann eine äußere Form annehmen, muß es aber nicht unbedingt. Manche Menschen dienen anderen durch Arbeit auf der Seelenebene und übertragen Liebe für sie. Andere arbeiten daran, die Lebensumstände ihrer Mitmenschen zu verbessern. Wenn du nicht weißt, wie du einen positiven Beitrag leisten kannst, vereinige dich einfach weiterhin mit deiner Seele und erwecke deine Herzzentren. Arbeite zuerst auf der inneren Ebene. Werde dir der vielen Wege bewußt, auf denen du schon jetzt mehr Licht in die Welt bringst und einen positiven Beitrag zum Leben anderer Menschen leistest. Sobald dein Kontakt zu deiner Seele sich verstärkt, wirst du noch mehr Gelegenheiten anziehen, etwas in der Welt zu verändern.

Dein Kopfzentrum erwacht jedesmal, wenn du deine Liebe erweiterst, mit anderen Menschen in harmonischen Einklang trittst und mehr Schönheit, Ordnung und Licht in die Energien um die herum bringst. Du weißt, daß du zum Netz des

Lebens gehörst, und deine Liebe erweitert sich, um so dein Bewußtsein der Einheit und die Rolle, die du darin spielst, widerzuspiegeln. Dein Mitgefühl und deine Fähigkeit, die Realität anderer Menschen zu respektieren, wachsen immer mehr. Jetzt kannst du dich in die Herzen anderer Menschen hineinversetzen und zu einer Kraft des Guten und einem Quell der Liebe werden.

Die Einheit der Liebe

Seelenspiel

Wähle aus der folgenden Liste eine Möglichkeit aus, dein Kopfzentrum zu erwecken. Erlebe die Energie, die aus deinem Herzzentrum in dein Kopfzentrum emporsteigt, während du verschiedene Aspekte der Einheit der Liebe erfährst.

1. Dehne dich heute mindestens einmal in die Einheit hinein aus. Spüre das Netz des Lebens, von dem du ein Teil bist. Fühle deine Verbundenheit mit allem Leben, auf und ab entlang der Evolutionsspirale.
2. Stimme den Ton deiner Seele an und stelle dir vor, daß er mit den Klängen aller anderen Seelen harmoniert.
3. Bringe den Ton deiner Seele mit dem Seelenton eines anderen Menschen in Einklang. Stelle dir vor, daß eure Beziehung sich in Harmonie mit dem größeren Universum befindet, von dem ihr beide ein Teil seid.
4. Bringe die Harmonie, die du auf der Seelenebene geschaffen hast, in deine tägliche Verbindung zu anderen Menschen hinein. Stelle Seelenverbindungen her und strahle Harmonie aus. Achte darauf, wie das Reibungsflächen zwischen dir und deinen Mitmenschen entschärfen und euch einander näherbringen kann.
5. Stelle eine Seelenverbindung her und konzentriere dich auf das Solarlicht über euch, das immer schöner und vollkommener wird. Stelle dir vor, daß die Energie zwischen euch beiden auch immer schöner wird. Achte darauf, wie deine Gefühle, dein Verhalten und deine Reaktionen auf die andere Person sich dadurch verändern.
6. Nimm das Leben aus der Perspektive der anderen Person wahr, während du seelisch mit ihr in Verbindung trittst.

Bringe die Güte, das Mitgefühl und Verständnis deiner Seele zum Ausdruck.

7. Konzentriere dich während eurer Seelenverbindung auf das Leben der anderen Person und nicht auf dein eigenes. Genieße das und achte darauf, wie sich deine Einstellung zu dir selbst verändert, wenn du dich in Selbstlosigkeit übst.

Kapitel 11

Der Wille zu lieben

Der Wille deiner Seele zu lieben
wird zu deinem eigenen Wunsch, zu lieben.
Du bringst die sanfte, dauerhafte und geduldige Liebe
deiner Seele zum Ausdruck.

Du hast dich mit deiner Seele vereinigt, dein Herz- und dein Kopfzentrum erweckt und dich in der Gelassenheit und Einheit der Liebe geübt. Als nächstes wirst du den Liebeswillen deiner Seele kennenlernen und ihn auf der Persönlichkeitsebene als Wunsch spüren, zu lieben. Wenn der Liebeswille deiner Seele dein eigenes Bedürfnis, zu lieben, stärkt, kannst du auch in Situationen lieben, in denen du anderen Menschen deine Liebe früher entzogen hättest. Du *versuchst* jetzt nicht mehr, Liebe für deine Mitmenschen zu empfinden; die Liebe wird zu einer ganz natürlichen Reaktion für dich.

Du kannst den Liebeswillen deiner Seele kennenlernen, indem du gemeinsam mit ihr den verborgenen Lichtpunkt in deinem Solarplexuszentrum stimulierst. Dieses Zentrum besitzt einen hellen Lichtpunkt, der gerade erst im Erwachen begriffen ist. Der verborgene Punkt liegt innerhalb des hellen Lichts deines Solarplexuszentrums. Die beiden Punkte wirken sich auf deine Fähigkeit aus, Liebe auszudrücken, und deshalb führe ich sie hier als Aspekte deiner Herzzentren auf.

Bei einem Großteil der Menschheit ist der helle Lichtpunkt überstimuliert, so daß das Solarplexuszentrum bei ihnen das aktivste Zentrum ist. Dieser helle Punkt umschließt das Ego, die Wünsche und Begierden und unseren individuellen Willen, aus dem unsere Gefühle des Getrenntseins, der Wichtigkeit und Ichbezogenheit entspringen. Der verborgene Punkt hingegen ist bei den meisten Menschen ein schwaches, noch unerwecktes Licht. Viele handeln nämlich noch nicht aus dem Lebenswillen ihrer Seele heraus. Aber bei den meisten Menschen, die dieses Buch lesen, spielt sich bereits eine ganze Menge in diesem verborgenen Lichtpunkt ab, denn die Aktivität in diesem Punkt zieht dich zu deiner Seele und zur Liebe hin.

Beobachte, wie deine Seele Licht aussendet, um den verborgenen Punkt zu stimulieren.

Wenn du bereit bist, den verborgenen Punkt in deinem Solarplexuszentrum zu stimulieren, werde eins mit deiner Seele. Verbinde den Juwel deines Herzzentrums und den deiner Seele miteinander. Beobachte, wie deine Seele Energie in dein Herzzentrum sendet, bis Licht aus diesem Zentrum in dein Kopfzentrum emporströmt. Spüre, wie dein Kopf in hellem Licht zu erstrahlen beginnt. Du dehnst dich jetzt in die Einheit des Universums aus und trittst in Verbindung mit allem Leben. Als nächstes bereitet deine Seele dich darauf vor, den verborgenen Punkt in deinem Solarplexuszentrum zu erwekken. Stelle dir dein Solarplexuszentrum mit seinen zehn Blütenblättern vor, die in ihrer Mitte einen Juwel umhüllen. Dieser Juwel besteht aus zwei Punkten – einem hellen Lichtpunkt und einem schwächer leuchtenden, noch in der Entwicklung begriffenen Punkt, der in dem hellen Lichtpunkt verborgen ist. Konzentriere dich auf den verborgenen, gerade erst erwachenden Punkt.

Vereinige dich mit deiner Seele, während sie ihren Liebeswillen in dein Solarplexuszentrum sendet, um den verborgenen Punkt zu aktivieren. Stimme ein »OM« an und beobachte, wie deine Seele ihren Liebeswillen aus deinem

Kopfzentrum zu dem verborgenen Lichtpunkt in deinem Solarplexuszentrum hinabsendet. Die Energie des Willens, die aus deinem Kopfzentrum nach unten gesandt wird, kann wie ein Funke, eine Linie oder ein Wasserfall aus Licht aussehen. Stelle dir vor, wie der versteckte Punkt durch den Liebeswillen deiner Seele immer heller erstrahlt und dein Bedürfnis verstärkt, zu lieben. Übe das mehrere Male, bis du ein Gefühl dafür bekommen hast, wie deine Seele Licht aus deinem Kopfzentrum zu dem verborgenen Punkt in deinem Solarplexuszentrum sendet, oder dir das vorstellen kannst. Übe dich in dieser Energiebewegung, damit du sie zu verschiedenen Zeitpunkten und in verschiedenen Situationen wiederholen kannst, um dein Bedürfnis nach liebevollem Handeln, Sprechen und Denken zu verstärken. Du mußt dich nicht dazu zwingen, liebevoll zu sein. Statt dessen kannst du mit deiner Seele in Verbindung treten, den verborgenen Punkt stimulieren und dich vom Liebeswillen deiner Seele durchströmen lassen, um dein Bedürfnis, zu lieben, zu verstärken.

Wenn Licht von deinem Kopfzentrum zu dem verborgenen Punkt hinabfließt, hast du die zweite Verbindung zwischen deinen Herzzentren hergestellt. (Die erste Verbindung ist die Lichtlinie zwischen Herz- und Kopfzentrum.)

Spüre die beständige, unerschütterliche Liebe deiner Seele.

Der Liebeswille deiner Seele ist beständig, zuverlässig und stets vorhanden. Auf die Liebe deiner Seele kannst du dich immer verlassen – unabhängig von den äußeren Umständen. Es gibt keine Stimmungen, Gedanken oder Gefühle, die ihren Liebeswillen beeinflussen könnten. Nimm dir einen Augenblick Zeit, um die Umwandelbarkeit der Liebe zu spüren, die deine Seele für dich empfindet. Sie läßt ständig ihre Liebe in dich strömen. Stelle dir einmal vor, dich selbst genauso zu lieben, wie deine Seele es tut – mit einer beständigen, dauerhaften Liebe, die nicht kommt und geht, je nachdem, was für Gedanken oder Stimmungen dich gerade beherrschen.

Achte für den Rest des heutigen Tages oder morgen einmal auf deinen inneren Dialog und ertappe dich bei Gedanken oder Gefühlen, mit denen du dich selbst verurteilst oder die jedenfalls nicht besonders liebevoll sind. Dann vereinige dich mit deiner Seele, die ihren Liebeswillen aus deinem Kopfzentrum zu dem verborgenen Punkt hinabsendet und deine Fähigkeit stärkt, dich selbst dauerhaft zu lieben. Verwandle alle lieblosen Gedanken in liebevolle. Je beständiger du dich selbst lieben kannst, um so häufiger kannst du dauerhafte Liebe von anderen Menschen empfangen.

Denke an den Menschen, den du für deine Seelenverbindung ausgewählt hast. Wie dauerhaft ist deine Liebe zu dieser Person? Hing deine Bereitschaft, ihr Liebe zu schenken, bisher von deinen Launen oder Stimmungen ab? Verschaffe dir Zugang zu der beständigen, unerschütterlichen, unwandelbaren Qualität der Seelenliebe, während der Liebeswille deiner Seele den verborgenen Punkt in deinem Solarplexuszentrum aktiviert. Stelle eine Seelenverbindung zu der Person her und strahle eine dauerhafte, beständige Liebe aus. Bekräftige innerlich deine Absicht, konstant und zuverlässig Liebe auszustrahlen. Du kannst zum Beispiel sagen: »Hiermit verpflichte ich mich, dich so dauerhaft zu lieben, wie ich kann.« Stelle dir vor, diesen Menschen so zu lieben, wie deine Seele es tut – mit einer unerschöpflichen, beständigen Liebe.

Führe dir vor Augen, wie konsequent du diese Person auch bisher schon geliebt hast, selbst in schwierigen Zeiten. Vielleicht schien das Licht deiner Liebe manchmal heller und manchmal schwächer, aber es war immer da. Denke daran, wie oft du diesem Menschen deine Liebe geschenkt hast, selbst wenn du sie ihm eigentlich lieber entzogen hättest. Erkenne an, wie dauerhaft deine Liebe jetzt bereits ist. Stelle dir bildlich vor, daß du dieser Person eine beständige, unerschütterliche Liebe entgegenbringst. Halte dir eine Situation vor Augen, in der du ihr deine Liebe früher vielleicht für eine Zeitlang verweigert hättest. Übe in Gedanken, jetzt anders auf diese Situation zu reagieren. Vereinige dich mit deiner Seele, während sie ihren Liebeswillen zu dem verborgenen Punkt in deinem Solarplexuszentrum sendet. Stelle dir vor, liebevoll zu handeln, selbst wenn die andere Person sich lieblos verhält. Male dir aus, daß du ganz ruhig, friedlich und durchlässig für die Emotionen der anderen Person wirst. Wenn du den Liebeswillen deiner Seele zum Ausdruck bringst, schwankt deine Liebe nicht aufgrund von Handlungen oder Reaktionen dieser Person. Du liebst sie, gleichgültig, wie du dich fühlst oder was in deinem Leben gerade passiert.

Es ist in Ordnung, wenn du jemandem keine Liebe entgegenbringen möchtest. Vielleicht kannst du nur die Seele eines bestimmten Menschen lieben und nicht seine oder ihre Persönlichkeit. Da du auch dich selbst dauerhaft und beständig liebst, möchtest du vielleicht lieber nicht mit dieser Person zusammensein, wenn ihr Verhalten für dich nachteilig ist. Du kannst andere Menschen dauerhaft lieben und trotzdem immer noch dir selbst, deiner Seele, deinem Weg und deinem eigenen Leben gerecht werden. Zwinge dich nicht, irgend etwas zu empfinden oder zu tun – auch nicht, jemanden zu lieben! Stelle weiterhin Seelenverbindungen zu anderen Menschen her und aktiviere gemeinsam mit deiner Seele den verborgenen Punkt. Drücke anderen gegenüber nur dann Liebe aus, wenn du es für richtig hältst.

Gib deine Wünsche für andere Menschen auf.
Erlebe die Sanftheit der Seelenliebe.

Eine andere Eigenschaft des Liebeswillens deiner Seele ist seine Sanftheit und Behutsamkeit. Die Liebe deiner Seele strömt sanft und liebevoll zu anderen Menschen hin. Sie bietet an und lädt ein, statt zu drängen und Kontrolle auszuüben. Deine Seele liebt auf eine sanfte, respektvolle, unaufdringliche Weise; sie läßt die Entscheidungen und den Weg der anderen Menschen gelten. Erlebe die Sanftheit der Liebe, die deine Seele dir entgegenbringt. Deine Seele ist immer liebevoll und gütig. Sie kommandiert dich niemals herum oder kritisiert dich. Sie bietet dir neue Möglichkeiten an, wie du sein könntest, überläßt dir aber die Entscheidung, ob du diesen neuen Wegen folgen möchtest. Achte in den nächsten Stunden oder Tagen einmal darauf, wie du deinen Willen dir selbst gegenüber einsetzt.

Wenn du dich dabei ertappst, daß du dich zu etwas drängen oder zwingen möchtest, höre auf damit! Du mußt dich nicht zu bestimmten Handlungen oder Verhaltensweisen zwingen. Stimuliere gemeinsam mit deiner Seele den verborgenen Punkt, um deinen Willen zu verstärken, dich selbst zu lieben. Gehe sanft mit dir um, mit Respekt und Liebe. Erinnere dich daran, wann du dich selbst so behandelt hast und wie gut du dich dabei gefühlt hast.

Deine Seele zwingt anderen Menschen nicht ihren Willen auf. Sie hat keine Wünsche für sie und stellt auch keine Erwartungen an sie. Deine Seele läßt den anderen die Freiheit, das zu tun, wozu es sie drängt. Denke an den Menschen, zu dem du eine Seelenverbindung hergestellt hast. Hast du dieser Person jemals deinen Willen aufgezwungen, um sie in irgendeinem Lebensbereich dazu zu bringen, das zu tun, was du wolltest? Hast du dir je irgend etwas für sie gewünscht, selbst wenn es zu ihrem Besten war? Du kannst deine Fähigkeit verbessern, genauso zu lieben wie deine Seele – sanft, behutsam, ohne anderen Menschen in Form von Wünschen und Erwartungen deinen Willen aufzuzwingen. Wenn du das tust, müssen die anderen nicht mehr versuchen, auf deine Wünsche zu reagieren. Du vertraust einfach darauf, daß ihre Seele und das

Universum ihnen schon das zuteil werden lassen, was für sie am besten ist.

Vereinige dich mit deiner Seele, während sie ihren Liebeswillen aussendet, um den verborgenen Punkt zu aktivieren. Lasse die Sanftheit der Seelenliebe durch dich hindurch und zu dieser Person hinströmen. Stelle eine Seelenverbindung zu ihr her und strahle eine sanfte, behutsame, unaufdringliche Liebe für sie aus. Löse dich von deinem Wunsch, daß diese Person sich dir zuliebe auf eine bestimmte Weise verhalten oder irgend etwas tun sollte. Achte darauf, was es für ein Gefühl ist, keine Wünsche für die andere Person zu haben, dir kein Bild davon zu machen, was sie tun oder wie sie sein sollte.

Rufe dir eine Situation ins Gedächtnis, in der du dich liebevoll von einem Wunsch freimachtest, den du für diesen Menschen hattest. Denke an die vielen Male, wo du deine Liebe sanft und behutsam zum Ausdruck brachtest, ohne deinem Gegenüber deinen Willen aufzuzwingen, und beglückwünsche dich dazu. Überlege dir eine Affirmation, die dich dabei unterstützen kann, dich von deinen Wünschen für diese Person zu lösen. Du kannst zum Beispiel sagen: »Ich gebe meine Wünsche für dich und meine Erwartungen an dich jetzt auf. Du bist frei, deiner eigenen inneren Führung und Weisheit zu folgen.«

Nimm dir einen Augenblick Zeit und denke an verschiedene Menschen, die in deinem Leben eine Rolle spielen. Was wünschst du dir für sie? Überlege dir für jede dieser Personen einen besonders intensiven Wunsch und stelle dir dann vor, was für ein Gefühl es wäre, dich von diesem Wunsch zu befreien. Vereinige dich mit deiner Seele, während sie ihren Liebeswillen in den verborgenen Punkt deines Solarplexuszentrums sendet. Stelle zu jeder dieser Personen einen Seelenkontakt her und lasse den Wunsch, den du für sie hattest, los. Strahle dabei eine sanfte, behutsame, unaufdringliche Liebe aus. Dadurch ersparst du dir das Leid, das du vielleicht empfinden würdest, wenn deine Wünsche sich nicht erfüllen. Außerdem können die anderen Menschen sich von allem Groll gegen dich befreien, den sie eventuell insgeheim noch mit sich herumschleppen, weil du früher einmal versucht hast, ihnen deinen Willen oder deine Wünsche aufzuzwingen. Wenn du andere Menschen mit der Sanftheit der Seelenliebe liebst, befreist du sie, so daß sie dem Weg ihrer Seele folgen und ihrer eigenen inneren Führung gemäß leben können.

Fühle die dauerhafte Liebe deiner Seele zu dir selbst und zu anderen Menschen.

Der Liebeswille deiner Seele überdauert die Zeit. Deine Seele geht ganz in der Liebe auf; ihre Liebe ist ausdauernd und beharrlich. Für sie ist jede Situation eine Chance, anderen Liebe anzubieten, und sie hört niemals auf, Menschen zu lieben. Spüre, wie deine Seele dich stets geliebt hat und immer lieben wird. Denke an die Sonne: Sie ist immer da, selbst wenn sie hinter Wolken verborgen ist oder auf der anderen Seite der Erde scheint. Ihre Gegenwart ist dauerhaft und beständig. Die Liebe deiner Seele ist unwandelbar und ewig, wie die Sonne. Manchmal spürst du ihre Liebe, manchmal vielleicht auch nicht – das hängt von den »Wolken« deiner Gefühle ab. Und doch ist ihre Liebe immer da.

Übe dich darin, dem Menschen, mit dem du zusammenarbeiten möchtest, die Beständigkeit und totale Hingabe des Liebeswillens deiner Seele entgegenzubringen. Vereinige dich mit deiner Seele, um den verborgenen Punkt mit ihrem Liebeswillen zu stimulieren. Stelle eine Seelenverbindung zu der Person her, die du ausgewählt hast, und strahle eine dauerhafte, beständige Liebe für sie aus. Die äußere Form eurer Beziehung spielt dabei keine Rolle. Du kannst diese Person lieben, ob sie nun zu deinem Leben gehört oder nicht, ob sie einen anderen

Menschen liebt oder nicht, ja sogar wenn sie deine Liebe nicht erwidert. Überlege dir eine Affirmation, beispielsweise: »Ich werde dich als Seele lieben, unabhängig davon, was du tust oder wie du dich verhältst.«

Andere Menschen dauerhaft zu lieben, heißt nicht, daß du unbedingt physisch in ihrer Nähe sein oder für immer eine Beziehung zu ihnen aufrechterhalten mußt. Du brauchst dir ihrer nicht immer bewußt zu sein und auch nicht ständig Energie in sie zu investieren. Es bedeutet nur, daß nichts, was diese Menschen tun, dich dazu bringen könnte, sie nicht mehr als Seele zu lieben. Vielleicht bist du mit ihrem Verhalten nicht einverstanden oder findest es nicht gut. Aber du kannst Verhalten und Person voneinander trennen und so lieben wie deine Seele – dauerhaft, beharrlich und ewig.

Lerne die Geduld deiner Seele kennen, indem du geduldig mit dir selbst und anderen Menschen bist.

Der Liebeswille deiner Seele ist stets geduldig. Er befindet sich in harmonischem Einklang mit den zeitlichen Rhythmen des Universums. Stelle dir vor, daß du die Sonne bist, die auf das Sonnensystem herabscheint. Als Sonne verströmst du ständig dein wärmendes Licht und beobachtest, wie sich im Laufe von Jahrmillionen Planeten entwickeln. Du läßt alles Leben in seinem eigenen Tempo und Rhythmus wachsen und sich entwickeln. Spüre die Geduld deiner Seele, während sie dir Licht sendet, um den verborgenen Punkt zu aktivieren. Sie ist genauso geduldig wie die Sonne. Deine Seele erlaubt dir, dich in dem Tempo weiterzuentwickeln, das für dich richtig ist. Es gibt keinen Grund zur Eile.

Achte in den nächsten Stunden oder Tagen darauf, ob du mit dir selbst ungeduldig bist. Wenn du feststellst, daß du keine Geduld mit dir hast oder daß dein inneres Wachstum dir zu langsam vonstatten geht, dann sei jetzt geduldig. Denke daran, daß du nicht gleich alles auf einmal an dir zu ändern brauchst. Mit Geduld, Ausdauer und Beharrlichkeit kannst du dauerhafte Veränderungen bewirken. Wachstum findet meistens langsam und allmählich statt. Entwickle dich in dem Tempo weiter, das für dich angenehm ist und dir richtig vorkommt. Für deine Seele hat Zeit keine Bedeutung; der Weg zur Erleuchtung ist genauso wichtig wie das Ziel. Es ist eine große Herausforderung, von einer niedrigeren zu einer höheren Schwingung überzugehen. Es erfordert ständige Aufmerksamkeit, die höhere Schwingung deiner Seele zu verkraften und neue Lebensgewohnheiten anzunehmen. Dehne die Geduld deiner Seele auch auf dich selbst aus und lasse die Dinge in ihrem eigenen zeitlichen Rhythmus geschehen. Nimm dir vor, ein liebevoller Mensch zu werden, und tue jeden Tag ein paar kleine Dinge, mit denen du Seelenliebe zum Ausdruck bringst. Vergib dir, wenn du dich lieblos verhältst. Dich selbst als den Menschen zu lieben, der du bist, und alle deine Gefühle zu respektieren, ist ein wichtiger Aspekt der Seelenliebe.

Denke an den Menschen, den du für deine Seelenverbindung ausgewählt hast. Hast du schon ungeduldig darauf gewartet, daß diese Person sich verändert oder weiterentwickelt? Hast du dich bemüht oder Druck auf sie ausgeübt, damit es schneller geht? Vereinige dich mit deiner Seele, um den verborgenen Punkt mit ihrem Liebeswillen zu stimulieren. Werde so wie die Sonne: ruhig und geduldig. Gib alle Ungeduld und Eile auf und lasse dich von der Geduld deiner Seele durchströmen. Baue einen Seelenkontakt zu der Person auf und strahle eine geduldige Liebe für sie aus. Vielleicht möchtest du dabei in Gedanken sagen: »Es ist ganz in Ordnung, wenn du dich in deinem eigenen Tempo veränderst und weiterentwickelst. Du brauchst dich nicht an meinen Zeitplan zu halten.« Liebe dich selbst dafür, wie du auch bisher schon geduldig und verständnisvoll mit dieser Person umgegangen bist, und zolle dir die gebührende Anerkennung dafür. Sieh dich selbst als einen ruhigen, geduldigen, verständnisvollen Menschen.

Bringe die versöhnliche Haltung deiner Seele zum Ausdruck, indem du dir selbst und anderen Menschen vergibst.

Der Liebeswille deiner Seele ist versöhnlich. Er verzeiht, was auch immer andere Menschen getan haben mögen. Deiner Seele fällt es leicht, zu verzeihen, denn sie weiß, daß manche Menschen noch nicht in der Lage sind, sich liebevoller zu verhalten, weder dir noch sich selbst gegenüber. Deine Seele ist niemals gekränkt, denn ihr ist klar, daß die Menschen dich nur so gut behandeln können, wie sie sich selbst behandeln. Gib dir Mühe, den Handlungen anderer Menschen gute Motive zu unterstellen. Normalerweise wollen sie dich nicht verletzen. Menschen können sich lieblos verhalten, weil es ihnen an Selbstachtung oder Selbstvertrauen mangelt. Ihre Herzzentren sind noch nicht erwacht. Erwarte nicht, daß Leute, die dich gekränkt haben, sich darüber im klaren sind und sich bei dir entschuldigen. Vergib deinen Mitmenschen, so wie du kleinen Kindern verzeihen würdest, die es noch nicht besser wissen. Eines Tages werden ihre Herzzentren erweckt sein.

Lerne die Versöhnlichkeit deiner Seele kennen, indem du erst einmal dir selbst vergibst. Während deine Seele ihren Liebeswillen in den verborgenen Punkt sendet, verzeihe dir etwas, das du früher einmal getan hast und das dir immer noch ein schlechtes Gewissen bereitet. Lasse die sanfte, beständige, verzeihende Liebe deiner Seele in dich einfließen. Empfange die Liebe deiner Seele, während du dir verzeihst.

Du kannst die Vergebung deiner Seele auch anderen Menschen anbieten. Denke an den Menschen, den du ausgewählt hast. Gibt es irgendeinen Grund, weshalb du ihm böse bist, oder etwas, womit er dich gekränkt hat? Wenn du bereit bist, diese Gefühle loszulassen und die Versöhnlichkeit deiner Seele kennenzulernen, dann stelle eine Seelenverbindung zu dieser Person her. Vereinige dich mit deiner Seele und strahle Vergebung aus. Dabei kannst du sagen: »Ich verzeihe dir alles, was du mir in meinen Augen vielleicht angetan hast. Ich löse mich von allem Selbstmitleid und allem Tadel, der uns voneinander getrennt hat. Ich verzeihe auch mir selbst alle Situationen, in denen ich dir keine Liebe schenken konnte.« Erinnere dich an die Male, wo du diese Person geliebt und ihr verziehen hast. Rufe dir das Gefühl des inneren Friedens zurück, das dich danach durchströmte. Betrachte dich als einen versöhnlichen Menschen, der seinen Mitmenschen ihre Unfähigkeit, Liebe zu zeigen, nicht übelnimmt.

Vergebung bedeutet nicht, daß du irgend etwas tun mußt. Es ist eine liebevolle Haltung, die nicht bewertet und nicht verurteilt. Anderen Menschen zu verzeihen, heißt nicht, ihr Verhalten gutzuheißen oder zu dulden, und es bedeutet auch nicht, daß du dich ihnen überlegen fühlst. Anderen Menschen zu verzeihen, löst die negative Energie in dir und befreit dich, so daß du als deine Seele lieben kannst. Jedesmal wenn du dich für die Liebe entscheidest, bist du der Gewinner. Wenn du anderen Menschen vergibst, verbessert sich dein Gesundheitszustand, du fühlst dich besser und hast mehr Energie, die du für dich selbst und dein Leben einsetzen kannst.

Wenn du deinen Mitmenschen verzeihen möchtest, aber das Gefühl hast, es nicht zu können, dann zwinge dich nicht dazu. Vergib erst einmal dir selbst deine mangelnde Bereitschaft, zu verzeihen. Dann vereinige dich mit deiner Seele, während sie ihren Liebeswillen in den verborgenen Punkt deines Solarplexus hineinsendet. Spüre, wie die Liebe deiner Seele dich durchströmt, bis du bereit bist, der anderen Person zu verzeihen – wann immer das auch sein mag. Anderen zu vergeben bedeutet nicht, daß du mit ihnen in Kontakt treten oder irgend etwas äußerlich Erkennbares tun müßtest. Vergebung ist eine innere Einstellung, die dir Frieden bringt. Du entscheidest dich, die Gelassenheit zu empfinden, die sich einstellt, wenn du dich von allem Groll und Zorn, allen Ängsten oder Schuldgefühlen löst, die dich vielleicht noch quälen.

Verbreite überall, wo du hingehst, Wohlwollen. Sei Liebe in Aktion.

Bringe den Liebeswillen deiner Seele zum Ausdruck, indem du überall, wo du hinkommst, Wohlwollen verbreitest. Stelle Seelenverbindungen zu den Menschen her, denen du begegnest. Fühle deine Verbindung zu deiner Seele und spüre auch die Seelen anderer Menschen. Sei ein Sonnenstrahl, der allen, die dir begegnen, Liebe bringt. Strahle Seelenliebe ebenso an Fremde und flüchtige Bekannte wie an geliebte Menschen aus. Bringe durch deine Worte und Taten Liebe zum Ausdruck, ganz unabhängig davon, wie die anderen sich verhalten oder dich behandeln. Lächle, ohne das Gefühl zu haben, daß die anderen zurücklächeln müssen.

Fühle die Liebe deiner Seele, damit du deine Mitmenschen lieben kannst, gleichgültig, wie sie sich verhalten. Wenn andere Menschen schlecht von dir reden oder eine negative Meinung von dir haben, übe dich darin, liebevoll an sie zu denken. Verzeihe ihnen ihr Verhalten und sei großzügig mit deiner Liebe. Werde dir darüber klar, daß Menschen, die sich lieblos verhalten, oft unter großer Anspannung oder großem Streß stehen oder sich gerade mit Problemen auseinandersetzen müssen, mit denen sie noch nicht umgehen können, ohne innerlich aus dem Gleichgewicht zu geraten. Wenn dir andere Menschen böse erscheinen oder dich verletzen, konzentriere dich nicht auf diese Eigenschaften. Richte deine Aufmerksamkeit statt dessen auf alles Helle und Gute in ihnen. Du könntest dich bei den Menschen, die schwer zu lieben sind, sogar dafür bedanken, daß sie in dein Leben getreten sind, denn sie bieten dir neue Möglichkeiten, den Liebeswillen deiner Seele zu erleben und deine Herzzentren zu erwecken. Sprich positiv und richte die Menschen in deiner Umgebung mit deinen Worten und Taten innerlich auf. Genieße es, überall um dich herum Liebe zu verbreiten, denn alles, was du gibst, wird in vielfacher Form zu dir zurückkehren. Gestehe dir ein, was für ein liebevoller Mensch du bist und wie oft du deinen Mitmenschen schon jetzt Liebe und Wohlwollen entgegenbringst.

Seelenspiel

Vereinige dich mit deiner Seele und verbinde dein Herz- und Kopfzentrum miteinander. Beobachte, wie deine Seele ihren Liebeswillen aus deinem Kopfzentrum in den verborgenen Punkt in deinem Solarplexuszentrum hinabsendet. Übe das so lange, bis es dir keine Mühe mehr bereitet. Wähle aus den unten beschriebenen Übungsschritten diejenigen aus, die dir sinnvoll erscheinen, um den Liebeswillen deiner Seele zum Ausdruck zu bringen.

1. Empfange die beständige, dauerhafte, unerschütterliche Liebe, die deine Seele dir entgegenbringt. Achte auf deine inneren Dialoge und verwandle alle negativen Gedanken über dich selbst in positive.
2. Beobachte, wann du deinen Willen einsetzt, um dich zu etwas zu zwingen. Hör auf, dich unter Druck zu setzen, und spüre die Sanftheit der Seelenliebe, die dir die Freiheit läßt, das zu tun, was du möchtest und was dir Freude macht.
3. Ertappe dich dabei, wie du anderen Menschen deinen Willen aufzwingst, indem du dir wünschst, daß sie bestimmte Dinge tun. Erfülle dich mit dem Liebeswillen deiner Seele und mache dich von diesen Wünschen frei.
4. Erneuere deine Liebe zu einem Menschen, den du vielleicht schon vergessen hast, indem du eine Seelenverbindung zu ihm herstellst und deine Liebe zu seiner Seele fühlst – eine Liebe, die die Zeit überdauert.
5. Spüre den ganzen Tag über die Geduld deiner Seele. Sei gütig und geduldig mit dir selbst und anderen Menschen. Wenn du Ungeduld oder Hektik an dir feststellst, befreie dich davon.

6. Verzeihe dir heute irgend etwas, das du deiner Ansicht nach falsch gemacht hast oder hättest besser machen können. Spüre die konstante, unerschütterliche Liebe, die deine Seele dir entgegenbringt.
7. Vergib anderen Menschen heute jedes Verhalten, durch das sie dich deiner Meinung nach nicht so respektieren, wie du bist. Stelle einen Seelenkontakt zu ihnen her und sende ihren Seelen Liebe.
8. Verbreite überall, wo du hingehst, Liebe und Wohlwollen. Überlege dir Situationen und Menschen, für die du Liebe ausstrahlen kannst.

Kapitel 12

Hingabe an die Liebe

Du hebst Solarplexusenergie in dein Herzzentrum empor,
damit es diese Energie aufnehmen
und in Liebe umwandeln kann.
Du übergibst das Niedere an das Höhere.

Du bist bereit, die dritte und letzte Verbindung zwischen deinen Herzzentren herzustellen, indem du die Energie des verborgenen Punktes in deinem Solarplexuszentrum in dein Herzzentrum hineinhebst. Das ist das Bindeglied, das du mit Hilfe deines persönlichen Willens und deiner Phantasie herstellst, während du dich von all den Gefühlen und Wünschen frei machst, die dich davon abhalten, Seelenliebe zum Ausdruck zu bringen. Diese Wünsche und Gefühle entspringen dem hellen Lichtpunkt in deinem Solarplexuszentrum, denn das ist der Sitz deiner Emotionen und Wünsche, deiner Persönlichkeit, deines Egos und deiner Identität. Den verborgenen Punkt in deinem Solarplexuszentrum werde ich als dein *Solarplexuszentrum* oder als *verborgenen* oder *versteckten Punkt* bezeichnen. Den hellen Punkt werde ich dein *unentwickeltes Solarplexuszentrum* oder einfach den *hellen Punkt* nennen.

Wenn du den verborgenen Punkt mit dem Liebeswillen deiner Seele stimulierst, beginnt er heller zu strahlen und mit dem hellen Punkt in Wechselwirkung zu treten; er nimmt dessen Energie in sich auf. Als nächstes hebst du den verborgenen Punkt in dein Herzzentrum hinein. Dadurch wird es dir leichter fallen, Wünsche und Gefühle loszulassen, die dich von anderen Menschen und von der Liebe, die deine Seele dir entgegenbringt, trennen. Während der versteckte Punkt erwacht und dein Solarplexuszentrum sich weiterentwickelt, beginnen deine Gefühle ruhig dahinzufließen. Du empfindest keine Angst, keinen Zorn, keine Niedergeschlagenheit, keine Einsamkeit, kein Selbstmitleid und keinen Groll anderen Menschen gegenüber. Es gibt nur noch Gedanken, Wahrnehmungen und Überzeugungen, die dich darin bestärken, dich selbst und andere Menschen zu lieben. Du möchtest keine Kontrolle über deine Mitmenschen ausüben und dich auch selbst nicht von den Wünschen und Emotionen anderer beherrschen lassen. Du übernimmst die Verantwortung dafür, daß dein Leben gut funktioniert. Du machst dich von allen Machtkämpfen und Konflikten frei, verwandelst Kritik in Anerkennung; dein bisheriges Bedürfnis, deinen Willen durchzusetzen, weicht einer Haltung der Kooperation und Unterstützung. Du trägst mit Gedanken, Worten und Handlungen zum Wohl des Ganzen bei. Erst dann erlebst du wahre Macht – keine Macht über andere Menschen, sondern die Macht der Gruppenliebe, der Vereinigung und Zusammenarbeit.

Dein Solarplexuszentrum ist wie eine Empfangsstation: Es nimmt Informationen über die Energien auf, die in der physischen Welt um dich herum existieren. Außerdem registriert es Gedanken und Gefühle, die von anderen Menschen kommen, Massengedanken, ja sogar Energien aus dem Tier- und Pflanzenreich. Intuition, die aus diesem Zentrum kommt, wird dir eher Erkenntnisse und Informationen über die materielle als über die spirituelle Welt bringen. Viele von euch haben telepathische Fähigkeiten und spüren die Emotionen anderer Menschen in diesem Zentrum so, als seien es ihre eigenen. Du kannst das ändern, indem du die Energien aus deinem Solarplexus in dein Herzzentrum emporhebst. Dann kannst du ruhig und zentriert bleiben und die Gefühle anderer voller Mitgefühl und Liebe erspüren, ohne sie jedoch als deine eigenen zu empfinden. Wenn dein verborgener Punkt erwacht, wirst du mit Hilfe deines Solarplexuszentrums die Bedürfnisse der Menschheit und der Gruppe erfühlen, der du dienst, damit du deine Zeit und Energie so einsetzen kannst, daß sie möglichst viel Gutes bewirken.

Hebe den verborgenen Punkt in dein Herzzentrum empor.

Beginne nun damit, Solarplexusenergien in dein Herzzentrum hinaufzuheben, damit sie in Seelenliebe verwandelt werden können. Werde eins mit deiner Seele und beobachte, wie die Juwele deines Herzzentrums und deiner Seele sich miteinander verbinden. Sieh, wie Licht zu deinem Kopfzentrum fließt, bis dein Herz- und dein Kopfzentrum durch eine Lichtlinie miteinander verbunden sind. Achte darauf, wie deine Seele ihren Liebeswillen aus deinem Kopfzentrum in den verborgenen Punkt deines Solarplexuszentrums hinabsendet. Sobald dieser Punkt aktiviert wird, kannst du verfolgen, wie er mit dem hellen Punkt in Wechselwirkung tritt und Energie von ihm aufnimmt. Du stärkst jetzt deinen Liebeswillen und deine Fähigkeit, alles loszulassen, was der Liebe im Weg steht.

Hebe die Energie aus dem verborgenen Punkt deines Solarplexuszentrums in dein Herzzentrum hinein. Stelle dir dein Herzzentrum als leuchtenden Stern oder als kleine Sonne über deinem Solarplexuszentrum vor. Es nimmt die Energien auf, die zu ihm emporsteigen. Vielleicht möchtest du ein »OM« anstimmen, während du Energie aus deinem Solarplexuszentrum in dein Herzzentrum emporhebst. Von dem hellen Punkt strömt jetzt Licht zu dem verborgenen Punkt und in dein Herzzentrum hinein. Wiederhole das mehrmals, bis du spürst, wie Licht aus deinem Solarplexuszentrum in dein Herzzentrum aufsteigt. Vielleicht kannst du auch wahrnehmen, wie diese Energie weiter in dein Kopfzentrum fließt.

Es spielt keine Rolle, ob du den versteckten Punkt finden oder erspüren kannst oder nicht. Es kommt nur darauf an, dir vorzustellen, daß du Energie aus deinem Solarplexus in dein Herzzentrum emporhebst, wann immer du dich von lieblosen Gefühlen, Gedanken und Reaktionen freimachen möchtest. Indem du Solarplexusenergie in dein Herzzentrum strömen läßt, stellst du die dritte und letzte Verbindung zwischen deinen Herzzentren her.

Erfahre und liebe deine Gefühle.

Wenn du dich ganz der Liebe hingeben möchtest, mußt du zuerst erkennen, wann deine Gefühle, Stimmungen, Wünsche und Gedanken aus dem hellen Punkt deines Solarplexuszentrums aufsteigen. Das sind Gedanken oder Gefühle, die dir ein negatives Selbstbild vermitteln, deine Kraft verleugnen oder dazu führen, daß du dich von anderen Menschen getrennt fühlst. Immer wenn du Angst, Zorn, Schuld, Scham, Ärger, Anspannung, Sorgen, Niedergeschlagenheit, Selbstzweifel, Selbstmitleid oder Eifersucht empfindest, wenn du andere Menschen verurteilst oder anklagst oder sonstige negative Gefühle hast, dann weißt du, daß sie aus dem hellen Punkt deines Solarplexuszentrums kommen. Wenn du diese negativen Gefühle ständig mit dir herumträgst, bringt das dein Solarplexuszentrum in Aufruhr und schwächt dich. Um diese Emotionen verändern zu können, mußt du bereit sein, sie dir einzugestehen und sie zu empfinden. Hast du sie anerkannt, kannst du den verborgenen Punkt mit dem Liebeswillen deiner Seele stimulieren, damit du in der Lage bist, deine Gefühle zu lieben, statt sie zu verleugnen, zu unterdrücken oder dich von ihnen beherrschen zu lassen. Anschließend kannst du Solarplexusenergie in dein Herzzentrum emporströmen lassen und die Gelassenheit der Liebe empfinden.

Wähle eine der oben aufgezählten negativen Empfindungen oder irgendeine andere Emotion aus, die dich gerade bewegt oder vor kurzem bewegt hat, um sie zu verändern. Vereinige dich mit deiner Seele und stimuliere den verborgenen Punkt. Dadurch wächst dein Wunsch, dich selbst und deine Gefühle zu lieben. Lasse Solarplexusenergie in dein Herzzentrum emporsteigen, um alle nicht liebevollen Gedanken, Gefühle und Emotionen leichter loslassen zu können. Du kannst alle deine Gefühle so lieben, wie du ein kleines Kind lieben würdest, das nicht weggestoßen, sondern im Arm gehalten und getröstet werden möchte. Du kannst die Gelassenheit der Liebe kennenlernen und die akzeptierende, bedingungslose Liebe erleben, die deine Seele dir und all deinen Gefühlen entgegenbringt.

Es macht nichts, wenn du nicht immer in der Lage bist, deine eigenen Gefühle zu lieben, negative Emotionen zu verwandeln oder ständig Liebe und Freude zu empfinden. Mit Hilfe des hellen Punkts in deinem Solarplexuszentrum kannst du den ständigen Strom emotionaler Energie aus deinem eigenen Gefühlskörper, die Wünsche und Begierden der Menschen in deiner Umgebung und das allgemeine emotionale Klima deiner Stadt, deines Landes, der Welt und der ganzen Menschheit spüren. Verzeihe dir, wenn du nicht immer ruhig bleiben, mit deiner Seele in Kontakt stehen und anderen Menschen Liebe entgegenbringen kannst. Liebe dich trotzdem. Auch deine Seele akzeptiert und liebt dich. Ihre Liebe zu dir ist beständig und geduldig. Du wirst dich viel rascher weiterentwickeln, wenn du dich so liebst, wie du jetzt im Augenblick bist.

Manche deiner Gefühle sind vielleicht so intensiv, daß du immer wieder den versteckten Punkt mit dem Liebeswillen deiner Seele stimulieren und Solarplexusenergie in dein Herzzentrum emporheben mußt, um sie in Liebe verwandeln zu können. Wenn du zusätzliche Unterstützung brauchst, um bestimmte Gefühle zu verändern, dann lade das Wesen der Liebe in dein Herzzentrum ein. Wenn du mit deiner Seele zusammenarbeitest, Solarplexusenergie in dein Herzzentrum emporhebst und deine Emotionen liebst, werden sie ihre Macht über dich verlieren. Du kannst dann deine Gefühle spüren, lieben und sie loslassen.

Laß Solarplexusenergie in dein Herzzentrum aufsteigen, um sie in Liebe zu verwandeln.

Lerne zu erkennen, wann die Menschen aus dem hellen, unentwickelten Punkt ihres Solarplexuszentrums heraus handeln. Du brauchst die unentwickelte Solarplexusenergie anderer Menschen nicht mehr »aufzunehmen« oder zu spüren. Du kannst dich mit deiner Seele vereinigen, ihren Liebeswillen erfahren und Solarplexusenergie in dein Herzzentrum hineinheben, um die Gelassenheit der Seelenliebe kennenzulernen. Das kann all deine Kontakte mit anderen Menschen verändern und Kämpfe, Schmerzen, Unsicherheit oder Anspannung in deinem Inneren in Liebe und Verständnis umwandeln.

Menschen, die immer nur in Begriffen wie »Gewinnen« und »Rechthaben« denken, statt mit anderen zu kooperieren, handeln aus dem hellen Punkt ihres Solarplexuszentrums heraus. Das gilt auch für Leute, die egozentrisch, ängstlich, besitzergreifend oder eifersüchtig sind, andere beherrschen wollen oder immer gleich in die Defensive gehen. Seine Mitmenschen anzuklagen, zu beschuldigen, anzugreifen oder zu bedrohen, sind ebenfalls Verhaltensweisen, die dem hellen Punkt entspringen. Achte einmal darauf, wie du dich in der Nähe anderer Menschen fühlst. Wenn du dich unterlegen, herabgesetzt oder ungeliebt fühlst, dann geht die Beziehung, welche die andere Person zu dir hat, vom hellen Punkt ihres Solarplexuszentrums aus – oder *du* reagierst aus diesem hellen Punkt heraus. Das gilt selbst dann, wenn diese Person behauptet, dir liebevolle Gefühle entgegenzubringen. Vertraue auf dein Gefühl; es wird dir die Wahrheit sagen. Außerdem kann dein Körper dir verraten, ob sich unentwickelte Solarplexusenergie in deiner Nähe befindet. Vielleicht spannen deine Muskeln sich an, du hast einen »Kloß im Hals«, oder dein Magen krampft sich zusammen. Vielleicht fällt dir auch auf, daß du den Atem anhältst oder irgendwie flacher, verhaltener atmest als sonst. Oder dich überkommt eine allgemeine Beklommenheit oder ein Gefühl des Unbehagens.

Bekräftige heute, daß du von den Wünschen, die andere Menschen für dich hegen, frei bist.

Menschen, die durch ihr unentwickeltes Solarplexuszentrum lieben, werden vielleicht versuchen, dich zu beherrschen und Kontrolle über dich auszuüben. Sie können dich mit Zorn, Enttäuschung, negativen Urteilen, kühler Zurückhaltung, Gleichgültigkeit oder Kritik manipulieren, das zu tun, was sie wollen. Oder sie können dir Schuldgefühle einflößen oder versuchen, dich durch Liebesentzug in die gewünschte Richtung zu drängen. Es wird dir vielleicht schwerfallen, deinem eigenen Weg zu folgen, statt das zu tun, was jemand anders von dir erwartet. Vielleicht bist du so mitfühlend und liebevoll, daß du die Wünsche der anderen erfüllen möchtest, um ihnen einen Gefallen zu tun. Dehne dieses wunderbare Mitgefühl auf dich selbst aus. Dein eigenes Wohlbefinden und dein eigenes Leben sind wichtiger, als die Persönlichkeiten anderer Leute zu befriedigen.

Wenn du deine Herzzentren erweckst und Seelenliebe erlebst, wächst deine Liebe zu anderen Menschen und auch zu dir selbst. Dann wirst du auf das Verhalten der anderen mit Liebe und Konsequenz reagieren und klar zum Ausdruck bringen, wie du behandelt werden möchtest. Seelenliebe bedeutet, anderen Menschen deine Liebe anzubieten; aber niemand verlangt von dir, daß du in einer Umgebung bleibst, die dir feindlich gesonnen ist oder dich nicht unterstützt. Du wirst dich vielleicht von einer Person distanzieren oder ihr physisch aus dem Weg gehen; aber du wirst es mit Liebe tun.

Du kannst Solarplexusenergie in dein Herzzentrum emporheben, um nicht mehr auf die Wünsche, Erwartungen und Bedürfnisse anderer Leute zu reagieren. Du kannst dich von allem Groll gegenüber Menschen freimachen, bei denen du das Gefühl hast, daß sie sich in dein Leben einmischen oder deine Grenzen überschreiten. Denke an die Person, zu der du eine Seelenverbindung herstellst. Vereinige dich mit deiner Seele und bitte sie, dir zu zeigen, wo du in deinem Leben deine eigenen Wünsche verwirklichst oder die Wünsche, die diese Person für dich hat. Versucht sie dich irgendwie in deiner Freiheit einzuschränken oder zu beherrschen? Erwartet sie ein ganz bestimmtes Verhalten von dir, um die Wünsche ihrer Persönlichkeit zu befriedigen? Erkenne, wann du auf unentwickelte Solarplexusenergien in dieser Person reagierst. Lasse die Energie aus deinem Solarplexuszentrum in dein Herzzentrum aufsteigen. Stelle eine Seelenverbindung her und strahle eine durchlässige Liebe für sie aus. Dabei kannst du dir zum Beispiel sagen: »Ich werde die Wünsche befolgen, die meine Seele für mein Leben hat, und mich nicht nach deinen Wünschen richten. Dadurch biete ich uns beiden die Chance für eine höhere, liebevollere Beziehung.« Betrachte dich als einen Menschen, der selbst über sein Leben und seine Zeit bestimmt. Halte dir vor Augen, wie oft du deiner höheren Führung und deinem Herzen folgst und nicht den Erwartungen anderer Menschen.

Entscheide dich für die Liebe.
Mache dich frei von dem Wunsch,
andere zu verletzen.

Um dich ganz der Liebe hingeben zu können, ist es notwendig, daß du auf alle Emotionen, Stimmungen oder Gedanken achtest, die dich vielleicht zu weniger liebevollem Verhalten verleiten könnten. Vielleicht mußt du deinen Stolz, das Gefühl deiner eigenen Wichtigkeit oder das Bedürfnis aufgeben, deinen Willen durchzusetzen, dich anderen Menschen überlegen zu fühlen oder Macht über sie zu haben. Es ist auch wichtig, daß du dich von allen Gefühlen der Minderwertigkeit oder Unterlegenheit freimachst und nicht mehr an deinem eigenen Wert zweifelst. Übe, positiv über andere Menschen zu denken, selbst wenn du meinst, daß sie dich verletzt haben. Schaffe durch deine Worte, Taten und Gedanken ein harmonisches Klima um dich herum.

Ertappe dich bei Reaktionen auf andere Menschen, in denen auch nur der leiseste Wunsch mitschwingt, sie zu verletzen. Achte auf deine Stimmungen, damit du dich deinen Mitmenschen gegenüber auch dann noch liebevoll verhalten kannst, wenn du selbst negative Gefühle hast. Stimuliere den verborgenen Punkt mit dem Liebeswillen deiner Seele und hebe Solarplexusenergie in dein Herzzentrum empor. Gib dich der Liebe hin und reagiere wohlwollend auf die Menschen in deiner Umgebung. Rufe dir mehrere Situationen in Erinnerung, in denen du dich so verhalten hast, und erinnere dich daran, wie zufrieden du hinterher mit dir warst.

Wenn du meinst, daß andere Menschen dich gekränkt haben, fühlst du dich vielleicht dazu verleitet, sie ebenfalls zu verletzen. Zuerst möchtest du, daß die anderen den gleichen Schmerz empfinden wie du, als sie dich angegriffen, kritisiert, zurückgestoßen, mißverstanden, enttäuscht oder nicht richtig gewürdigt haben. Wenn du dich durch andere Menschen verletzt fühlst, verspürst du vielleicht den Impuls, zornig zu reagieren, ihnen deine Liebe zu entziehen oder dich sonst irgendwie zu revanchieren.

Wenn du das Gefühl hast, daß jemand dich verletzen möchte, gestehe dir deinen Schmerz erst einmal ein und fühle ihn.

Zwinge dich nicht, Liebe zu empfinden oder dich liebevoll zu verhalten, solange du deinen Schmerz nicht verwandelt hast. Hebe deine Emotionen aus dem Solarplexuszentrum in dein Herzzentrum empor, damit du die Gelassenheit der Liebe spüren kannst. Denke an all die Situationen, in denen du liebevoll reagiert hast, obwohl das Verhalten anderer Menschen dir deiner Ansicht nach allen Grund gegeben hätte, sie zu verletzen. Zolle dir jedesmal Anerkennung, wenn du dich entscheidest, liebevoll zu reagieren, obwohl deine Mitmenschen sich dir gegenüber lieblos verhalten. Aber vergib dir auch jene Situationen, in denen du nicht so liebevoll handeln konntest oder wolltest.

Sobald du mit deiner Seele in Kontakt trittst, kannst du Mitgefühl empfinden. Dann wirst du begreifen, daß manche Menschen überhaupt nicht wissen, wie man sich anderen gegenüber gütig oder rücksichtsvoll verhält. Sie reagieren eigentlich gar nicht auf dich, sondern auf ihre eigenen Ängste und auf ihre Vergangenheit. Manchmal verletzen andere Menschen dich auch mit Worten oder Taten, weil sie mit sich selbst nicht im reinen sind. Deine Seele ist darüber niemals gekränkt; sie versteht, daß sich in den scheinbar lieblosen Handlungen der anderen nur der Mensch widerspiegelt, der sie selbst sind, und nicht du.

Denke an die Person, die du ausgewählt hast, um eine Seelenverbindung herzustellen. Hast du in den letzten Wochen jemals das leiseste Bedürfnis verspürt, sie zu verletzen? Warum wolltest du das? Warst du schlecht gelaunt oder von heftigen Gefühlen aufgewühlt? Oder hast du dich von den intensiven Gefühlen der anderen Person anstecken lassen? Glaubst du, daß sie dich beleidigen oder kränken wollte? Achte darauf, was dich dazu bringt, lieblos zu reagieren.

Halte inne, bevor du verletzend reagierst. Nimm dir Zeit, deine Gefühle zu lieben und zu respektieren. Versuche nicht, dir lieblose Empfindungen »auszureden«. Liebe deine Gefühle, höre auf sie, empfinde sie, und dann hebe sie in dein Herz empor, um sie in Liebe zu verwandeln. Entferne dich physisch von dieser Person oder trenne dich für eine Weile von ihr, bis du wieder liebevoll auf sie reagieren kannst. Eine vorübergehende Zeit der Trennung, während der du deine Gefühle verwandelst, ist immer noch besser, als zusammenzusein und einander lieblos zu behandeln. Warte mit deiner Reaktion, bis du dich so verhalten kannst, daß du euch beiden damit gerecht wirst.

Sage dir:
»Ich entscheide mich jetzt für Frieden und Liebe.«

Wenn du versuchst, ruhig und liebevoll zu bleiben, und dich trotzdem immer wieder dabei ertappst, wie du dich von den negativen Stimmungen deiner Mitmenschen anstecken läßt und verletzend darauf reagierst, mußt du dich deshalb nicht für schwach halten, dich als Opfer betrachten oder der anderen Person die Schuld in die Schuhe schieben, weil sie schlechte Energie auf dich »überträgt«. Verzeihe dir, daß du noch nicht erleuchtet bist! Hebe Solarplexusenergie in dein Herzzentrum hinein und empfinde die Gelassenheit der Liebe deiner Seele. Erinnere dich an Situationen, in denen du inmitten der negativen Energien anderer Menschen zentriert und ausgeglichen geblieben bist. Bekräftige, daß es in deiner Macht liegt, zu entscheiden, wie du dich fühlen möchtest.

Wenn die Menschen um dich herum von intensiven Gefühlen beherrscht werden, tritt seelisch mit ihnen in Verbindung, spüre ihre Seelen und gleichzeitig auch deine eigene Seele. Bevor du den Mund aufmachst oder irgend etwas tust, kannst du dir in Gedanken sagen: »Ich entscheide mich jetzt für Frieden und Liebe«, oder etwas Ähnliches. Lasse weiterhin Solarplexusenergie in dein Herzzentrum aufsteigen, um dich von allen Impulsen zu befreien, lieblos zu reagieren. Es erfordert große Selbstbewußtheit und ständige Aufmerksamkeit, sich immer liebevoll zu verhalten und jeden Wunsch, andere zu verletzen, in sich auszulöschen. Andere Menschen nicht zu verletzen, ist eine der größten Herausforderungen, und ein sehr wichtiger Schritt auf dem Weg zur Erweckung deiner Herzzentren.

Verwandle Zorn in Seelenliebe.

Um dich ganz der Liebe hingeben zu können, mußt du dich von deinem Zorn freimachen. Eines der Gefühle, das mit am schwierigsten zu verändern ist und eine große Herausforderung bedeutet, kann der Zorn sein. Zorn ist der »Kampfaspekt« unserer Kampf-oder-Flucht-Reaktion. Angst hingegen ist der »Fluchtaspekt«. Wie man Angst verwandelt, habe ich schon in vielen meiner anderen Bücher erklärt. Zorn ist die Wurzel vieler Emotionen, die uns von anderen Menschen trennen, zum Beispiel: Gereiztheit, Überlegenheit, Selbstgerechtigkeit, Selbstmitleid, ja sogar Depression, denn Depression ist nichts anderes als nach innen, gegen das eigene Ich gerichteter Zorn. Fast alle Menschen empfinden mehrmals am Tag Zorn in verschiedener Intensität – Zorn auf sich selbst, auf die Gesellschaft, auf Menschen, die ihre Überzeugungen nicht teilen, oder auch auf Freunde und geliebte Menschen. Rufe dir einmal ins Gedächtnis zurück, welche Gefühle dich heute bewegt haben. Hast du dich irgendwann entschieden, zornig zu sein? Wenn ja, wann?

Zorn ist eine Kraft, eine Energie, die dich von den Dingen wegtreiben kann, die dich wütend machen. Manchmal ist er auch von Vorteil für dich, zum Beispiel, wenn er dich dazu antreibt, dich aus einer für dich schädlichen Situation zu befreien. Sobald du dich innerlich weiterentwickelst, wirst du keine intensiven Gefühle mehr brauchen, um dich zum Handeln zu motivieren. Dann wirst du aus der ruhigen, friedlichen Weisheit deiner Seele heraus handeln. Dich vom Zorn leiten zu lassen, beraubt dich deiner wahren Kraft. Erst wenn du aus der gelassenen, offenen, liebevollen Perspektive deiner Seele heraus lebst, bist du mit deinen Worten und Taten wirklich zufrieden. Wenn du mit Seelenliebe handelst, erfährst du wahre Kraft – die Kraft der Liebe, die größte Macht des Universums.

Achte einmal darauf, in welchen Situationen du wütend wirst. Manchmal entscheidest du dich, in Zorn zu geraten, wenn du den Zorn anderer Menschen um dich herum spürst. Wenn deine Wut viel größer ist, als die Situation es eigentlich rechtfertigt, dann reagierst du vielleicht auf einen früheren Schmerz, den du noch nicht verarbeitet hast. Vielleicht fühlst du aber auch Zorn, weil du dich nicht im Einklang mit dem Universum befindest oder mit dir selbst oder deinem Leben unzufrieden bist. Oder du bist wütend, weil du meinst, von deinen Mitmenschen nicht so behandelt worden zu sein, wie du es eigentlich verdienst.

Halte inne und gestehe dir deinen Zorn gleich in dem Augenblick ein, in dem er in dir aufsteigt. Schiebe die Schuld daran nicht anderen zu. Wenn du zornig bist, dann stimuliere gemeinsam mit deiner Seele den verborgenen Punkt, um deinen Wunsch zu lieben zu verstärken. Hebe Solarplexusenergie in dein Herzzentrum empor. Entspanne dich und genieße die Gelassenheit der Seelenliebe. Lasse Energie in dein Kopfzentrum fließen und dehne dich in die Einheit der Liebe aus. Erlebe die Weisheit, das Mitgefühl und Verständnis deiner Seele. Du kannst die Gelassenheit der Liebe sogar in der Nähe von Menschen spüren, die zornig sind, dich angreifen, sich verteidigen oder auf irgendeine andere Weise aus ihrem unentwickelten Solarplexuszentrum heraus handeln. Entscheide dich, was du empfinden möchtest – unabhängig von den Emotionen, Gedanken oder Energien in deiner Umgebung.

Hegst du einen verborgenen oder vielleicht auch offen eingestandenen Zorn auf den Menschen, mit dem du seelisch in Kontakt getreten bist? Dann hebe Solarplexusenergie in dein

Herzzentrum hinein. Stelle eine Seelenverbindung zu dieser Person her und strahle die akzeptierende, transparente, bedingungslose Liebe deiner Seele für sie aus. Du kannst dabei sagen: »Ich mache mich von all meinem Zorn auf dich frei. Ich übernehme die Verantwortung dafür, daß in meinem Leben alles so läuft, wie ich es will.« Entscheide dich, kein Opfer zu sein. Bekräftige statt dessen, daß du die Macht hast, dein Leben so zu gestalten, wie du möchtest. Erinnere dich an eine Situation, in der du deinen Zorn verwandelt und aus einer ruhigen, klaren, liebevollen Gemütsverfassung heraus gehandelt hast. Denke daran, wie zufrieden du damals mit dir warst. Zorn in liebevolle Gefühle zu verwandeln, ist ein wichtiger Schritt, der deine Beziehung zu dir selbst und zu anderen Menschen positiv verändert.

Lasse deinen Ärger los.
Biete statt dessen Liebe an.

Ärger ist ein sehr starkes Gefühl, das Menschen manchmal empfinden, wenn ihr Solarplexuszentrum gerade erwacht und ihre Sensibilität für die Energien in ihrer Umgebung wächst. Viele Menschen reagieren gereizt und verärgert, wenn sie für die disharmonischen Energien um sich herum sensibler werden, aber noch nicht gelernt haben, mit ihrer Seele eins zu werden und ihre Solarplexusreaktionen in ihr Herzzentrum hineinzuheben. Ärger kann ansteckend wirken – diese Erfahrung hast du vielleicht auch schon gemacht, wenn du mit zornigen Menschen zusammen warst. Es ist ein großes Geschenk für andere, allen Ärger, den du empfindest, in Liebe zu verwandeln. Eine freudige, fröhliche Lebenseinstellung ist ein liebevoller Beitrag zum Wohlergehen deiner Mitmenschen.

Wenn du dich über etwas ärgerst oder mit zornigen Menschen zusammen bist, dann vereinige dich mit deiner Seele und lasse Solarplexusenergie in dein Herzzentrum emporsteigen, bis du die Gelassenheit der Seelenliebe fühlen kannst. Verzeihe dir, daß du nicht ganz ruhig und zentriert auf die Energien in deiner Umgebung reagiert hast. Strahle während deiner Seelenverbindung zu anderen Menschen eine durchlässige Liebe aus und verzeihe ihnen ihr gereiztes Benehmen. Bleibe ruhig und experimentiere damit, in ihrer Nähe verschiedene Eigenschaften der Seelenliebe auszustrahlen: zum Beispiel magnetische, akzeptierende und verstärkende Liebe.

Werde dir selbst gerecht, indem du Grenzen setzt.

Gehe respektvoll mit deiner Zeit, deinen Bedürfnissen und deiner spirituellen Entwicklung um. Wenn du nicht in der Lage bist, Grenzen zu setzen und festzustellen, wo du aufhörst und andere anfangen – wenn du die Gefühle anderer Leute so empfindest, als seien es deine eigenen –, dann hebe Solarplexusenergie in dein Herzzentrum hinein. Erinnere dich an Situationen, in denen du anderen Menschen Grenzen setztest und sie dich trotzdem liebten.

Wenn du Seelenliebe ausstrahlst, kannst du immer in einem ruhigen, gelassenen Zustand der Liebe bleiben, gleichgültig, in welcher Gemütsverfassung die anderen sich befinden. Aus diesem Zustand der Liebe heraus wirst du das tun, was für dich und deine Seele gut ist, und nicht das, was andere von dir erwarten. Es ist unwichtig, ob die anderen sich durch deine Liebe verändern oder auf sie reagieren. Jedesmal, wenn du anderen Liebe anbietest, erweckst du deine Herzzentren. Entscheide, ob du weiterhin mit Menschen zusammensein möchtest, die dich nicht respektieren. Glaube daran, daß all deine Beziehungen zu anderen Menschen liebevoll sein, dich unterstützen und dein Leben bereichern können.

Hingabe an die Liebe

Seelenspiel

Übe in einer oder mehren der folgenden Situationen, Solarplexusenergie in dein Herzzentrum zu heben, um dich noch mehr der Liebe hingeben zu können:

1. Beobachte heute deine Stimmungen und Gefühle. Verwandle eine negative Emotion in Liebe, indem du sie in dein Herzzentrum emporhebst. Fühle die Gelassenheit der Liebe.
2. Achte auf unentwickelte Solarplexusenergie im Umgang anderer Menschen miteinander und mit dir. Lasse Solarplexusenergie in dein Herzzentrum aufsteigen und spüre die Gelassenheit der Seelenliebe. Strahle eine durchlässige Liebe aus.
3. Entdecke alle unentwickelten Solarplexusenergien, die nicht so leicht zu erkennen sind, indem du auf deinen Körper achtest. Beobachte, ob du deine Muskeln anspannst oder flach und verhalten atmest; werte das als Signal, um Solarplexusenergie in dein Herzzentrum emporzuheben.
4. Erkenne, auf welche emotionale Energie in anderen Menschen du am ehesten reagierst. Übe in der Meditation, deine Reaktion auf diese Art von Energie zu verändern. Nimm wahr, wenn es dir gelingt, in Gegenwart dieser Energie ruhig zu bleiben.
5. Stelle fest, ob du auf die Wünsche reagierst, die ein anderer Mensch für dich hat, statt auf deine eigenen. Hebe Solarplexusenergie in dein Herzzentrum und folge den Wünschen deiner Seele.
6. Ertappe dich bei jedem Impuls, lieblos zu handeln, zu sprechen oder zu denken, wenn du mit einem Menschen zusammen bist. Biete ihm oder ihr statt dessen Liebe an.

7. Achte darauf, welche Ereignisse, Menschen und Situationen dich wütend oder gereizt machen. Lasse Solarplexusenergie in dein Herzzentrum aufsteigen und verwandle Zorn und Gereiztheit in Liebe, Mitgefühl und eine akzeptierende Haltung gegenüber allem, was ist.

Kapitel 13

Seelenliebe

Zwischen deinen drei Herzzentren zirkuliert Licht und hebt dich in einen Zustand der Seelenliebe. Du wirst dir der Universalen Gegenwart der Liebe bewußt.

Du hast dein Herz-, Kopf- und Solarplexuszentrum miteinander verbunden. Wenn du Energie zwischen diesen drei Zentren zirkulieren läßt und dich in den Eigenschaften der Seelenliebe übst, kannst du einen erweiterten Zustand der Liebe erleben – eine Liebe, der ganz automatisch die richtigen Handlungen, Worte und Gedanken entspringen. Die Menschen haben diesen Zustand als kosmisches Bewußtsein, Einheitsbewußtsein, Christusbewußtsein oder Leben im Kontakt mit der Quelle bezeichnet. In diesem Zustand spürst du deine Einheit mit dem Netz des Lebens, von dem du ein Teil bist. Du kannst die höheren Ideale deiner Seele zum Ausdruck bringen, anderen so dienen wie deine Seele und ein genauso starkes Gruppenbewußtsein entwickeln wie deine Seele. Du kannst die Liebe der Erleuchteten empfangen und ausstrahlen. Diesen Zustand bezeichne ich als *Seelenliebe.*

Um deine Herzzentren durch Licht miteinander zu verbinden und dich noch tiefer in einen Zustand der Seelenliebe hineinzuversetzen, rufe deine Seele zu dir und vereinige dich mit ihr. Spüre, wie der Juwel deines Herzzentrums und der Juwel deiner Seele miteinander verschmelzen. Fühle die Gelassenheit der Liebe. Deine Seele sendet deinem Herzzentrum so viel Licht, daß es bis in dein Kopfzentrum aufsteigt. Wenn du möchtest, kannst du »OM« anstimmen. Dehne dich in die Einheit der Liebe aus und spüre das große Universum, von dem du ein Teil bist. Sobald Energie und Licht zwischen deinem Herz- und deinem Kopfzentrum fließen, hast du die erste Verbindung zwischen deinen Herzzentren hergestellt.

Stimme ein »OM« an, während du beobachtest, wie deine Seele ihren Liebeswillen an den versteckten Punkt aussendet, um ihn zu aktivieren und deinen Wunsch zu lieben zu verstärken. Es ist gut, wenn du spürst, wie diese Energie auf ihrem Weg von deinem Kopfzentrum zum verborgenen Punkt durch dein Herzzentrum strömt. Mit diesem Kontakt zwischen deinem Kopfzentrum und dem versteckten Punkt in deinem Solarplexuszentrum hast du die zweite Verbindung zwischen deinen Herzzentren hergestellt.

Beobachte, wie der verborgene Punkt Energie von dem hellen Punkt aufnimmt. Stelle nun die letzte Verbindung her, indem du den versteckten Punkt deines Solarplexuszentrums in dein Herzzentrum hinauf hebst, und dabei ein »OM« anstimmst. Verstärke deine Fähigkeit, dich von allen Gefühlen, Wünschen und Reaktionen auf andere Menschen freizumachen, die dich von der Liebe deiner Seele trennen.

Lasse Licht zwischen deinen Herzzentren zirkulieren

Nun zirkulieren Licht und Energie zwischen deinen Herzzentren. Du kannst dir das Licht, das zwischen deinen Herzzentren hin und her fließt, vorstellen wie du möchtest. Zwischen deinem Herz-, Kopf- und Solarplexuszentrum entsteht ein kreisförmiger Licht- und Energiestrom (siehe Abbildung auf Seite 184). Es spielt keine Rolle, wie du diese Zentren visualisierst; es kommt nur darauf an, daß du die auf- und abfließende Energie spürst.

Fühle die Gegenwart deiner Seele, während du einatmest und Energie aus deinem Herz- in dein Kopfzentrum aufsteigen läßt. Dein Kopfzentrum verbindet all deine Zentren miteinander und bringt sie ins Gleichgewicht. Es gestaltet die Lichtmuster zwischen deinen Zentren und ihr Zusammenspiel harmonischer. Atme aus und beobachte, wie deine Seele ihren Liebeswillen aus deinem Kopfzentrum zu dem verborgenen Punkt im Solarplexuszentrum hinabsendet. Während du wieder einatmest, hebe die Energie aus deinem Solarplexuszentrum wieder in dein Herzzentrum empor. Jedesmal, wenn Energie durch dein Herzzentrum fließt, wird sein Juwel heller, schöner und strahlender. Lasse die Energie weiter bis zu deinem Kopfzentrum aufsteigen. Beim nächsten Ausatmen sendest du wieder Energie zum verborgenen Punkt hinab. Du kannst deine Herzzentren durch diesen Atemzyklus miteinander verbinden oder dir auch einfach nur vorstellen, wie Licht und Energie zwischen ihnen zirkulieren. Sie strömen aus deinem Herzzentrum nach oben ins Kopfzentrum und steigen dann in einer schönen, kontinuierlichen Bewegung zu deinem Solarplexuszentrum hinab. Anschließend strömt die Energie wieder in dein Herzzentrum hinauf, und der Zyklus des Energieflusses zwischen deinen Zentren beginnt von neuem.

Bringe Solarlicht in diesen Energiezyklus, der deine Herzzentren miteinander verbindet. Stelle dir vor, wie das Solarlicht über dir durch dein Kopfzentrum in den verborgenen Punkt deines Solarplexuszentrums hinab- und dann wieder in dein Herz- und dein Kopfzentrum hinaufströmt. Lasse Solarlicht durch deine Herzzentren zirkulieren. Durch dieses Licht wird die Verbindung zwischen deinen Herzzentren noch schöner.

Lade das Wesen der Liebe in dein Herzzentrum ein und achte darauf, wie du den Zustand der Seelenliebe dadurch anders erfährst. Das Wesen der Liebe kann dir als Vorbild für ein Wesen dienen, dessen Herzzentren vollkommen erweckt sind, und dich beim nächsten Schritt des Erwachens deines Herzens unterstützen. Achte darauf, wie dein Herzzentrum mehr Liebe ausstrahlt, sobald das Wesen der Liebe zu dir kommt. Spüre, wie die Energie zwischen deinen Herzzentren dadurch schöner und fließender wird. Fühle die Gelassenheit der Liebe, während du dir ausmalst, wie das Wesen der Liebe diese Gelassenheit erlebt. Stelle dir vor, genauso mit der Einheit verbunden zu sein wie das Wesen der Liebe. Laß deinen Liebeswillen und deine Fähigkeit, dich ganz der Liebe hinzugeben, durch diese Verbindung mit dem Wesen der Liebe gestärkt werden.

Beobachte, wie dein Herzzentrum zu einer goldenen Lichtkugel wird.

Stelle dir das Licht, das sich zwischen deinen drei Herzzentren bewegt, als wunderschönes Licht vor, das frei und ungehindert, sanft und gleichmäßig dahinfließt. Stimme mehrmals laut oder in Gedanken ein »OM« an, während du Licht zwischen deinen Herzzentren verteilst. Du beobachtest funkelndes, vibrierendes Licht, das auf und ab fließt und nun in allen Regenbogenfarben zu schimmern beginnt. Pulsierendes, elektrisches Licht strömt immer rascher zwischen deinen Zentren hin und her, bis es eine solche Geschwindigkeit erreicht hat, daß du seinen Bewegungen nicht mehr folgen kannst. All deine Herzzentren sind jetzt miteinander verbunden, und Licht und Energie fließen zwischen ihnen hin und her. Dabei entzündet dein primäres Herzzentrum sich am Feuer der Seelenliebe. Sein Juwel wird zu einer goldenen Lichtkugel, leuchtend, schimmernd und strahlend. Dein Herzzentrum sieht aus wie eine strahlende Sonne, von der spiralförmig Lichtstrahlen ausgehen und sich mehrere Meter über die Grenzen deines Körpers hinaus ausdehnen. Halte einen Augenblick inne, um den Glanz und die Schönheit deines primären Herzzentrums wahrzunehmen.

Verbinde dich mit der Universalen Gegenwart der Liebe.

Wenn du deine Herzzentren erweckst, kommt dir die Universale Gegenwart der Liebe, die auch als Universaler Ozean der Liebe bezeichnet wird, intensiver zu Bewußtsein. Sobald du diese Gegenwart einmal gespürt hast, während du Energie zwischen deinen Herzzentren zirkulieren läßt, wirst du sie immer erkennen können – einfach nur, indem du daran denkst. Schau aus dem Fenster oder laß deine Blicke über deine Umgebung wandern. Stelle dir dabei vor, daß du mit deinen inneren Augen ein Feld der Liebe, eine lebendige Präsenz der Liebe erkennen kannst, die alles erfüllt und durchströmt – Gegenstände, Menschen, Pflanzen und Tiere. Dieses Feld der Liebe ist ein Aspekt Gottes, der Göttin, der Einheit, der Quelle, von Allem-was-ist. Du kannst es als Feld aus vibrierendem Licht sehen oder als reine Liebe spüren. Dieses Liebesfeld umfaßt alle Eigenschaften der Seelenliebe und sogar noch höhere Qualitäten der Liebe. Es akzeptiert und läßt zu, verstärkt und harmonisiert. Es ist durchlässig, dauerhaft und beständig. Es verschönert alle Energien. Es erweitert, vereint und verbindet. Halte einen Augenblick inne und nimm diese mächtige Gegenwart der Liebe wahr, die alles durchdringt. Spüre ihre Lebendigkeit, ihre Bewußtheit, ihre Liebe.

Vielleicht hast du dich gefragt: »Ist dieses Universum freundlich? Ist es für mich oder gegen mich?« Wisse, daß das Universum absolut und bedingungslos *für* dich ist! Die Universale Gegenwart der Liebe ist immer da und arbeitet für dich und dein höheres Wohl. Das ist die göttliche Substanz der Liebe, die Essenz des Universums. Lasse Licht zwischen deinen Herzzentren zirkulieren und werde eins mit dieser Gegenwart der Liebe. Laß dich von ihr umschließen und einhüllen. Sie treibt dich unablässig zu den Erfahrungen und Beziehungen hin, die dein Herz öffnen werden. Sie arbeitet immer für dich.

Wenn du mit deiner Seele in Verbindung trittst, deine Herzzentren erweckst und dir der Universalen Gegenwart der Liebe bewußt wirst, erwachst du aus dem Zustand der Unbewußtheit, der dich vergessen ließ, wer du bist und schon immer gewesen bist. Du kannst dich nie außerhalb dieses Liebesfeldes befinden, denn es ist ein Teil von dir. Du bestehst aus Liebe. Wenn du deine Herzzentren erweckst, erlangst du Bewußtsein, wachst auf und erkennst dich selbst als liebendes Wesen. Eigentlich *wirst* du nicht zu Liebe, denn du *bist* bereits Liebe. Du befreist dich von den Energien, die die Liebe in deinem Inneren verbergen. Du trittst wieder mit jenen Teilen deines Ichs in Kontakt, die wissen, wie man liebt. Du erinnerst dich an deine Verbindung zu den Lichtwesen und Kräften der Liebe, zu denen du schon immer gehört hast. Wenn das Licht der Seele deine Herzzentren verschönert, fällt alles, was die Liebe in deinem Inneren versteckt, von dir ab, bis du ein klarer Sender und Überträger der Liebe deiner Seele bist. Dann wirst du zu dem liebevollen Wesen, das du bereits bist.

Verbinde deine Herzzentren auf kreative Weise miteinander. Benutze deine Phantasie.

Es gibt ebensoviele Möglichkeiten, die Verbindung und den Licht- und Energiefluß zwischen deinen Herzzentren zu spüren, wie es Menschen gibt. Es macht nichts, wenn du die Energiebewegung zwischen deinen Zentren nicht visualisieren, spüren oder wahrnehmen kannst. Es genügt schon, wenn du einfach nur die Absicht hast, deine Herzzentren miteinander zu verbinden, und dir das vorstellst. Deine Phantasie ist eine kreative Kraft, die auf deine Zentren einwirkt, um sie und ihr Zusammenspiel zu verändern. Dir beim Einatmen das Hinauf- und beim Ausatmen das Hinabfließen von Licht und Energie vorzustellen, ist eine sehr wirksame Methode, um deine Herzzentren miteinander zu verbinden und zu erwecken.

Wenn du dir Licht vorstellen kannst, das deine Zentren verbindet, dann versuche zu erkennen, welche Farben dieses Licht hat. Außerdem hörst du mit deinen inneren Ohren vielleicht einen Klang, ein Summen oder einen Ton. Jeder Mensch nimmt andere Farben und Klänge wahr, denn in diesen Wahrnehmungen sind die speziellen Farben, Schwingungen und Töne deiner Seele enthalten. Manche Menschen spüren ein Pulsieren oder Vibrieren oder haben irgendeine andere physische Empfindung, wenn sie ihre Herzzentren miteinander verbinden. Das muß aber nicht unbedingt so sein. Vielleicht empfindest du auch größere Liebe oder Gelassenheit, ein Gefühl der Ausdehnung oder irgendeine andere Qualität der Seelenliebe, die du inzwischen kennengelernt hast. Es kann auch sein, daß deine Perspektive sich verändert, als könntest du sowohl von innen als auch von außerhalb deines Körpers beobachten, wie du deine Zentren miteinander verbindest. Manche Menschen spüren gar nichts in dem Augenblick, in dem sie ihre Herzzentren verbinden. Sie nehmen die Auswirkungen erst hinterher, manchmal sogar erst Stunden oder Tage später wahr.

Viele Menschen berichten, daß sie sich weiser, losgelöster und vollständiger fühlen, wenn sie Energie zwischen ihren Herzzentren zirkulieren lassen. Es ist ihnen nicht mehr so wichtig, die Persönlichkeiten anderer Menschen zufriedenzustellen; statt dessen entwickeln sie ein intensiveres Gespür dafür, welche liebevollen Handlungen notwendig sind, um den Seelen der Menschen gerecht zu werden. Sie haben jetzt mehr Mut, nicht mehr das zu tun, was andere von ihnen erwarten, sondern das, was sie selbst wollen.

Alles, was du erlebst und empfindest, während du deine Herzzentren miteinander verbindest, ist gut und richtig für dich. Erwarte aber nicht, daß du dadurch erleuchtet oder ganz und gar liebevoll wirst. Die nächsten Schritte auf deinem Weg des Erwachens des Herzens werden dadurch jedoch leichter für dich werden. Du wirst dich müheloser mit der Universalen Gegenwart der Liebe verbinden, dir selbst und anderen Menschen mehr Liebe entgegenbringen und liebevoller handeln können.

Deine Erfahrung der Seelenliebe kann variieren – je nach deiner Stimmung, den Umständen und den Menschen, mit denen du gerade zusammen bist. Vielleicht hast du im Zustand der Meditation ein intensiveres Gefühl der Bewegung und Verbindung zwischen deinen Zentren. Oder dir fällt auf, daß du dich jetzt liebevoller ausdrückst und verhältst, spürst aber dennoch keinen Lichtstrom zwischen deinen Herzzentren. Vielleicht nimmst du auch überhaupt nichts wahr, was eindeutig aus deinen erwachenden und miteinander verbundenen Herzzentren kommt. Lasse trotzdem weiter Licht zwischen deinen Herzzentren zirkulieren und strahle Licht aus. Wisse, daß deine Herzzentren automatisch erwachen, wenn du selbst erwachst.

Nun, da du gelernt hast, deine Herzzentren miteinander zu verbinden und Energie und Licht zwischen ihnen zirkulieren zu lassen, übe das auch während der Meditation, bis du das Licht und die Bewegung zwischen deinen Zentren leichter wahrnehmen kannst. Während du Energie und Licht zwischen deinen Herzzentren zirkulieren läßt, kannst du jede der Eigenschaften der Seelenliebe nutzen, die du gelernt hast; oder erfahre alle Qualitäten der Seelenliebe. Mache dich mit dem Zustand der Seelenliebe vertraut, in den du dich versetzen kannst, indem du deine Herzzentren miteinander verbindest. In diesem Zustand kannst du so handeln, sprechen und der Menschheit deine Liebe übermitteln, daß du dich in harmonischem Einklang mit allem Leben befindest. Du kannst entscheidende Beiträge zum Wohl einzelner als auch ganzer Gruppen leisten. Wenn du aus diesem Zustand der Seelenliebe heraus handelst, kannst du dazu beitragen, das Leiden deiner Mitmenschen zu lindern. Deine erwachenden Herzzentren bieten anderen Menschen die Chance, ihre Herzzentren ebenfalls zu erwecken, wenn sie möchten – einfach nur durch deine Gegenwart und dein Vorbild.

Wenn du dich auf die Begegnungen mit anderen Menschen vorbereitest, lasse Energie zwischen deinen Herzzentren zirkulieren.

Erforsche den Zustand der Seelenliebe, den du erfahren kannst, wenn du deine Herzzentren verbindest und dir der Gegenwart der Liebe in deinem eigenen Inneren bewußt wirst. Stelle diese Verbindung mehrmals am Tag her, in unterschiedlichen Situationen und in Anwesenheit der verschiedensten Menschen. Übe dich in verschiedenen Stimmungen und Lebensumständen darin, deine Herzzentren durch Licht und Energie miteinander zu verbinden, ebenso wie du in Gegenwart unterschiedlicher Menschen, an verschiedenen Orten und in unterschiedlicher Stimmung geübt hast, mit deiner Seele in Kontakt zu treten. Achte darauf, wie leicht oder wie schwer es dir fällt, deine Herzzentren zu verbinden, wenn du innerlich ruhig bist oder heftige Emotionen erlebst. Spüre die Universale Gegenwart der Liebe überall um dich herum. Tritt mit der Kraft dieser Liebe in Verbindung und nutze sie, um deine eigene Liebesfähigkeit zu stärken.

Lasse morgens beim Aufwachen ein paar Sekunden lang Energie zwischen deinen Herzzentren zirkulieren, bis du dein primäres Herzzentrum als strahlendes Licht wahrnehmen kannst, das sich mehrere Meter über deinen physischen Körper hinaus ausdehnt. Spüre die Liebe in deinem Inneren, und fühle die Universale Gegenwart der Liebe überall um dich herum. Denke dann an die Menschen, denen du an diesem Tag begegnen wirst. Nimm eine Seelenverbindung mit ihnen auf und stelle dir das Solarlicht über euch vor. Damit schaffst du Raum für eine höhere Verbindung. Anschließend achte darauf, ob in dir neue Erkenntnisse oder Gefühle im Hinblick auf deine bevorstehende Interaktion mit diesen Menschen aufsteigen. Wenn du mit einer schwierigen Situation rechnest, in der es dir schwerfallen wird, Liebe zu empfinden oder liebevoll zu handeln, dann lade das Wesen der Liebe in dein Herzzentrum ein. Wiederhole das später, wenn du mit diesen Menschen zusammen bist, und achte darauf, wieviel leichter es dir dadurch fällt, Seelenliebe zum Ausdruck zu bringen.

Du kannst in den verschiedensten Situationen Energie zwischen deinen Herzzentren zirkulieren lassen und eine Seelenverbindung mit anderen Menschen eingehen. Tue das, wann immer du ruhig und gelassen sein, dein Gefühl der Verbundenheit mit dem Universum stärken, deine Liebe erweitern, deinen Liebeswillen stärken und dich von lieblosen Gedanken und Gefühlen freimachen willst. Wenn du Licht zwischen deinen Herzzentren zirkulieren läßt, wird es dir vielleicht leichter fallen, zu erkennen, welche liebevollen Dinge du tun kannst – und sie dann auch tatsächlich zu tun.

Lasse auch in schwierigen Situationen Energie zwischen deinen Herzzentren fließen, zum Beispiel, wenn du mit unartigen Kindern zusammen bist, eine stressige berufliche Situation meistern mußt oder Probleme in der Familie oder mit Freunden hast – immer dann, wenn starke, unausgewogene emotionale Energie von anderen Menschen auf dich zukommt. Aber verbinde deine Herzzentren auch dann miteinander, wenn die Energie liebevoll und freudig ist. Erlebe das Erwachen deiner Herzzentren an spirituellen Orten, um deine Seele und die Lichtwesen besser spüren zu können. Wenn du die Liebe erfahren hast, die durch das Zirkulieren von Licht zwischen deinen Herzzentren entsteht, kannst du diesen Zustand jederzeit wieder hervorrufen, indem du dich entweder an diese Schritte erinnerst und sie wiederholst, oder indem du direkt in den Zustand der Seelenliebe eintauchst, der dadurch entsteht. Lasse immer Energie zwischen deinen Herzzentren zirkulieren, wenn du deine Erfahrung der Seelenliebe vertiefen möchtest.

Diene lieber den Seelen der Menschen statt ihren Persönlichkeiten.

Die meisten Menschen werden wunderbar darauf reagieren, wenn du Seelenliebe ausstrahlst. Du wirst sehr beglückende Kontakte mit anderen Menschen erleben, und sie werden dir deine Liebe mit vielen wunderbaren Liebesgeschenken vergelten. Doch nicht alle Menschen reagieren positiv auf Seelenliebe. Manche reagieren vielleicht gar nicht. Dann darfst du nicht denken, daß du etwas falsch gemacht hast.

Wenn du mit Seelenliebe handelst, werden deine Handlungen den Persönlichkeiten deiner Mitmenschen nicht immer gefallen. Lasse dich nicht von den Reaktionen anderer beherrschen. Solange du dir sicher bist, daß du mit Seelenliebe handelst, braucht es dir nichts auszumachen, wenn die anderen dich wegen deines Tuns nicht lieben oder mögen. Das ist genauso wie mit einem Kind, dem man manchmal auch zu seinem eigenen Besten Grenzen setzen und nein sagen muß. Vielleicht machst du dich mit deinem Verhalten nicht unbedingt beliebt bei dem Kind; aber du wirst trotzdem wissen, daß du liebevoll und im Interesse seines höheren Wohls gehandelt hast.

Wenn du andere Menschen als deine Seele liebst, hast du kein Interesse mehr daran, ihnen einen Gefallen zu tun, damit sie dich lieben. Du möchtest ihnen durch dein Verhalten mehr Kraft geben – und das bedeutet nicht unbedingt, daß du Dinge tust, die ihrer Persönlichkeit gefallen. Wenn du andere als deine Seele liebst, mußt du manchmal auch Dinge tun, mit denen sie vielleicht nicht einverstanden sind – zum Beispiel konsequent sein oder ihnen Grenzen setzen. Wenn andere dich nur lieben, solange du tust, was sie wollen, ist das keine echte Liebe, sondern unentwickelte Solarplexusenergie.

Sei geduldig. Normalerweise werden die Menschen im Lauf der Zeit die Weisheit deines Tuns erkennen und dir dafür dankbar sein, daß du den Mut hattest, ihnen eine Liebe zu schenken, die sie innerlich wachsen läßt. Und wenn nicht, dann wird die Gewißheit, daß du mit deinem Verhalten euren beiden Seelen gerecht geworden bist, dir trotzdem inneren Frieden schenken.

Liebe dich so, wie du jetzt bist.

Wenn du über Seelenliebe liest und sie praktizierst, kann das unterschiedliche Reaktionen in dir bewirken. Vielleicht inspiriert es dich dazu, öfter als bisher Seelenliebe zum Ausdruck zu bringen. Ein Teil deines Ichs fühlt sich aber vielleicht auch überrumpelt oder wehrt sich dagegen, so viel Liebe auszudrücken. Vielleicht entdeckst du eine Teilpersönlichkeit, die fürchtet, daß andere Menschen dich für schwach oder verletzlich halten oder ausnutzen werden, wenn du so liebevoll zu ihnen bist. Oder eine deiner Teilpersönlichkeiten meint, daß es zuviel Mühe macht, sich so liebevoll zu verhalten; oder eine andere ist deprimiert, wenn sie sieht, wieviel Liebe möglich ist. Das sind ganz normale Reaktionen. Liebe alle Teilpersönlichkeiten, deren Stimmen gehört werden müssen, und entwickle sie weiter.

Was dir hier gezeigt wird ist eine Vision, wie du lieben würdest, wenn du so liebtest wie deine Seele. Achte einmal darauf, wie du auf eine neue Vision reagierst. Läßt du dich davon inspirieren oder hast du ein schlechtes Gewissen, weil du so bist, wie du bist? Lasse liebevolles Handeln nicht zu einer weiteren Verpflichtung werden, die du auf deine »Muß«-Liste schreibst. Liebe deine Mitmenschen, weil es dir Frieden schenkt und Freude macht – einfach, weil es ein schönes Gefühl ist. Akzeptiere dich so, wie du jetzt bist, einschließlich all deiner lieblosen Gedanken und Gefühle.

Tritt mit deiner Seele in Kontakt und empfinde Seelenliebe,

wann immer du kannst. Mit der Zeit und mit mehr Übung wirst du anderen Menschen in immer unterschiedlicheren Situationen Liebe entgegenbringen können. Nach einer Weile wirst du in der Lage sein, Liebe zu empfinden, ohne dich darum bemühen oder dazu zwingen zu müssen. Vielleicht brauchst du Jahre – ja sogar ganze Leben – bis du so gleichbleibend und beständig Seelenliebe empfinden kannst, wie deine Seele es tut. Jedesmal, wenn du Seelenliebe zum Ausdruck bringst, erweckst du deine Herzzentren.

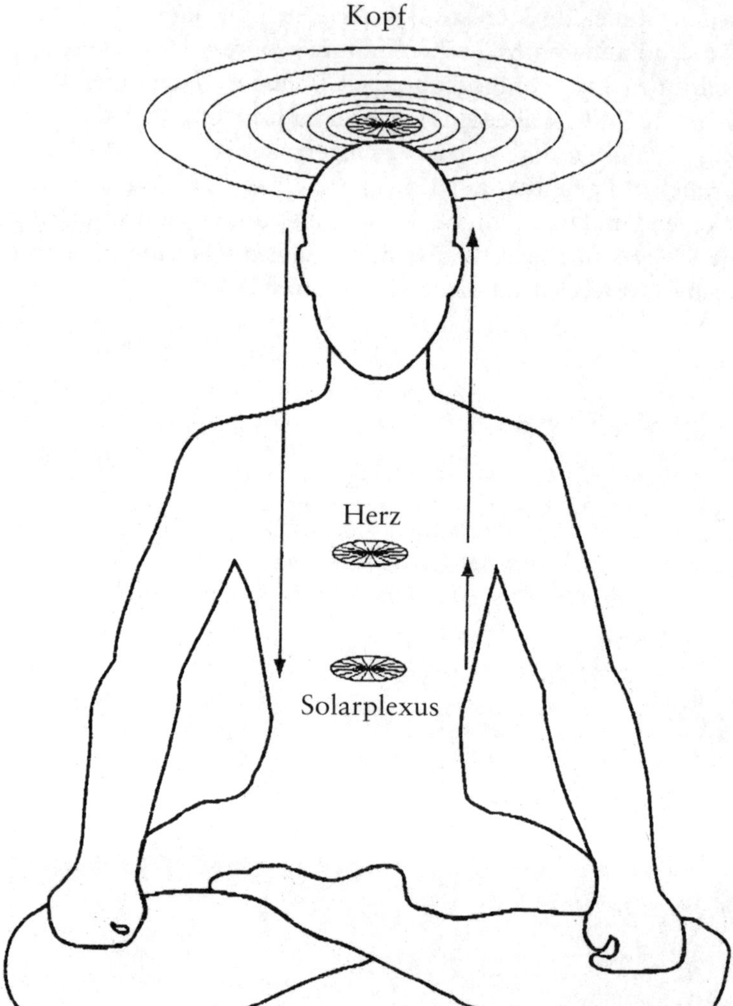

So verläuft der Energiestrom zwischen deinen Herzzentren

Seelenliebe

SEELENSPIEL

Erwache für die Seelenliebe, indem du deine Herzzentren miteinander verbindest. Werde eins mit deiner Seele. Atme ein und lasse Energie aus deinem Herzzentrum in dein Kopfzentrum aufsteigen. Atme aus und sende den Liebeswillen deiner Seele zu dem verborgenen Punkt hinab. Atme wieder ein und lasse Solarplexusenergie in dein Herzzentrum und dann in dein Kopfzentrum strömen. Wiederhole diesen Zyklus noch ein paarmal. Verstärke deine Fähigkeit, Seelenliebe zu erleben, durch eine oder mehrere der folgenden Methoden:

1. Lasse Solarlicht zwischen deinen Herzzentren zirkulieren, damit sie noch schöner und vollkommener zusammenarbeiten können.
2. Stell dir vor, das Wesen der Liebe steht vor dir. Bitte es, dir Energie zu senden, damit du deine Herzzentren noch weiter erwecken kannst.
3. Erlebe, wie sich die Energie immer schneller zwischen deinen Herzzentren hin und her bewegt, bis du dir die goldene Kugel deines primären Herzzentrums vorstellen kannst – strahlend vor Licht, das sich weit über die Grenzen deines physischen Körpers ausdehnt.
4. Spüre, wie die Universale Gegenwart der Liebe dich mit Liebe umgibt. Bekräftige, daß du in einem freundlichen Universum lebst und daß dieses Universum stets für dich und dein höheres Wohl arbeitet.
5. Übertrage aus einem Zustand der Seelenliebe heraus für alle Menschen Liebe, die dir im Augenblick gerade einfallen. Während du mit ihnen eine Seelenverbindung eingehst, sende ihnen deine Liebe aus der Essenz deines Wesens heraus.

6. Versetze dich in einen Zustand der Seelenliebe und denke an die Menschen, mit denen du heute zusammensein wirst. Dadurch bereitest du den Boden für die Entstehung einer höheren Verbindung.

Teil III

Seelenbeziehungen erschaffen

Du ziehst einen Seelengefährten oder eine Seelengefährtin
und andere Menschen in dein Leben.
Du entdeckst den höheren Sinn deiner Beziehungen.
Du lernst und befolgst
die universalen Gesetze von Beziehungen.
Gemeinsam mit deiner Seele löst du alle Hindernisse auf,
die der Liebe im Weg stehen. Du entdeckst neue Wege,
dich selbst und andere zu lieben.
Du paßt all deine Beziehungen
entweder an deine Schwingung der Liebe an
oder löst dich von ihnen.
Du hast zu allen Menschen die richtige Beziehung.

Kapitel 14

Wie du einen Seelengefährten oder eine Seelengefährtin anziehst

Dein Herzzentrum strahlt
durch die magnetische Gegenwart deiner Seele.
Du stellst auf der Seelenebene
Verbindungen zu Seelengefährten und -gefährtinnen her.

Wenn du deine Herzzentren erweckst und dich in Seelenliebe übst, möchtest du vielleicht auch neue Freunde und geliebte Menschen in dein Leben einladen, die deine Liebe erwidern und deiner neuen Ebene des Liebens entsprechen. Vielleicht brauchst du jetzt Beziehungen zu Menschen, mit denen du dich tief verbunden fühlst, die den gleichen Weg gehen, die gleichen Ziele haben wie du und zu denen du eine Seelenbeziehung aufbauen kannst. Solche Menschen bezeichne ich als *Seelengefährten und -gefährtinnen.*

Die meisten Menschen haben mehrere solcher Gefährten. Vielleicht hast du bereits einige Seelenbeziehungen zu Freunden und Menschen, die du liebst. Ein Seelengefährte kann dir beispielsweise in Gestalt eines Lebenspartners oder einer Lebenspartnerin begegnen, es kann aber auch ein lieber Freund, eine Freundin, ein Kind oder ein Geliebter/eine Geliebte sein. Es kann jemand sein, mit dem du einen spirituellen Weg gehst, ein gemeinsames Werk auf dieser Welt verrichtest, oder es kann sein, daß du anderen Seelen Vater und Mutter bist. Es kann auch ein Mensch sein, den du in seinem oder ihrem inneren Wachstum förderst, zum Beispiel ein Kind.

Dein Seelengefährte/deine Seelengefährtin kann eine Person sein, die auf diese Welt gekommen ist, um gemeinsam mit dir ähnliche Lektionen zu lernen, oder jemand, der dich in deinem spirituellen Wachstum unterstützen soll, indem er oder sie dir mehr über dich selbst verrät und dir Wege zeigt, dein Herz zu öffnen. Es kann eine Person sein, die noch aus anderen Lebenszeiten mit dir verbunden ist und mit der du eine bereits gut entwickelte Beziehung aus früheren Leben fortführst. Vielleicht begegnet ihr euch in diesem Leben aber auch zum ersten Mal auf der Erde.

Entscheide, ob du eine ältere, jüngere oder gleichaltrige Seele anziehen möchtest.

Ich definiere *Seelenalter* hier als den Grad an Seelenliebe, Seelenwillen, Seelenziel und Seelenlicht, den Menschen durch ihre Persönlichkeit zum Ausdruck bringen können. Das Seelenalter verrät, inwieweit Menschen bereits als ihre Seele leben und wie empfänglich ihre Persönlichkeit für ihre Seele ist. Die folgenden Beispiele zeigen, daß das Alter einer Seele relativ ist: Du bist vielleicht schon eine sehr alte Seele, und die Seele, mit der du zusammen bist, kann ebenfalls ziemlich alt sein, aber trotzdem jünger als du. Du kannst auch eine Seelenverbindung zu einer noch älteren Seele haben und trotzdem selbst eine alte Seele sein. Wenn du einen Seelengefährten oder eine Seelengefährtin für eine intime Beziehung anziehen möchtest, dann überlege dir, ob es eine jüngere, gleichaltrige oder ältere Seele sein soll. Du kannst diese Entscheidung aber auch deiner Seele überlassen.

Eine intime Beziehung zu einer jüngeren Seele bietet dir viele Möglichkeiten, deine Fähigkeiten des Lehrens, Dienens und Förderns zu entwickeln. Jüngere Seelen geben dir die Chance, einen großen Teil dessen weiterzugeben, was du gelernt hast, und dir darüber klarzuwerden, wie sehr du innerlich bereits gewachsen bist. Es kann eine sehr schöne und lohnende Aufgabe sein, Lehrer oder Lehrerin zu sein, wenn die jüngere Seele bereit ist, sich weiterzuentwickeln und von dir zu lernen. Will sie sich jedoch nicht verändern oder innerlich wachsen, so wird diese Beziehung dir wahrscheinlich keinen Auftrieb geben, sondern du wirst dich ausgelaugt und frustriert fühlen. Wenn das Seelenalter der anderen Person sehr viel jünger ist als deines, kann es sein, daß du sehr viel Energie investierst und wenig damit bewirkst.

In dieser Beziehung mit einer jüngeren Seele wirst du Gelegenheit haben, dir die Seeleneigenschaften der Geduld und des Mitgefühls anzueignen. Du wirst lernen, wie man andere Menschen fördert, ohne ihnen die Verantwortung für ihr Leben oder ihre Lektionen abzunehmen oder sie retten zu wollen. Du wirst lernen, eine Beziehung zu einem Menschen zu haben, dessen innerer Horizont noch nicht so groß und weitsichtig ist wie dein eigener. Deine Herausforderung besteht darin, liebevoll, bescheiden und gütig zu sein und zu verzeihen. Jüngere Seelen fühlen sich manchmal durch ältere Seelen bedroht und versuchen dann, der älteren Seele etwas von ihrer persönlichen Macht und ihrem Selbstvertrauen zu nehmen, um sich selbst stärker zu fühlen. Wenn du beschließt, dich mit einer jüngeren Seele zusammenzutun, solltest du dir sicher sein, daß diese Person sich das, was du ihr zu bieten hast, auch wirklich wünscht und offen dafür ist, sich zu verändern und innerlich zu wachsen. Ist das der Fall, kann es eine sehr dankbare Aufgabe für dich sein, mit einer jüngeren Seele zusammenzusein und zu sehen, wie sie sich weiterentwickelt.

Die meisten Menschen entscheiden sich für eine Beziehung mit einer Seele, die ein ähnliches Alter hat wie ihre eigene.

Zwei gleichaltrige Seelen entwickeln sich häufig im gleichen Tempo weiter und haben die gleichen Lernaufgaben zu bewältigen. Eine Beziehung zwischen zwei gleichaltrigen Seelen kann viel Freude, aber auch heftige Konflikte mit sich bringen. Deine Herausforderung wird darin bestehen, die Seelenqualität der Selbstliebe zu erwerben. Nur in dem Maße, in dem du dich selbst liebst, kannst du auch die andere Person lieben, denn in ihr wirst du viele deiner eigenen Charakterzüge und Eigenschaften wiedererkennen. Zu einer gleichaltrigen Seele kannst du eine sehr enge, vertraute Beziehung aufbauen; es kann sein, daß du sie genauso gut kennst wie dich selbst. Du mußt bereit sein, verwundbar zu sein und einen anderen Menschen in dein Herz einzulassen. Und du mußt in dieser Person das lieben können, was du bei dir selbst immer für nicht liebenswert gehalten hast. Du wirst dann etwas dabei gewinnen, wenn du dich von Schuldzuweisungen und Selbstmitleid freimachst und erkennst, daß du von einer anderen Person immer nur das bekommen kannst, was du selbst zu geben in der Lage bist. Eine Herausforderung wird darin bestehen, deine Gefühle zur Ruhe zu bringen und zu wissen, wo du selbst aufhörst und die andere Person anfängt.

Eine Beziehung zu einer älteren Seele bringt ganz andere Herausforderungen mit sich. Vielleicht glaubst du, daß Beziehungen zu älteren Seelen am einfachsten sind, weil solche Menschen dir so viel Mitgefühl, Verständnis und spirituelles Licht bieten können. In einer Beziehung mit einer älteren Seele bist du der Schüler oder die Schülerin. Deine Aufgabe ist es, innerlich zu wachsen und dich von allen unentwickelten Solarplexusreaktionen freizumachen. Wenn die Seele, mit der du zusammen bist, schon zu weit fortgeschritten ist, mußt du dich vielleicht in einem Tempo weiterentwickeln, das zu schnell für dich ist. In einer solchen Beziehung kannst du lernen, dich selbst zu lieben, ohne dich zu verurteilen, mit anderen zu vergleichen oder dich minderwertig oder wertlos zu fühlen. Ältere Seelen besitzen oft die Fähigkeit, sich von Persönlichkeitsreaktionen freizumachen, und können dir eine unpersönlichere, weise Liebe schenken. Das ist für dich vielleicht nicht immer angenehm. Die Geschenke einer älteren Seele können andere Formen annehmen, als du es dir wünschen magst. Es ist daher notwendig, dich auf die Essenz dessen, was du empfängst, zu konzentrieren und nicht auf bestimmte Handlungen, Worte oder Verhaltensweisen, die du vom anderen erwartest. Du bist mit einem Menschen zusammen, der einen viel weiteren Horizont hat als du selbst, also lerne, Selbstvertrauen zu haben und deine eigene innere Vision zu entwickeln. Es ist auch wichtig, zu lernen, wann es besser ist, dich der weisen Führung der anderen Person anzuvertrauen, und wann du lieber auf dich selbst hören solltest.

Eine ältere Seele hat in einer Partnerschaft viel zu bieten, und es kann wunderschön sein, mit ihr zusammenzusein. Ältere Seelen können dir eine Menge beibringen und mit ihrer Weisheit, Erkenntnis und Perspektive viele wertvolle Beiträge zu deinem Leben leisten. Sie geben dir mit ihrer Lebensweise und der Art, wie sie ihr Leben betrachten, ein Beispiel, an dem du innerlich wachsen kannst. Wie alle Partnerschaften hat auch die Beziehung zu einer älteren Seele viele Vorteile, beinhaltet aber gleichzeitig auch zahlreiche Herausforderungen.

Laß den Gedanken los, daß dein Seelengefährte/deine Seelengefährtin all deine Erwartungen erfüllen wird.

Wenn du einen Lebenspartner oder eine Lebenspartnerin als Seelengefährten anziehen möchtest, solltest du dich von mehreren Illusionen freimachen: erstens, daß du für den Rest deines Lebens mit diesem Menschen zusammenbleiben wirst. Du kannst auch eine Seelenbeziehung eingehen, die nur ein paar Wochen, Monate oder Jahre dauert. Die Länge der Zeit hat nichts mit der Qualität eurer Verbindung und dem Stellenwert zu tun, den sie in deinem Leben einnimmt. Deine Beziehung zu deinem Seelengefährten/deiner Seelengefährtin kann ein Leben lang halten. Oder ihr habt schon nach ein paar Monaten oder Jahren alles gelernt und alle höheren Zeile eurer Beziehung erreicht. Miß die Wichtigkeit einer Beziehung nicht an der Zeitspanne, die ihr gemeinsam verbringt.

Eine andere Illusion besteht darin, daß es nur einen einzigen Seelengefährten gibt, der dein wahrer Lebenspartner oder deine wahre Lebenspartnerin sein kann. Vielleicht hattest du schon einmal eine Seelengefährtenbeziehung, und ihr hattet eine liebevolle Verbindung miteinander, an der ihr beide innerlich sehr gewachsen seid. Daß eure äußere Verbindung zu Ende ist, bedeutet noch lange nicht, daß das keine Seelenbeziehung war. Es gibt mehrere Seelengefährten oder -gefährtinnen, die die richtigen sein können, wenn die Zeit für dich reif ist, einen Seelenpartner in deinem Leben zu haben. Welchen Menschen du zu einem bestimmten Zeitpunkt anziehst, hängt davon ab, welche Lektionen du zu lernen hast und welchen höheren Weg du wählst. Es hängt auch ab von der Bereitschaft deines Seelengefährten/deiner Seelengefährtin, mit dir zusammenzusein.

In jeder Seelengefährten-Beziehung ist es notwendig, dich von der Illusion zu lösen, daß es einen vollkommenen Partner gibt, der auf dich wartet, der all deine Erwartungen erfüllen und deiner Persönlichkeit alles geben wird, was sie sich wünscht, wenn ihr nur erst einmal zusammen seid. Erwarte nicht, daß dein idealer Seelenpartner immer liebevoll und umgänglich sein wird, mit allem einverstanden ist, was du sagst oder tust, und dir ein leichtes, bequemes Leben beschert. Manchmal wirst du deinen Seelengefährten oder deine Seelengefährtin vielleicht tatsächlich so erleben; aber oft wird diese Person dich durch ihre unentwickelten Ausdrucksformen der Liebe auch mit der schwierigen Aufgabe konfrontieren, als deine Seele zu lieben. Seelengefährten und -gefährtinnen bringen stets inneres Wachstum und beinhalten viele Chancen, deine Herzzentren zu erwecken. Manchmal ist dieser Wachstumsprozeß leicht, manchmal auch nicht. Seelengefährten-Beziehungen bieten dir wunderbare Gelegenheiten, auf der Seelenebene zu arbeiten.

Entscheide, ob es dein nächster Schritt ist, einen Seelengefährten/eine Seelengefährtin anzuziehen.

Bevor du einen Seelengefährten oder eine Seelengefährtin anziehst, mußt du gemeinsam mit deiner Seele herausfinden, ob das überhaupt der nächste Schritt in deinem Leben ist. Vereinige dich mit deiner Seele und stelle dir vor, wie sie deinen Weg erhellt, so daß du deine nächsten Schritte besser wahrnehmen kannst. Lasse Energie zwischen deinen Herzzentren zirkulieren: Hebe diese Energie beim Einatmen aus deinem Herz- in dein Kopfzentrum empor, und sende beim Ausatmen Licht zu dem verborgenen Punkt. Atme wieder ein und ziehe Solarplexusenergie erst in dein Herz- und dann in dein Kopfzentrum empor. Führe diesen Lichtkreis, der deine Herzzentren miteinander verbindet, immer weiter fort. Erfülle dich mit der Liebe und Weisheit deiner Seele. Bitte sie, dich zu unterstützen, damit dir klar wird, ob der nächste Schritt in deinem Leben darin besteht, einen Seelengefährten/eine Seelengefährtin anzuziehen. Entwickle in diesem Zustand der Ausdehnung, Weisheit und Liebe ein Gespür dafür, ob es richtig ist, jetzt einen Seelenpartner anzuziehen.

Wenn du dir nicht darüber klarwerden kannst, ob es der richtige Zeitpunkt ist, oder wenn du bereits erfolglos versucht hast, einen Seelengefährten/eine Seelengefährtin in dein Leben zu ziehen, dann arbeite mit deinen Teilpersönlichkeiten. Finde heraus, ob sie Angst haben oder sich irgendwie gegen eine Seelengefährten-Beziehung wehren. Möglicherweise glaubt eine deiner Teilpersönlichkeiten nicht daran, daß eine Seelengefährten-Beziehung, die dir Erfüllung, Glück und Geborgenheit schenkt, überhaupt möglich ist. Eine andere möchte dich vielleicht vor seelischen Verletzungen oder dem Verlust deiner Freiheit schützen. Eine deiner Teilpersönlichkeiten mag befürchten, daß eine neue Beziehung viel Mühe und Anstrengung mit sich bringen würde. Arbeite gemeinsam mit deinem Höheren Selbst daran, deine Teilpersönlichkeiten weiterzuentwickeln. Bitte sie um Unterstützung und Kooperation. Wenn du dir trotzdem immer noch nicht sicher bist, ob es richtig für dich ist, einen Seelengefährten/eine Seelengefährtin anzuziehen, dann höre auf, es zu versuchen, und überlege dir statt dessen lieber, worin der nächste Schritt in deinem Leben bestehen könnte. Bitte deine Seele um Unterstützung, damit du erkennst, wo du deine Zeit und Energie am besten investieren kannst. Ziehe nur dann einen Seelengefährten in dein Leben, wenn du auch wirklich das Gefühl hast, daß das der nächste und der richtige Schritt für dich ist.

Begegne deinem Seelengefährten oder deiner Seelengefährtin auf der Seelenebene.

Wenn du bereit bist, einem Seelengefährten/eine Seelengefährtin zu begegnen, konzentriere dich auf das Solarlicht und lasse dich von ihm zur Seelenebene emporheben. Rufe deine Seele herbei und werde eins mit ihr. Nimm die funkelnden Lichter der vielen Seelen im Meer des Lichts wahr. Denke an die Beziehung, die du zu dir rufen möchtest – einen Lebenspartner, besten Freund oder ein Kind? Möchtest du eine Beziehung zu einer älteren, jüngeren oder gleichaltrigen Seele eingehen? Oder bitte deine Seele, mit ihrer Weisheit die Seele herbeizurufen, die jetzt am besten für dich ist und mit der du dich gemeinsam weiterentwickeln kannst.

Deine Seele weiß genau, was sie tun muß, um diesen Menschen herbeizurufen. Sende gemeinsam mit deiner Seele einen Ruf an die Seele dieser Person aus und beobachte, wie eine der Seelen in dem Meer des Lichts antwortet, sich auf dich zubewegt und immer näher kommt. Halte einen Augenblick inne, schließe die Augen und nimm die Schönheit dieses Augenblicks, das Gefühl der Verbundenheit und des Erkennens, in dich auf. Begrüße diese Seele herzlich und fühle, wie sie dich begrüßt. Du bist jetzt mit der Seele eines Seelengefährten oder einer Seelengefährtin zusammen, auch wenn es dir so vorkommt, als sähest du das alles nur in deiner Phantasie vor dir.

Die Seele dieser Person freut sich genauso wie du, mit dir zusammenzusein. Nimm die Schönheit und Großartigkeit der Seele dieser Person wahr. Entdecke, was für ein Gefühl es ist, mit jemandem zusammenzusein, der dein Licht verstärkt, dessen Entwicklung deine eigene ergänzt und der hier ist, um gemeinsam mit dir zu lernen und zu wachsen. Stelle dir vor, wie ihr beide den Ton eurer Seele anstimmt und wie diese Töne zu einer wunderschönen Tonsymphonie verschmelzen.

Strahle Liebe für die Seele dieser Person aus. Empfange die Liebe, die sie an dich ausstrahlt. Nimm die schönen Lichtmuster wahr, die ihr gemeinsam bilden könnt. Spiele und genieße es, mit einer zweiten Seele zusammenzusein. In Gedanken frage die Seele der anderen Person, ob sie schon bereit ist, dir von Angesicht zu Angesicht zu begegnen. Braucht sie noch Zeit, um sich auf dich vorzubereiten, oder ist sie bereit, dich bald kennenzulernen? Vielleicht kommt die Antwort nicht in Worten, sondern als Gefühl oder Wissen. Frage dich selbst und die Seele der anderen Person, ob du zur Vorbereitung, damit sie in dein Leben treten kann, noch irgend etwas tun sollst. Wenn du dich bereit fühlst, dieser Person zu begegnen, und sie es auch zu sein scheint, lade sie in dein Leben ein.

Entwickle eine magnetische Anziehungskraft für deinen Seelengefährten/deine Seelengefährtin.

Wenn du bereit bist, diese Person in dein Leben zu rufen, kannst du das durch dein magnetisches Herzzentrum tun. Lasse deine Seele den Juwel deines Herzens mit so viel Liebe erfüllen, daß dieses Zentrum wie ein Magnet wirkt, der eine mächtige, magnetische Liebe ausstrahlt. Entwickle ein Gefühl dafür, wie schön und strahlend der Juwel deines Herzzentrums sein und was für eine magnetische Anziehungskraft er ausüben kann. Verbinde dich mit der Seele deines Seelengefährten oder deiner Seelengefährtin. Ströme lebendiger Liebe fließen aus dem Edeljuwel deines Herzzentrums, ziehen diese Person mit magnetischer Kraft zu dir hin und rufen sie in dein Leben. Bereichere diese Vorstellung noch durch dein zusätzliches Bild oder Gefühl, das du auswählst, um deinen Seelengefährten/deine Seelengefährtin zu dir zu rufen.

Fühle, wie euer beider Herzzentren sich füreinander öffnen. Ob ihr euch auf der physischen Ebene miteinander verbindet oder nicht – ihr habt jetzt eine Verbindung auf der Seelenebene. Ihr könnt beginnen, eure Seelenbeziehung zu entwickeln und als zwei Seelen zusammenzuwirken. Wenn ihr eure Beziehung auf der Seelenebene harmonischer gestaltet, wird automatisch auch die magnetische Anziehungskraft zwischen euch stärker. Dann wird die andere Person normalerweise rascher in dein Leben hineingezogen, und ihr könnt eure Beziehung auf einer höheren Ebene beginnen.

Begegnet euch auf der Seelenebene, sooft ihr wollt. Mache diese Person zu einem Teil deines Lebens und baue die Liebe, die ihr füreinander empfinden werdet, wenn ihr euch persönlich begegnet, schon hier auf. Du kannst in ruhigen Augenblicken des Nachdenkens oder immer, wenn du daran denkst, eine Seelenverbindung mit dieser Person eingehen. Laß Energie zwischen deinen Herzzentren zirkulieren und übertrage für diese Person verschiedene Qualitäten der Seelenliebe. Lies erneut die Übungen zum Aufbau von Seelenverbindungen in den vorigen Kapiteln, wiederhole sie und wähle diesmal deinen Seelengefährten beziehungsweise deine Seelengefährtin als die Person aus, für die du Liebe ausstrahlst. Dadurch baust du eine Seelenbeziehung zu dieser Person auf.

Glaube daran, daß es einen Seelengefährten/ eine Seelengefährtin für dich gibt und daß er oder sie in dein Leben treten wird.

Sobald du deinen Seelenpartner/deine Seelenpartnerin mit magnetischer Kraft angezogen hast, werde dir über alle deine Anschauungen und Überzeugungen klar, die diese Person vielleicht davon abhalten, in dein Leben zu treten. Anschauungen sind Schlußfolgerungen, die du in bezug auf das Wesen der Realität gezogen hast. Sie können die magnetische Arbeit deines Herzens zunichte machen; aber sie können deine Anziehungskraft auch verstärken, so daß es dir leichter fällt, deinen Seelengefährten/deine Seelengefährtin in dein Leben zu ziehen.

Lasse negative Botschaften, die du dir vielleicht selbst gegeben hast, frei. Etwa: »Es gibt niemanden, der oder die genauso weit entwickelt ist und sich für dieselben Dinge interessiert wie ich« oder: »Es ist schwer, neue Leute kennenzulernen.« Wenn du dich schon darum bemüht hast, einen Lebenspartner anzuziehen, aber trotzdem immer noch keinen hast, dann mache dich von allen Vorstellungen frei, daß Liebe schwer zu finden ist, daß du nicht liebenswert bist, oder daß es in deinem Umfeld keine alleinstehenden Männer oder Frauen gibt. Gibt es irgendeine innere Überzeugung, die dir einredet, daß für dich kein Seelengefährte existiert?

Arbeite mit diesen einschränkenden Ansichten, und verändere sie. Sage dir, daß es sehr wohl Seelen gibt, die genauso entwickelt sind wie du, daß es ganz einfach sein kann, einem Seelengefährten/einer Seelengefährtin zu begegnen, und so weiter. Ertappe dich bei jedem negativen Gedanken, warum du keinen Seelenpartner kennenlernen oder anziehen wirst, und verwandle ihn in eine positive Affirmation, die besagt, warum du eine Seelengefährtenbeziehung haben kannst und wirst.

Du kannst dich aber auch auf eine liebevolle Seelengefährtenbeziehung vorbereiten und eine stärkere Anziehungskraft auf deinen Seelengefährten/deine Seelengefährtin entwickeln, indem du dich öffnest, um von überall her Liebe zu empfangen. Empfange mehr Liebe, als du je zuvor in dein Leben eingelassen hast. Übe dich darin, von überall her Liebe zu empfangen – von Freunden, Haustieren, Kindern und allen Menschen in deinem Leben. Lasse es zu, daß die Menschen dich lieben. Wenn du lernst, Liebe zu empfangen, entwickelst du automatisch eine stärkere Anziehungskraft auf deinen Seelengefährten/deine Seelengefährtin.

Tue Dinge, die dir das Gefühl geben, lebendig zu sein. Entwickle eine magnetische Anziehungskraft auf deinen Seelengefährten/deine Seelengefährtin.

Sobald du deinen Seelengefährten/deine Seelengefährtin zu dir gerufen hast, empfiehlt es sich natürlich nicht, alles in deinem Leben stehen und liegen zu lassen und einfach abzuwarten, bis diese Person kommt. Gibt es Dinge, die du bisher noch nicht in Angriff genommen hast, weil du dachtest, daß erst einmal dein Seelengefährte bei dir sein müßte, ehe du damit anfangen kannst? Tue diese Dinge jetzt. Gehe wandern oder tanzen, mache Reisen oder Campingurlaub; nimm an Kursen teil; beschäftige dich mit einem neuen Hobby; und erweitere dein Bewußtsein. Tue alles, was dir ein Gefühl von Lebendigkeit vermittelt. Frage dich: Was kann ich meiner Meinung nach gemeinsam mit einem Seelengefährten/einer Seelengefährtin erreichen, das ich ohne diese Person nicht auch haben könnte? Du kannst von anderen immer nur das bekommen, was du dir selbst geben kannst. Ein Seelengefährte/eine Seelengefährtin macht dich nicht zu einem ganzen Menschen, sondern wird dir eher einen Spiegel vorhalten und alle leeren Räume in dir reflektieren, statt die auszufüllen. Wenn du dir einen Freund, einen Ehepartner oder ein Kind wünschst, um mehr Liebe zu bekommen, dann hole gleich jetzt mehr Liebe in dein Leben.

Nachdem du deinem Seelengefährten/deiner Seelengefährtin auf der Seelenebene begegnet bist und ihn oder sie in dein Leben eingeladen hast, wird vielleicht noch einige Zeit vergehen, ehe ihr euch persönlich kennenlernt. Vielleicht ist im Augenblick die persönliche Vereinigung noch nicht angesagt, sondern nur die seelische. Vielleicht kannst du dich momentan ohne Seelengefährten-Beziehung besser weiterentwickeln als in einer solchen Beziehung. Habe Geduld. Sobald ihr beide bereit dafür seid, werden eure Seelen dafür sorgen, daß ihr euch begegnet. Entwickle bis dahin einfach eure Seelenverbindung weiter, arbeite mit der Seele der anderen Person und tue alles, wozu es dich hinzieht.

Ziehe mit deinem magnetischen Herzzentrum Menschen an.

Du kannst mit deiner Seele und deinem magnetischen Herzzentrum nicht nur einen Seelengefährten/eine Seelengefährtin, sondern auch viele andere Menschen anziehen. Vielleicht sind das keine Seelengefährten, sondern Ärzte, Handwerker, Mitarbeiter, Arbeitgeber, Lieferanten, Lehrer, Geldgeber, Mitbewohner oder andere Menschen, mit denen du Beziehungen eingehst, die einen ganz bestimmten Zweck in deinem Leben erfüllen.

Denke zunächst einmal an jemanden, den du gern anziehen möchtest. Stelle dir alles an dieser Person so genau wie möglich vor: ihre Fähigkeiten, ihre Intelligenz und Kreativität, ihre spirituelle Entwicklung, ihr liebevolles Wesen, ihre Aufrichtigkeit und Integrität, ihre Nähe und Erreichbarkeit, für wie lange sie in dein Leben treten soll, und so weiter. Denke auch an das gewünschte Resultat eurer Beziehung und stelle dir vor, daß diese Person mit dir zusammenarbeiten kann, um das geplante Ziel zu erreichen.

Sobald du ein Gespür dafür entwickelt hast, was für ein Mensch das sein könnte und welche Eigenschaften er oder sie haben sollte, tritt mit deiner Seele in Verbindung. Verbinde den Juwel deines Herzzentrums und den deiner Seele miteinander. Bitte deine Seele, dein Herzzentrum mit ihrer magnetischen Liebe zu erfüllen, bis es wie ein Magnet wird. Verbinde dich mit der Seele dieser Person und spüre die Verbindung zwischen euren Herzzentren. Fühle das Solarlicht über euch, das euch für die Verwirklichung eines höheren Ziels zueinander hinzieht. Dann bitte diese Person, in dein Leben zu treten.

Wenn du eine Namensliste von möglichen Menschen hast, die du eventuell für einen bestimmten Zweck in dein Leben ziehen möchtest, stelle zu jeder dieser Person eine Seelenverbindung her. Versuche mit Hilfe deiner Phantasie zu erspüren, welche dieser Personen am besten geeignet ist. Stelle dazu wieder eine Seelenverbindung mit dieser Person her. Es gibt keine richtigen oder falschen Entscheidungen. Jeder Mensch wird dir andere Lektionen zu lernen aufgeben und dir andere Möglichkeiten inneren Wachstums bieten. Wenn du eine oder zwei Personen findest, die dir auf dieser Ebene zusagen, dann lasse dich von der magnetischen Anziehungskraft der Liebe deiner Seele durchströmen, stelle eine Seelenverbindung her und lade diese Menschen in dein Leben ein.

Wie man Seelengefährten anzieht

Seelenspiel

Wähle aus der folgenden Liste einen Lebensbereich aus, an dem du gern arbeiten würdest, um einen Seelengefährten/eine Seelengefährtin anzuziehen:

1. Werde eins mit deiner Seele und bitte sie um Unterstützung, damit du erkennst, ob die Anziehung eines Seelengefährten/einer Seelengefährtin der nächste Schritt in deinem Leben ist. Wenn nicht, dann werde dir darüber klar, worin dein nächster Schritt besteht.
2. Wenn es nicht dein nächster Schritt ist, einen Seelenpartner/eine Seelenpartnerin anzuziehen, überlege dir, inwiefern du dich im Augenblick weiterentwickelst, um dich auf eine solche Beziehung vorzubereiten.
3. Entdecke alle Teilpersönlichkeiten, die sich vielleicht noch nicht sicher sind, ob sie überhaupt einen Seelengefährten/eine Seelengefährtin haben möchten, oder deren Ängste dich davon abhalten, eine solche Person anzuziehen. Entwickle diese Teilpersönlichkeiten weiter.
4. Mache dir klar, ob du irgendeine Vorstellung von Beziehungen hast, die du vielleicht verändern mußt, um einen Seelengefährten/eine Seelengefährtin anziehen zu können. Überlege dir eine positive Affirmation über Partnerschaften und sprich diese Affirmation möglichst oft laut oder in Gedanken vor dich hin.
5. Tritt auf der Seelenebene mit deinem Seelengefährten/deiner Seelengefährtin in Verbindung. Spielt als zwei Seelen zusammen, um eure Verbindung zu vertiefen. Heiße diese Person in deinem Leben willkommen.
6. Entwickle deine Beziehung zu deinem Seelengefährten/dei-

ner Seelengefährtin auf der Seelenebene weiter. Strahle, während du eine Seelenverbindung herstellst, verschiedene Eigenschaften der Seelenliebe für sie aus. Empfange Liebe von ihrer Seele. Sende ihr eine telepathische Botschaft. Nimm die Antwort in Empfang. Sei so erfinderisch wie möglich, während ihr beide als Seelen miteinander spielt.

7. Stelle eine Seelenverbindung zu deinem Seelengefährten/deiner Seelengefährtin her und fühle dein magnetisches Herzzentrum. Lade diese Person in dein Leben ein.
8. Überlege dir, was du bisher in deinem Leben immer wieder verschoben hast, weil du damit warten wolltest, bis du einen Seelengefährten/eine Seelengefährtin gefunden hast. Beschließe es jetzt in Angriff zu nehmen, um innerlich lebendiger zu werden und eine noch größere Anziehungskraft auf deinen Seelengefährten/deine Seelengefährtin auszuüben.

Kapitel 15

Wie du den höheren Sinn einer Beziehung erkennen kannst

Du bringst deine Beziehungen in die Einheit
und umgibst sie mit dem Bilderrahmen des Universums.
Du bringst in deine Beziehungen
das Solarlicht des höheren Sinns.

Beziehungen sind ein sehr wichtiger Bereich deines Lebens. Sie müssen als Teil deines Weges zur Erleuchtung und im Zusammenhang mit deinem Leben als Seele weiterentwickelt werden. Anhand von Beziehungen kannst du üben, dein Herz zu öffnen und Seelenliebe zum Ausdruck zu bringen. Sie geben dir Feedback und halten dir einen Spiegel vor, in dem du erkennen kannst, was für Eigenschaften du in dir selbst gerade entwickelst. Beziehungen geben dir die Gelegenheit, andere Menschen so zu lieben, wie deine Seele es tut. Sie können dir zeigen, in welchen Lebensbereichen du im Augenblick noch daran arbeitest, den Frieden, die Liebe und Freude deiner Seele zu erlangen. Jede Entscheidung, Liebe zu schenken, statt dein Herz zu verschließen, bringt dich deiner Seele näher. Durch Beziehungen kannst du Eigenschaften entwickeln, die dich zu einem Führer, Lehrer oder Heiler machen. Deine Verbindungen zu anderen Menschen sind eine Chance, das grenzenlose Mitgefühl, die Bereitschaft zu vergeben und die Weisheit deiner Seele kennenzulernen und zu entwickeln.

Es kann dir viele Vorteile bringen, Seelenbeziehungen zu Freunden und geliebten Menschen aufzubauen. Wenn die Herzen der Menschen im Einklang sind und gemeinsam einen höheren Zweck verfolgen, herrscht Freude. Der tiefe Wunsch, sich anderen nahe zu fühlen, ist eines der elementarsten menschlichen Bedürfnisse, sei es zwischen Eltern und Kinder, zwei Liebenden oder guten Freunden. Wenn deine Beziehungen die Ebene erreichen, die möglich wird, sobald du andere Menschen so liebst wie deine Seele, dann macht Leben Freude, und du fühlst dich sicher und geborgen. Durch die Erweckung deiner Herzzentren kannst du dich von der Angst befreien, die du vielleicht noch davor hast, anderen Menschen nahezukommen, verletzt oder von der negativen Haltung anderer beeinflußt zu werden. Du kannst dich entscheiden, die Menschen als gut und das Universum als freundlich zu erfahren. Du kannst wählen, ein freudvolles Leben zu führen und von allen Kämpfen in deinen Beziehungen loszulassen.

Der wichtigste Beitrag, den du zum Aufbau von Seelenbeziehungen leisten kannst, ist die direkte Arbeit von Seele zu Seele. Das hast du bereits getan, als du dich seelisch mit anderen Menschen verbunden hast, dich auf deine Seele und die der anderen Person konzentriert und Qualität der Seelenliebe ausgestrahlt hast. Alle äußeren Ausdrucksformen von Liebe werden aus der Essenz der Liebe geboren, die auf der Seelenebene zwischen dir und anderen Menschen existiert.

Erkenne, daß all deine Beziehungen einen höheren Sinn haben.

Um Seelenbeziehungen aufbauen zu können, mußt du mehr darüber erfahren, welchen höheren Sinn es hat, daß du mit der anderen Person zusammen bist. Das sind die Seelengründe für deine Beziehungen zu anderen Menschen. Einer dieser Gründe könnte zum Beispiel darin bestehen, spirituell zu wachsen oder gemeinsam Dinge zu schaffen, die mehr Licht in die Welt bringen. Vielleicht seid ihr auch zusammen, um eure Liebesfähigkeit zu erweitern und all das innere Wachstum zu erfahren, das ihr einander ermöglichen könnt. Der Sinn eurer Beziehung kann aber auch darin liegen, die Entwicklung eines Kindes zu lenken und daran selbst innerlich zu wachsen.

Wähle für die nun folgenden Übungsschritte eine Person aus, die in deinem Leben eine besondere Rolle spielt. Vielleicht möchtest du weiter mit der Person arbeiten, zu der du bereits eine Seelenverbindung hergestellt hast. Werde einen Moment ruhig und warte, bis dir jemand einfällt, mit dem du in den folgenden Kapiteln eine Seelenbeziehung aufbauen möchtest. Das kann immer dieselbe Person sein; es können aber auch verschiedene Menschen sein, die dir gerade in den Sinn kommen. Nachdem du diese Schritte mit einer Person durchgeführt hast, wiederhole sie auch mit anderen Menschen, um mehr über den höheren Sinn aller wichtigen Beziehungen in deinem Leben herauszufinden.

Entdecke den höheren Sinn einer wichtigen Beziehung.

Sobald dir jemand eingefallen ist, rufe deine Seele herbei. Werde eins mit ihr und verbinde den Juwel deines Herzzentrums und den Juwel deiner Seele miteinander. Verbinde deine Herzzentren und lasse Licht und Energie zwischen ihnen zirkulieren. Atme ein und hebe Energie aus deinem Herz- in dein Kopfzentrum empor. Fühle dabei die Gelassenheit und Einheit der Liebe. Beim Ausatmen vereinige dich mit deiner Seele und sende ihren Liebeswillen in den verborgenen Punkt hinein. Atme ein und lasse dabei Solarplexusenergie in dein Herzzentrum hinaufströmen, um dich ganz der Liebe hinzugeben. Stelle dir vor, wie Energie zwischen deinen Herzzentren zirkuliert, bis du spürst, wie du in einen Zustand der Seelenliebe gerätst und dein Herzzentrum als strahlende Lichtkugel wahrnehmen kannst.

Stelle eine Seelenverbindung zu der ausgewählten Person her und spüre ihre Seele. Stelle dir vor, daß eure Beziehung sich in harmonischem Einklang mit der Einheit allen Lebens befindet. Tritt mit der Universalen Gegenwart der Liebe in Verbindung und fühle die Liebe überall um dich herum. Denke daran, wieviel Liebe deine Beziehung zu dieser Person den Menschen in eurer Umgebung bringen wird. Sieh vor deinem inneren Auge, wie das Solarlicht sein Licht des höheren Sinns in euch beide einströmen läßt.

Um mehr über die höheren Ziele eurer Beziehung herauszufinden, stelle dir und deiner Seele Fragen wie: »Warum sind wir zusammengekommen? Was sollen wir gemeinsam lernen und erschaffen, womit sollen wir die Welt bereichern? Was lehrt uns diese Beziehung? Welche Seelengemeinschaften entwickeln wir dadurch? Inwiefern trägt unsere Beziehung dazu bei, daß wir innerlich stärker und vollkommener werden? Welche Ziele verfolgen unsere Seelen mit unserem Zusammensein?« Bitte deine Seele, dir zu zeigen, welchen Beitrag du zur Seele dieser Person leistest. Worin bestehen deine wichtigsten Geschenke an diese Person? Was bringst du ihr bei? Was lernst du von ihr? Nimm dir Zeit, darüber nachzudenken, wieviel Zeit, Liebe und Energie du schon in diese Beziehung investiert hast. Wenn du die Dinge mit den Augen deiner Seele betrachtest, wirst du erkennen, daß das deine wichtigsten Beiträge sind – die Geschenke deines Herzens.

Während du eine Seelenverbindung aufbaust, konzentriere dich auf das Solarlicht und lasse es mit seinem Licht des höheren Sinns die Seelengründe eurer Beziehung erhellen. Arbeite mit dem Solarlicht zusammen, um mehr darüber zu erfahren, was ihr beide gemeinsam erschaffen oder voneinander lernen sollt. Nimm dir fest vor, die höheren Ziele in deiner Beziehung zu dieser Person zu erforschen und zu erfüllen. Stelle täglich eine Seelenverbindung zu ihr her, um diesen höheren Sinn in eure Beziehung zu bringen.

Wenn du deine Seele bittest, dir mehr über das höhere Ziel eurer Beziehung zu verraten, überkommt dich vielleicht ein ganz bestimmtes Gefühl, oder du empfängst ein Symbol oder eine neue Idee. Deine Seele hat viele Möglichkeiten, mit dir zu sprechen. Sie kann dir durch Erkenntnisse, Träume oder etwas, das du liest, mehr über den höheren Sinn dieser Beziehung offenbaren. Vielleicht erhältst du diese Informationen auch erst zu einem späteren Zeitpunkt, wenn du am wenigsten damit rechnest – zum Beispiel unter der Dusche oder wenn du dich entspannst. Oder du handelst in bestimmten Augenblicken ganz einfach so, daß sich der höhere Sinn eures Zusammenseins darin widerspiegelt, ohne ihn überhaupt zu kennen.

Immer wenn du mit anderen Menschen zusammen bist – selbst wenn es nur flüchtige Bekanntschaften sind –, stelle Seelenverbindungen her und visualisiere das Solarlicht über euch, das euch dabei unterstützt, den höheren Sinn eures Kontakts in diesem Augenblick zu erfüllen. Der höhere Zweck deines Zusammenseins mit dieser Person kann auch einfach darin bestehen, Liebe auszustrahlen.

Erschaffe für all deine Beziehungen eine Seelenvision.

Eine Möglichkeit, die höheren Ziele einer Beziehung zu manifestieren, besteht darin, sie für dich zu formulieren und schriftlich festzuhalten. Wenn du die höheren Ziele einer

Beziehung niederschreibst, erschaffst du damit eine Vision, an die du dich immer wieder erinnern und auf die du hinarbeiten kannst. Diese Vision kann es dir erleichtern, die Seelenziele deines Zusammenseins mit dieser Person auch dann im Auge zu behalten, wenn du mit den kleinen Dingen des täglichen Lebens beschäftigt bist. Die Formulierung deiner Vision kann dazu beitragen, daß du die Möglichkeiten verwirklichst, die eure Beziehung euch bietet – daß du daraus lernst, was du lernen sollst, und das Licht und die Liebe verstärkst, die ihr beide zum Ausdruck bringen könnt. Je mehr du dich auf die wahren Ziele deiner Beziehungen zu anderen Menschen konzentrierst, um so mehr werden diese Beziehungen dir bringen, um so mehr Erfüllung werden sie dir schenken.

Wenn du eine Vision eures höheren Ziels entwickeln möchtest, denke zunächst einmal an die Person, die du ausgewählt hast. Stelle eine Seelenverbindung zu ihr her und lasse das Solarlicht des höheren Sinns in euch beide einströmen. Dann warte auf eine Idee, worin der höhere Sinn eures Zusammenseins bestehen könnte. Ob diese Idee nun in Form eines Gefühls oder eines Gedankens kommt oder ob du einfach nur Energie spürst – es ist gut so, wie es ist; laß das deine Vision sein. Wenn du kannst, fasse deine Ideen in bezug auf euer höheres Ziel in Worte. Gib dir Mühe, deine Vision der Möglichkeiten zu erweitern, die euch offenstehen. Schließe auch die Essenz dessen, was du dir wünschst, und die Eigenschaften, die du gern entwickeln würdest, in diese Vision mit ein. Du kannst von jeder Beziehung viele wunderbare Visionen haben. Vertraue einfach darauf, daß die Ideen, die dir in den Sinn kommen, richtig sind, und konzentriere dich auf sie. Wenn dir nichts einfällt, dann arbeite zunächst einmal mit einigen der möglichen Visionen, die ich nun beschreiben werde. Denke dir aber auch deine eigene Visionen aus, sei kreativ und habe Freude daran! Du kannst mit folgenden möglichen Beziehungs-Visionen und -Affirmationen arbeiten:

- Diese Beziehung trägt zu unserer spirituellen Weiterentwicklung bei und erleichtert es uns, unsere höheren Ziele zu manifestieren.
- Diese Beziehung unterstützt unseren Seelenkontakt, unsere Seelenliebe und das Wachstum unserer Seelen.
- Ich erkenne alles Gute, Starke und Schöne in dir, in mir selbst und in unserer Beziehung.
- Wir arbeiten als Team zusammen, um unsere gemeinsamen Ziele und Visionen zu verwirklichen.
- Ich engagiere mich für unsere gemeinsame Arbeit.
- Ich vertiefe unsere Beziehung, indem ich zunächst einmal mit meiner Seele in Kontakt trete und eine Seelenverbindung zu dir herstelle. Ich lasse die äußeren Formen unserer Beziehung dem inneren Wesen der Liebe entspringen.
- Ich lerne das, was ich aus dieser Beziehung zu lernen habe, nicht durch Kampf und Mühe, sondern mit Freude.
- Ich nehme mir fest vor, eine Seelenverbindung zu dir aufrechtzuerhalten – gleichgültig, was für eine Form unsere Beziehung annehmen wird.
- Unsere Beziehung stärkt und inspiriert uns beide und gibt uns die Möglichkeit, all das zu werden, was wir sein können.
- Ich lenke und fördere deine Entwicklung so, daß es deinem innersten Wesen gerecht wird und dich deiner Seele näherbringt.

Nachdem du eine Vision formuliert hast, in der sich die Seelengründe eurer Beziehung widerspiegeln, bewahre das Blatt Papier mit der schriftlichen Formulierung irgendwo auf, wo du möglichst oft daran erinnert wirst. Jedesmal, wenn du einen Blick darauf wirfst, verleihst du dieser Vision mehr Kraft, so daß sie sich in deinem Leben manifestieren kann. Wenn möglich, sprich auch mit der anderen Person über deine Vision. Verbessert sie gemeinsam.

Wenn die andere Person kein Interesse daran hat oder nicht

mit dir zusammenarbeiten kann, um eine Vision zu finden und zu erschaffen, dann kannst du ruhig die Visionen suchen und mit Energie erfüllen, die für dich deinen Zweck in dieser Beziehung erfüllen. Wenn du mit der Person seelischen in Kontakt trittst, strahle eine durchlässige, akzeptierende Liebe für sie aus, damit sie nicht unter dem Druck steht, sich verändern zu müssen, um deiner Vision zu entsprechen.

Mache diese Vision zu einer Sache, um die du dich bemühst; aber habe keine Schuldgefühle, weil du sie noch nicht erreicht hast. Es dauert seine Zeit, bis Visionen Wirklichkeit werden. Mit einer Vision erschaffst du gleichzeitig deine künftige Beziehung zu diesem Menschen. Du intensivierst die mögliche Liebe und Freude, die sie dir bringen kann.

Glaube an deine Fähigkeit, Seelenbeziehungen zu erschaffen.

Nachdem du dich mit einer Vision der höheren Ziele einer Beziehung beschäftigt und sie erschaffen hast, forsche in deinem Inneren nach Ansichten und Überzeugungen, die dich im Augenblick vielleicht noch darin hindern, daß diese Vision Wirklichkeit wird. Das können Anschauungen sein, die dich in alten Beziehungsmustern festhalten oder davon abhalten, das volle Potential eurer Beziehung zu verwirklichen. Wenn es dir schwerfällt, deinen höheren Sinn und deine höhere Vision zu erfüllen, wenn sich ständig unerwünschte Beziehungsmuster wiederholen – gleichgültig, wie oft du mit deinem Partner/deiner Partnerin seelisch in Kontakt trittst – oder wenn du das Gefühl hast, immer wieder in alte Reaktionen zurückzufallen, obwohl du dich eigentlich gern verändern möchtest, dann setze dich einmal mit dem Bild auseinander, das du von Beziehungen hast.

Komme innerlich zur Ruhe und tritt mit deiner Seele in Verbindung. Bitte sie, dir zu zeigen, was für Ansichten du vielleicht noch ändern mußt, um den höheren Zweck eurer Beziehung erfüllen zu können. Das Solarlicht scheint auf dich herab und erleichtert es dir, alle Überzeugungen ans Tageslicht zu bringen, mit denen du dich auseinandersetzen solltest. Du kannst zum Beispiel darüber nachdenken, was du in deinen früheren und jetzigen Beziehungen erlebt hast; das wird dir mehr darüber verraten, wie du Beziehungen siehst. Haben sich bestimmte Muster mehrfach wiederholt? Wenn ja, dann frage dich: »Was denke ich über die Menschen oder über Beziehungen, damit solche Dinge in meinem Leben passieren?« Das sind deine Ansichten über Beziehungen, die du verändern kannst.

Vielleicht glaubst du zum Beispiel, daß Beziehungen am Anfang stets wunderbar funktionieren und daß hinterher alles schlechter wird. Oder du meinst, daß du bei deinen eigenen Kindern die gleichen Fehler machen wirst wie deine Eltern bei dir. Vielleicht denkst du auch, daß es eigentlich gar keine guten Freundschaften gibt oder daß Beziehungen viel Mühe bereiten. Oder du hältst dich nicht für liebenswert, glaubst nicht daran, daß deine Bedürfnisse erfüllt werden können oder daß andere Menschen daran interessiert sind, eine Seelenbeziehung zu dir aufzubauen. Wenn du diese Anschauung änderst, wirst du künftig auch andere Erfahrungen machen.

Wenn du auf eine Ansicht stößt, die dich innerlich einschränkt, dann verändere sie, indem du sie in eine positive Aussage verwandelst und dir sagt, daß in Wirklichkeit genau das Gegenteil der Fall ist. Wenn du dich beispielsweise bei dem Gedanken ertappst: »Mein Partner/meine Partnerin wird niemals meine Bedürfnisse erfüllen«, dann verkehre ihn ins Positive: »Ich kann Beziehungen erschaffen, die mir Erfüllung schenken.« Überlege, was für eine Überzeugung dich vielleicht davon abhält, eine Seelenbeziehung zu jemandem aufzubauen. Spüre die Gegenwart deiner Seele, während du mit ihr eins wirst und Energie zwischen deinen Herzzentren zirkulieren läßt. Denke an eines der höheren Ziele deiner Beziehung. Vervollständige in Gedanken den folgenden Satz: »Ich glaube, es könnte schwierig werden, meinen höheren Sinn in dieser Beziehung mit (Name) zu erschaffen, weil ...« Dann tritt seelisch mit dieser Person in Kontakt und stelle dir vor, daß ihr beide zu einem gemeinsamen höheren Zweck miteinander verbunden seid. Sage nun irgend etwas Positives zu dir selbst, beispielsweise: »Ich glaube jetzt daran, daß wir unser höheres Ziel gemeinsam erreichen können, weil ...« Wenn du Verbindungen von Seele zu Seele herstellst und dich darauf konzentrierst, den höheren Sinn eurer Beziehung zu entdecken und zu leben, dann kannst du zu allen Menschen in deinem Leben Seelenbeziehungen aufbauen, die dir etwas geben und dir Erfüllung schenken.

Wie du den höheren Sinn einer Beziehung erkennen kannst

Seelenspiel

Erschaffe für alle wichtigen Beziehungen in deinem Leben eine Seelenvision. Vereinige dich zunächst einmal mit deiner Seele und lasse Energie zwischen deinen Herzzentren zirkulieren. Dann stelle eine Seelenverbindung zu der betreffenden Person her und spüre deine und ihre Seele. Fühle, wie das Solarlicht den höheren Sinn eurer Beziehung verstärkt. Betrachte deine Beziehung aus der Perspektive des größeren Universums, von dem ihr beide ein Teil seid.

Um mehr über die höheren Ziele deiner Beziehung zu diesem Menschen herauszufinden, stelle dir und deiner Seele Fragen wie: »Wozu sind wir zusammengekommen? Was sollen wir gemeinsam lernen, schaffen und der Welt schenken? Was lehrt uns diese Beziehung? Welche Seeleneigenschaften entwickeln wir dadurch? Inwieweit trägt sie dazu bei, daß wir innerlich stärker und vollkommener werden? Welche Ziele verfolgen unsere Seelen mit unserem Zusammensein?« Erschaffe eine Seelenvision von einem der höheren Ziele deiner Beziehung zu:

- dem Menschen, den du am meisten liebst,
- einem Kind, das dir besonders wichtig ist, zum Beispiel deinem eigenen Kind, Enkelkind, einer Nichte oder einem Neffen,
- einem Eltern- oder Großelternteil, einer Tante oder einem Onkel,
- einem Bruder oder einer Schwester,

- deinem besten Freund/deiner besten Freundin oder irgendeiner anderen Person, mit der du befreundet bist,
- einem Kollegen, Mitarbeiter oder Arbeitgeber,
- irgendeiner anderen Person, die in deinem Leben eine wichtige Rolle spielt.

Halte für jede Beziehung, die du auswählst, mindestens eine Vision eines höheren Ziels schriftlich fest. Bekräftige innerlich, daß du an deine Fähigkeit glaubst, diesen höheren Sinn zu erfüllen.

Kapitel 16

Wie du die Beziehung erschaffen kannst, die du dir wünschst

Du erschaffst die Beziehungen in deinem Leben, die du dir wünschst, indem du die universalen Gesetze von Beziehungen befolgst. Im Äußeren spiegelt sich das Innere wider.

Du hast eine Seelenbeziehung zu einem anderen Menschen aufgebaut, indem du über den höheren Sinn eurer Beziehung nachgedacht, eine Vision entwickelt und dich mit deinen Ansichten und Überzeugungen auseinandergesetzt hast. Du kannst die nächsten Schritte in der Erschaffung einer Seelenbeziehung tun, indem du die universalen Gesetze von Beziehungen kennenlernst und befolgst. Wenn du diese Prinzipien verstehst und anwendest, kannst du genau die Beziehung erschaffen, die du haben möchtest.

Vielleicht versuchst du, in deinem Leben die vollkommene Liebe zu finden oder zu erschaffen. Reine, klare, wahre Liebe gibt es aber nur auf der Seelenebene, zwischen Seelen. Selbst die verständnisvollste Person wird dich nicht immer so lieben können, wie deine Persönlichkeit geliebt werden möchte. Manche Menschen kommen dieser Liebe vielleicht ziemlich nahe, aber es wird immer Lebensbereiche geben, in denen du dich nicht ganz geliebt, verstanden oder gewürdigt fühlst. Mit diesem Wissen kannst du deine Mitmenschen besser verstehen und ihnen leichter verzeihen; denn dann weißt du, daß sie dich niemals völlig zufriedenstellen können.

Dann kannst du aufhören, nach der vollkommenen Person für eine Liebesbeziehung zu suchen oder die Menschen, mit denen du zusammen bist, verändern zu wollen, damit sie dir besser gefallen. Statt dessen kannst du darüber nachdenken, inwiefern sich in dem, was du in einer Beziehung erlebst, Prozesse deines Inneren widerspiegeln.

Erkenne die Essenz dessen, was du dir wünschst.
Wenn du diese Essenz hast,
wird es viele Formen geben, die dazu passen.

Ein universales Gesetz zwischenmenschlicher Beziehungen lautet: Um die Beziehung erschaffen zu können, die du haben möchtest, darfst du dich nicht auf eine bestimmte Form konzentrieren, sondern darauf, die Essenz dessen zu erschaffen, was du dir wünschst. Was heißt Essenz eigentlich? Es ist ein Gefühl, eine Seelenqualität – die Seelenliebe, nach der du dich sehnst. Solange diese Essenz fehlt, wird keine Form funktionieren. Wenn die Essenz da ist, werden viele Formen dazu passen. Die Essenz dessen, was du dir wünschst, kann beispielsweise eine liebevolle, zärtliche Verbindung sein. Du glaubst, all das erleben zu können, wenn jemand mit dir ausgeht und seine Zeit mit dir verbringt – denkst also an eine ganz bestimmte Form. Doch wenn diese Person mit dir ausgeht, aber keine liebevolle Verbindung zu dir aufbaut, wird die äußere Form des »Ausgehens« dir nicht das geben, was du dir wünschst. Wenn diese Person andererseits eine wunderbare, liebevolle Beziehung zu dir aufbaut, kann diese Beziehung in vielen äußeren Formen gut funktionieren; selbst wenn ihr zu Hause bleibt.

Viele Menschen haben ganz bestimmte Vorstellungen davon, wie andere sich verhalten müssen, um ihnen ihre Liebe zu zeigen. Vielleicht möchtest du, daß jemand dir seine Liebe durch ein ganz bestimmtes Verhalten zum Ausdruck bringt, zum Beispiel, indem er dir aufmerksam zuhört, zärtlich zu dir ist oder dich zu schätzen weiß. Vielleicht möchtest du, daß deine Kinder dir bei der Hausarbeit helfen, auf dich hören, deine Ratschläge befolgen oder andere Dinge tun, um dich zufriedenzustellen. Oder du erwartest, daß deine Freunde dich in regelmäßigen Zeitabständen besuchen, dich zurückrufen oder Zeit für dich haben. Möglicherweise wünschst du dir auch, daß dein Ehepartner oder Lebensgefährte dich finanziell mehr unterstützt, mit Geschenken überrascht, mit dir an ganz bestimmte Orte fährt oder dir aufmerksam zuhört.

Keine dieser äußeren Formen wird dir dauerhafte Freude bringen. Die Persönlichkeit ist niemals lange glücklich. Sobald einige ihrer Bedürfnisse erfüllt werden, hat sie schon wieder eine Liste mit neuen Wünschen parat! Erst wenn du dich für die Essenz dessen öffnest, was du haben möchtest, statt darauf zu warten, daß die Liebe in einer ganz bestimmten Form in dein Leben tritt, kannst du von allen Menschen Liebe empfangen, und diese Liebe kann dir wahre Freude und dauerhaftes Glück bringen.

Frage dich: »Welche Gefühle, welche Qualitäten der Liebe wünsche ich mir in dieser Beziehung?« Das kann ein Gefühl der Gelassenheit, der Sanftheit, der Verbundenheit oder Harmonie sein. Vereinige dich mit deiner Seele und nimm diese Gefühle und Qualitäten der Liebe in dich auf, während du Energie zwischen deinen Herzzentren fließen läßt. Atme ein und lasse dabei Energie aus deinem Herzzentrum in dein Kopfzentrum emporsteigen, um die Gelassenheit und Einheit der Liebe zu empfinden. Sende beim Ausatmen Licht aus deinem Kopfzentrum zu dem verborgenen Punkt hinab, um deinen Liebeswillen zu stärken. Atme wieder ein und ziehe dabei Solarplexusenergie in dein Herzzentrum hinein, um dich der

Liebe hinzugeben. Spüre die Universale Gegenwart der Liebe überall um dich herum und fühle, wie sie deine Fähigkeit stärkt, Liebe auszudrücken.

Denke an die Person, die du ausgewählt hast. Stelle eine Seelenverbindung zu ihr her und strahle die Qualitäten der Seelenliebe aus, die du in deiner Beziehung mit dieser Person erleben möchtest. Bitte deine Seele, dich zu unterstützen, damit dir neue Möglichkeiten des Zusammenseins einfallen, durch die du diese Liebesqualitäten leichter erfahren kannst. Wenn du dir ausmalst, wie diese Qualitäten sich in deiner Verbindung mit dieser Person manifestieren, werden sie es auch tun. Wenn du in deiner Beziehung die Seelenqualitäten der Liebe erschaffst, werden sich die dazu passenden Formen und Strukturen ganz von selbst entwickeln.

Sieh über die speziellen Formen hinaus, in denen du von dieser Person Liebe empfangen möchtest, und achte darauf, ob sie dir ihre Liebe vielleicht auf eine andere Art und Weise anbietet, die dir bis jetzt noch gar nicht bewußt geworden ist. Andere Menschen verwehren dir die Erfüllung deiner Wünsche normalerweise nicht, weil sie dich verletzen oder dir ihre Liebe vorenthalten wollen. Oft schenken sie dir ihre Liebe so, wie sie selbst Liebe empfangen haben oder gern empfangen möchten. Selbst wenn du sie ausdrücklich darum bittest, sind sie vielleicht trotzdem nicht in der Lage, ihre Liebe so auszudrücken, wie du es gern hättest, weil ihnen dieses Verhalten nicht vertraut ist. Vielleicht kommt es ihnen unnatürlich vor, oder sie können nicht recht glauben, daß dir das tatsächlich so viel bedeutet. Du kannst anderen Menschen näherkommen, wenn du dich von dem Bedürfnis freimachst, ihre Liebe auf eine bestimmte Art und Weise zu empfangen und indem du die Essenz der Liebe zwischen euch entdeckst.

Erkenne, auf wie viele verschiedene Arten deine Mitmenschen dir die Essenz der Liebe schenken – vielleicht tun sie es auf eine Weise, die dir noch gar nicht aufgefallen ist. Danke ihnen für jedes Geschenk der Liebe, das sie dir anbieten. Klammere dich nicht an bestimmte Gesten oder äußere Formen als Zeichen der Liebe, die ein anderer Mensch dir entgegenbringt. Verlasse dich statt dessen lieber auf das Gefühl der Liebe, das zwischen euch existiert.

Glaube an deine Fähigkeit, die Beziehung zu erschaffen, die du dir wünschst.

Ein wichtiges Prinzip, das du beachten solltest, um die Beziehung zu erschaffen, die du dir wünschst, lautet: Du mußt daran glauben, daß du tatsächlich alles schaffen kannst, was du möchtest. Du mußt dich von allen Gefühlen lösen, die dir einflüstern, daß du ein Opfer bist – auch von Selbstmitleid und Schuldgefühlen oder von dem Gedanken, daß du nicht bekommen kannst, was du dir wünschst, weil dich irgend jemand daran hindert. Gibt es einen Menschen, dem du die Schuld daran gibst, daß dein Leben nicht so funktioniert, wie du es dir wünschst? Hast du das Gefühl, daß dich jemand zurückhält, deiner Freiheit beraubt oder dir Probleme bereitet? Mache Gebrauch von deiner wahren Kraft, genau das Leben zu erschaffen, das du dir wünschst! Erinnere dich an eine Situation, in der du aufhörtest, Opfer zu sein oder jemand anderem die Schuld zu geben, und statt dessen die Initiative ergriffen hast, um das zu erschaffen, was du dir wünschtest. Weißt du noch, wie zufrieden du damals mit dir warst? Sage dir, daß du die Kraft besitzt, jede Realität zu erschaffen, die du dir wünschst, und daß du bereit bist, die Verantwortung dafür zu übernehmen.

Denke an die Person, die du für deinen Seelenkontakt ausgewählt hast. Hast du ihr bisher die Schuld daran zugeschoben, daß eure Beziehung nicht gut lief oder daß dein Leben nicht so funktionierte, wie du es dir vorstellst? Hast du in irgendeinem Bereich deines Lebens das Gefühl, Opfer dieser

Person zu sein? Wenn nicht, dann beglückwünsche dich dazu, daß du die Verantwortung für dein Leben übernimmst! Wenn dich in deiner Beziehung ein solches Problem beschäftigt, dann stimuliere den verborgenen Punkt, um den Liebeswillen deiner Seele zu erleben. Stelle eine Seelenverbindung her und strahle eine sanfte, verzeihende, dauerhafte Liebe aus. Hebe Solarplexusenergie in dein Herzzentrum, um dich von allen negativen Empfindungen gegenüber der anderen Person freizumachen. Spüre die Gelassenheit der Liebe und strahle eine akzeptierende Liebe aus.

Du kannst dir auch eine Affirmation einfallen lassen, in der deine innere Kraft zum Ausdruck kommt, zum Beispiel: »Ich gebe dir nicht mehr die Schuld an meinem Unglück oder an irgend etwas anderem, das ich dir früher vorgeworfen habe. Ich übernehme jetzt die Verantwortung dafür, mir mein eigenes Glück zu erschaffen.« Versuche nicht, andere Menschen zu verändern, damit dein eigenes Leben besser funktioniert. Vereinige dich mit deiner Seele, bestätige innerlich, daß du fähig bist, das Leben und die Beziehungen zu erschaffen, die du dir wünschst, und beginne gleich jetzt, alle dafür notwendigen Schritte zu unternehmen.

Arbeite mit allen Teilpersönlichkeiten, die sich für außerstande halten, die Beziehung zu erschaffen, die du dir wünschst, und entwickle sie weiter. Gibt es Teilpersönlichkeiten, die Angst davor haben, so stark zu sein, oder die gar nicht daran glauben, daß es liebevolle Beziehungen gibt, die dir eine Stütze im Leben sein können?

Jedesmal, wenn du dich dabei ertappst, dich machtlos oder als Opfer zu fühlen, dann stärke deinen Glauben daran, daß du dir deine Realität selbst erschaffst, indem du dir sagst: »Ich kann mir aussuchen, welche Realität ich mir wünsche. Ich entscheide mich dafür, hier zu sein und diese Realität zu erleben.« Gleichgültig, was geschieht, wie man dich behandelt oder wie unmöglich es dir erscheint, etwas an deiner Beziehung zu diesem Menschen zu ändern – sage dir einfach, daß du doch eine Wahl hast und daß du dich für das, was du gerade erlebst, entschieden hast. Selbst wenn du dir nicht vorstellen kannst, wie du eine solche Wahl treffen könntest, wird dir das dabei helfen, daran zu glauben, daß du der Schöpfer deines Lebens bist. Nimm dir Zeit, um dir über die Entscheidungen klarzuwerden, die zu deiner jetzigen Situation geführt haben. Du brauchst keine anderen Menschen, die dir das geben, was du dir wünschst; du und deine Seele können jedes Leben erschaffen, das du dir vorstellen kannst.

Konzentriere dich darauf, was du dir wünschst, und nicht darauf, was du dir nicht wünschst.

Um in einer Beziehung das zu erschaffen, was du willst, mußt du zunächst einmal *wissen*, was du willst. Die meisten Menschen wissen zwar, was sie *nicht wollen*, aber es fällt ihnen schwer, sich darüber klarzuwerden, was sie *wollen*. Höre auf, dich auf all die Dinge zu konzentrieren, die du gern haben möchtest, oder dich darüber zu beklagen, daß du sie nicht hast. Grüble nicht über vergangene Kränkungen oder Enttäuschungen nach, die die andere Person dir zugefügt hat; erinnere dich statt dessen lieber an Situationen, in denen du dich geliebt und geborgen gefühlt hast. Denke nicht an all die Dinge, die diese Person tut und die du nicht willst, sondern lieber an jene Verhaltensweisen, die du an ihr liebst und schätzt. Mit deinen Gedanken und Handlungen ziehst du bestimmte Verhaltensweisen anderer Menschen an. Wenn du dir ständig die Schmerzen ins Gedächtnis zurückrufst, die andere dir zugefügt haben, werden sie deine inneren Bilder empfangen und verwirklichen. Immer wenn du dich bei einem negativen Gedanken ertappst, verletzt oder wütend bist oder dich einem anderen Menschen fremd fühlst, weil er oder sie dir nicht das gibt, was du dir wünschst, verändere deine Sichtweise. Konzentriere dich statt dessen auf die Dinge, die in deiner Beziehung zu diesem Menschen gut funktionieren. Benutze es, um das Leben aus der Perspektive deiner Seele zu erleben – einer Perspektive, die nur Frieden, Vollkommenheit und Schönheit sieht; die weiß, daß alles gut so ist, wie es ist; und die sicher ist, daß das Universum für dich arbeitet.

Denke an die ausgewählte Person. Achte einmal darauf, wie du deine Beziehung zu ihr siehst. Denkst du daran, was zwischen euch beiden nicht stimmt oder was diese Person alles tut, das du nicht willst? Um die Beziehung erschaffen zu können, die du dir wünschst, mußt du diese Gedanken verändern. Lasse Energie zwischen deinen Herzzentrum zirkulieren und versetze dich in einen Zustand der Seelenliebe. Spüre deine Verbindung mit all der Liebe im Universum. Denke aus diesem Zustand der Liebe heraus daran, was du dir in deiner Beziehung zu dieser Person wünschst. Statt »Ignoriere mich nicht« sage: »Ich weiß es zu schätzen, wenn du mir zuhörst und mir deine Aufmerksamkeit schenkst.« Sei anderen Menschen dankbar dafür, wenn sie sich so verhalten, wie du es gern möchtest, und sage ihnen das auch. Wenn du kannst, formuliere deine Wünsche als Essenz, als Liebesqualität – zum Beispiel: »Ich hätte gern mehr Freude, Harmonie, Liebe, Sanftheit und so weiter zwischen uns.« Strahle diese Qualität für die andere Person aus, während du eine Seelenverbindung aufbaust.

Betrachte die Handlungen deiner Mitmenschen als Spiegel. Erkenne, was ihre Verhaltensweisen dir über dich selbst verraten.

Ein sehr wichtiges Prinzip von Beziehungen ist, daß du einen anderen Menschen nicht ändern kannst; du kannst nur dich selbst verwandeln. Es ist unmöglich, andere zu irgendwelchen Verhaltensweisen zu zwingen. Wenn du sie bestrafst, dich von ihnen zurückziehst, oder auf andere Weise zu erreichen versuchst, daß sie tun, was du willst, bestärkst du sie nur in ihrem Widerstand. Damit überantwortest du deine Macht anderen Menschen: Du machst sie zur Quelle der Befriedigung deiner Bedürfnisse, statt selbst diese Quelle zu sein. Du kannst deine Mitmenschen nicht dazu bringen, sich zu verändern; aber du kannst anders auf ihr Verhalten reagieren. Du kannst deine Herzzentren erwecken und deine Wahrnehmungen, Anschauungen und Gedanken verändern. Du kannst dich von dem Bedürfnis freimachen, daß andere ihr Verhalten ändern sollen, und sie statt dessen einfach lieben und akzeptieren. Auf diese Weise lernst du die größte Kraft kennen, die du besitzt, um dein Leben in Ordnung zu bringen – die Kraft, dich selbst zu verändern.

Hast du dir gewünscht, daß jemand bestimmte Dinge tut, um dich zufriedenzustellen? Vereinige dich mit deiner Seele und stimuliere den verborgenen Punkt in deinem Solarplexuszentrum; um deinen Liebeswillen zu stärken. Bitte deine Seele, deine Liebesfähigkeit zu intensivieren, damit du diese Person selbst dann noch akzeptieren und lieben kannst, wenn sie ihr Verhalten dir gegenüber nicht ändert. Lasse Solarplexusenergie in dein Herzzentrum emporströmen und mache dich von deinen Wünschen oder Erwartungen an diese Person frei. Gib alle Machtkämpfe auf, die du vielleicht erlebt hast, als du versuchtest, sie zu verändern. Stelle deiner Seele Fragen, zum Beispiel: »Wie kann ich das Verhalten dieser Person anders wahrnehmen als bisher? Wie kann ich anders darauf reagieren?« Warte, bis neue Einsichten und Erkenntnisse in dir aufsteigen. Stelle eine Seelenverbindung her, und strahle eine durchlässige, verstärkende, akzeptierende Liebe für sie aus. Beschließe, dich selbst und deine Sichtweise dieser Beziehung zu ändern. Fühle, wie die Kraft, das Licht und der Wille deiner Seele dich durchströmen und dir den Mut und die Stärke schenken, die du brauchst, um dich und dein Leben zu verändern.

Rufe dir eine Situation ins Gedächtnis, in der du das Verhalten eines anderen Menschen akzeptiert hast und die Liebe zwischen euch dadurch stärker wurde. Erinnere dich an den inneren Frieden, der dich überkam, als du aufhörtest, zu kämpfen und die andere Person verändern zu wollen. Wenn du anders auf das Verhalten deiner Mitmenschen reagierst, werden deine Beziehungen sich verändern. Auch das Verhalten der anderen Menschen kann sich dadurch wandeln, aber du erwartest das nicht als Belohnung für deine liebevolle, akzeptierende Haltung. Wenn du nicht mehr erwartest, daß die anderen sich verändern, befreist du sie von dem Zwang, dir Widerstand zu leisten, und dann fällt es ihnen möglicherweise leichter, sich liebevoller zu verhalten. Höre auf, irgendwelche Resultate zu erwarten. Du kannst nur dich selbst verändern. Wenn du deine Wahrnehmungen und dein Verhalten änderst, werden diese inneren Wandlungen sich naturgemäß in deinen Beziehungen zu anderen Menschen widerspiegeln. Allerdings kannst du nicht voraussagen, in welcher Hinsicht deine Beziehung oder die andere Person sich verändern wird.

Selbst wenn du eine Beziehung zu einem bestimmten Menschen löst, ist es immer noch notwendig, deine Reaktion auf sein spezielles Verhalten zu verändern, sonst kann es passieren, daß du in einer neuen Partnerbeziehung wieder mit den gleichen Verhaltensweisen konfrontiert wirst. Es ist wichtig, die Muster in deinem Inneren zu verändern, die dieses Verhalten angezogen haben. Vielleicht mußt du dich in Zusammenarbeit mit deiner Seele von der Überzeugung lösen, daß du ein Opfer bist, mußt dich selber mehr schätzen lernen; dich stärker auf die Essenz statt auf die Form konzentrieren und die universalen Beziehungsgesetze befolgen. Dann wirst du eine Person anziehen, die anders auf dich reagiert.

Verändere deine Beziehungen,
indem du dich selbst änderst.

Einer der Grundsätze von Beziehungen lautet, daß andere Menschen die Dramen widerspiegeln, die sich in deinem Inneren abspielen. Mit anderen Worten: Das Verhalten, das die anderen dir zeigen, reflektiert irgend etwas, das du dir selbst antust. Erschaffe die Beziehung, die du dir wünschst, indem du alles, was in dieser Beziehung geschieht, als Spiegel von Prozessen deines Inneren betrachtest. Vielleicht denkst du: Wenn diese Person sich nur anders verhalten würde, dann wäre unsere Beziehung besser. Wenn du lernst, die Handlungen anderer Menschen als Spiegel dessen zu sehen, was in dir selbst geschieht, kannst du mehr über dich erfahren!

Deine Mitmenschen behandeln dich genauso, wie du dich selbst behandelst. Wenn dich beispielsweise jemand ablehnt, könntest du darüber nachdenken, ob du nicht vielleicht einen Teil deiner selbst oder deiner eigenen Seele ablehnst. Womöglich leugnest du deine innersten Impulse oder schiebst deine Gefühle beiseite. Wenn ein anderer Mauern zwischen sich und dir errichtet, dann frage dich, wo du selbst in deinem Leben Mauern aufbaust. Wenn dich jemand ignoriert, vernachlässigt oder kritisiert, dann werde dir darüber klar, in welcher Hinsicht du dich selbst ignorierst, vernachlässigst oder kritisierst.

Denke einmal über das Verhalten nach, das eine andere Person dir entgegenbringt und an dem du gern etwas ändern würdest. Verbinde dich mit deiner Seele und frage dich: »Inwiefern spiegelt sich in der Art, wie diese Person mit mir umgeht, mein eigenes Verhalten mir selbst gegenüber wider? Ist die Einstellung oder das Verhalten, das diese Person meiner Ansicht nach korrigieren sollte, vielleicht etwas, das ich eigentlich an mir selbst verändern müßte?« Danke der anderen Person dafür, daß sie dir Gelegenheit gibt, aus dieser Situation mehr über dich selbst zu lernen. Vereinige dich mit deiner Seele und spüre ihren Willen zu lieben, während sie den verborgenen Punkt aktiviert. Hebe Solarplexusenergie in dein Herzzentrum empor, um dich von allem Zorn und allen Schuldzuweisungen freizumachen. Stelle eine Seelenverbindung zu dieser Person her und strahle eine sanfte, verzeihende Liebe für sie aus. Entscheide dich, dein eigenes Verhaltensmuster, das diese Person widerspiegelt, zu ändern. Du brauchst die andere Person dann nicht mehr als Spiegel deines Verhaltens und gibt ihr die Freiheit, anders zu handeln. Wenn ihr Verhalten sich trotzdem weiterhin nicht ändert, wirst du deine Zeit wahrscheinlich in Zukunft mit anderen Leuten verbringen, die deinen neuen Umgang mit dir selbst widerspiegeln.

Erkenne die vielen kleinen Entscheidungen, die du in einer Beziehung von Augenblick zu Augenblick triffst.

Du fällst in jeder Sekunde deines Lebens Entscheidungen, die darüber bestimmen, ob du Seelenliebe zum Ausdruck bringst und die Beziehung erschaffst, die du dir wünschst, oder nicht. Jede noch so kleine Entscheidung bewirkt etwas. Liebe zu anderen Menschen beginnt damit, daß du dir der vielen kleinen Entscheidungen und Handlungen in jedem Moment deines Lebens bewußter wirst. Wunderbare Beziehungen entstehen nicht durch ein einziges großes Ereignis, sondern durch eine Reihe kleiner alltäglicher Entscheidungen, nett zu sein, zu lieben und zu verzeihen. Schaffe Harmonie, wo vorher Disharmonie war. Wähle deine Worte so, daß sie andere Menschen heilen und ihnen Kraft geben. Du kannst Beziehungen haben, die Freude in dein Herz und ein Lächeln auf deine Lippen bringen. Du kannst erleben, daß andere Menschen dich mit Liebe in den Augen betrachten. Du kannst die Beziehungen erschaffen, die du gern haben möchtest!

Wie du die Beziehung erschaffen kannst, die du dir wünschst

Seelenspiel

Du kannst die Beziehung, die du gern hättest, nur erschaffen, indem du dich selbst änderst. Deine äußere Welt ist ein Spiegel deiner inneren Welt. Wähle aus der folgenden Liste eine Möglichkeit aus, dich zu verändern – als ersten Schritt auf dem Weg zu der Beziehung, die du dir wünschst.

1. Denke an die Qualität der Seelenliebe, die du in einer Beziehung erleben möchtest. Stelle eine Seelenverbindung mit der anderen Person her und strahle diese Qualität für sie aus.
2. Wenn du dich gerade in einer Situation befindest, die dir nicht gefällt, dann bestätige innerlich, daß du diese Erfahrung selbst gewählt hast; denn damit bekräftigst du gleichzeitig auch, daß du die Kraft besitzt, sie zu ändern.
3. Konzentriere dich nicht darauf, was du in einer Beziehung nicht haben möchtest, sondern darauf, was du dir wünschst. Danke der anderen Person für all die Arten, wie sie dir ihre Liebe schenkt, und erkenne sie dafür an.
4. Denke über ein Verhalten eines anderen Menschen nach, das dir nicht gefällt. Inwiefern spiegelt sich darin dein eigener Umgang mit dir selbst in irgendeinem Lebensbereich wider? Beschließe, von jetzt an anders mit dir umzugehen.
5. Wenn es zwischen dir und einer anderen Person einen dramatischen Konflikt gibt, dann bitte deine Seele um Unterstützung, damit du erkennst, was für ein Drama in deinem Inneren sich darin widerspiegelt, und wie du es ändern kannst.

6. Denke an eine Veränderung, die du dir von einem anderen Menschen wünschst. Strahle eine akzeptierende Liebe für diese Person aus und nimm ihr Verhalten von nun an anders wahr.
7. Nimm dir einen Augenblick Zeit, um dir über mindestens fünf Dinge in deiner Beziehung zu einem anderen Menschen klarzuwerden, die genau so sind, wie sie sein sollten.

KAPITEL 17

Die Auflösung von Hindernissen, die der Liebe im Weg stehen

Du machst dich von allem frei,
was dich von der Liebe trennt,
die deine Seele dir selbst
und anderen Menschen entgegenbringt.
Du entdeckst in jeder Situation Liebe.

Wenn du dich in Seelenliebe übst, lernst du eine neue Fähigkeit. Oft wirst du automatisch daran denken, in deinem Leben die Qualitäten der Seelenliebe zum Ausdruck zu bringen; aber es wird auch immer wieder Zeiten geben, in denen du es vergißt. Vielleicht erlebst du Situationen mit anderen Menschen, die du nur schwer akzeptieren oder lieben kannst. Vielleicht erinnerst du dich dann daran, daß es in dieser Situation eine höhere Verhaltensweise gäbe; aber du entscheidest dich trotzdem dafür, auf die alte, lieblose Art zu reagieren. Es ist sehr schwierig, ständig und konsequent Seelenliebe zum Ausdruck zu bringen. Dazu mußt du dich immer wieder auf die Liebe konzentrieren, um deine Herzzentren zu erwecken.

Du brauchst die Seelenliebe nicht perfekt zum Ausdruck zu bringen. Sei nicht zu streng mit dir, wenn du einen schlechten Tag hast, keine Liebe empfinden kannst oder nicht in der Lage bist, in einer ganz bestimmten Situation eine Qualität der Seelenliebe zum Ausdruck zu bringen. Es kommt auf die Richtung an, in der du dich vorwärtsbewegst. Sei jedesmal stolz auf dich, wenn du Seelenliebe ausdrückst, und verzeihe dir, wenn du es nicht tust.

Beginne die Hindernisse aufzulösen, die der Liebe im Weg stehen, indem du die Liebe fühlst, die deine Seele dir entgegenbringt. Verzeihe dir und liebe dich, indem du alle lieblosen Gedanken oder Gefühle dir selbst gegenüber erkennst und dich davon freimachst. Achte darauf, ob du dich kritisierst, verurteilst oder tadelst, weil du so bist, wie du nun einmal bist. Du kannst andere Menschen nämlich nur so sehr lieben, wie du dich selbst liebst. Empfange die Liebe, die deine Seele dir entgegenbringt, so oft, wie du daran denkst, es zu tun.

Bringe mehr Bewußtheit in deine Beziehungen.

Um alle Hindernisse ausräumen zu können, die der Liebe entgegenstehen, ist es wichtig, daß du dir deiner Gedanken, Worte und Handlungen gegenüber anderen Menschen bewußt wirst. Denke an die Person, die du für einen Seelenkontakt ausgewählt hast. Inwieweit bist du dir ihrer bewußt – ihrer Essenz, ihres Wesens, ihrer Seele? Und wie bewußt nimmst du dich selbst und deine Absicht wahr, ein liebevoller Mensch zu sein, wenn du mit dieser Person zusammen bist?

Um Hindernisse, die der Liebe im Weg stehen, zu beseitigen und eine Seelenbeziehung aufbauen zu können, mußt du nicht unbedingt ständig mit deinem Partner/deiner Partnerin zusammensein oder immer eine enge Verbindung zu ihm oder ihr haben. Aber du mußt mit wachsender Bewußtheit mit deinen Mitmenschen umgehen, um die Seelenliebe dauerhafter zum Ausdruck bringen zu können – unabhängig davon, wie du dich gerade fühlst oder wie die anderen sich verhalten.

Stelle dir die Person, zu der du eine Seelenbeziehung aufbaust, einmal bildlich vor. Wie sieht ihr Alltag aus? Inwieweit bist du dir ihrer Realität bewußt? Stelle eine Seelenverbindung her; tritt mit der Seele dieser Person in Kontakt. Nimm die Realität durch ihre Augen wahr. Was für ein Geschenk der Liebe könntest du ihr heute machen? Sieh vor deinem geistigen Auge, wie du ihr dieses Geschenk gibst und deine Beziehung zu ihr bewußter gestaltest als bisher.

Denke positiv über deine Beziehungen.

Um alle Hindernisse auflösen zu können, die der Liebe im Weg stehen, mußt du jegliche Kritik aufgeben und deine Mitmenschen statt dessen loben und unterstützen. Durch diese unterstützende Haltung können sie die Möglichkeiten, die in ihnen stecken, besser verwirklichen. Denke an eine Situation, als du gelobt wurdest – wie zufrieden du damals mit dir warst und wie dich das dazu motivierte, künftig alles noch besser zu machen.

Um auf Kritik an anderen Menschen verzichten zu können, höre erst einmal auf, dich selbst zu kritisieren. Überlege dir etwas, für das du dich schon öfter kritisiert hast. Vereinige dich mit deiner Seele und verbinde den Juwel deines Herzzentrums und den Juwel deiner Seele miteinander. Lasse beim Einatmen Energie aus deinem Herz- in dein Kopfzentrum aufsteigen. Beim Ausatmen sendest du den Liebeswillen deiner Seele zu dem verborgenen Punkt in deinem Solarplexuszentrum. Beim Einatmen hebst du Solarplexusenergie in dein Herzzentrum. Nimm die Sanftheit und Geduld, den Frieden und die Gelassenheit der Seelenliebe in dich auf. Während du Solarplexusenergie in dein Herzzentrum emporhebst, mache dich von allen Bedürfnissen frei, lieblos mit dir umzugehen. Aus diesem Raum der Liebe heraus wandelst du nun die Selbstkritik, die du bisher in einem bestimmten Lebensbereich geübt hast, in

Wertschätzung um. Denke an all die positiven Dinge, die du tust, und an deine Fortschritte in diesem Bereich.

Vergegenwärtige dir die Person, die du ausgewählt hast, um eine Seelenverbindung zu ihr aufzubauen. Gibt es irgendeinen Grund, warum du bisher an dieser Person Kritik geübt hast? Formuliere aus einem Zustand der Seelenliebe heraus eine liebevolle Botschaft, um dieser Person gegenüber deine Liebe und Unterstützung auszudrücken. Du kannst in Gedanken zum Beispiel sagen: »Ich mache mich von meiner Kritik an dir frei. Ich akzeptiere dich so, wie du bist. Ich liebe und unterstütze das Gute in dir und erkenne es an.« Du könntest auch hinzufügen: »Ich schätze und liebe dich, weil du ...« Überlege dir möglichst viele Dinge, die du an dieser Person schätzt. Erkenne an, wie weit sie schon gekommen ist, statt dich darauf zu konzentrieren, was sie alles noch lernen oder erreichen müßte. Suche das Schöne und Gute in dieser Person. Mache dir bewußt, wie oft du deine Aufmerksamkeit schon jetzt auf das Gute und Schöne in anderen Menschen konzentrierst und bekräftige deinen Wunsch, das in Zukunft noch häufiger zu tun.

Wie wäre es, wenn du dich jedesmal, wenn du an anderen Menschen etwas auszusetzen hast oder dir etwas einfällt, das sie besser machen oder worauf sie achten sollten, statt dessen fragst: »Inwieweit trifft das, was ich an anderen Menschen kritisiere, auf mich selbst zu?« Selbst wenn du meinst, daß deine Beobachtungen an anderen Menschen in keiner Weise für dich gelten, sei trotzdem bereit, dir zu überlegen, ob es nicht vielleicht doch so ist. Stelle dir vor, daß die andere Person eine Seite deiner eigenen Persönlichkeit repräsentiert. Frage dich: »Gibt es irgendeinen Lebensbereich, in dem ich genau das tue, was ich an der anderen Person kritisiere?« Nimm dein Leben genau unter die Lupe. Die Essenz dessen, was du an einem anderen Menschen kritisierst, ist normalerweise eine Eigenschaft, die du selbst gerade zu entwickeln versuchst. Vielleicht besitzt du diese Charaktereigenschaft selbst in einem geringeren Grad, oder du hast sie auf andere Art und Weise zum Ausdruck gebracht.

Zolle anderen Menschen Lob und Anerkennung, wenn sie Eigenschaften und Verhaltensweisen zeigen, die du gut findest. Wenn man Menschen für etwas lobt, machen sie es hinterher oft noch besser. Werde dem Licht in dir selbst und anderen Leuten gerecht, indem du positiv über deine Beziehung zu ihnen denkst und sprichst. Richte dein Augenmerk auf das Gute, dann wird noch mehr Gutes in dein Leben treten.

Verwandle Konflikte, indem du dich der Liebe hingibst.

Selbst in den besten Beziehungen wirst du vielleicht hin und wieder Konflikte erleben. Wenn du gerade mitten in einem Streit oder einer Auseinandersetzung mit jemandem steckst, dann vereinige dich mit deiner Seele. Hebe beim Einatmen Energie aus deinem Herz- in dein Kopfzentrum empor. Beim Ausatmen sende gemeinsam mit deiner Seele ihren Liebeswillen zu dem verborgenen Punkt hinab und aktiviere ihn. Stelle dir vor, daß alle negativen Energien in der anderen Person, die den hellen Punkt deines Solarplexuszentrums stimuliert haben, von dem verborgenen Punkt aufgesaugt und dann in dein Herzzentrum emporgehoben werden. Wenn die Situation so angespannt ist, daß du dich nicht mehr an die einzelnen Schritte erinnerst, lasse einfach immer wieder Solarplexusenergie in dein Herzzentrum aufsteigen, bis du die Gelassenheit der Seelenliebe empfindest. Statt die Energie der anderen Person als negative Energie zu empfinden, kannst du sie dir auch als ein Geschenk reiner Energie vorstellen, die du zwischen deinen Herzzentren zirkulieren lassen kannst, um sie noch weiter zu erwecken. Auf der Seelenebene gibt es weder gute noch schlechte Energie, sondern einfach nur Energie. Welchen Nutzen eine Energie für dich hat, hängt davon ab, wie du sie einsetzt.

Du kannst die Gelassenheit der Liebe in alle Bereiche hineinbringen, in denen es Konflikte oder Meinungsverschiedenheiten zwischen dir und anderen Menschen gibt. Vereinige dich zunächst einmal mit deiner Seele, um ihren Liebeswillen in den versteckten Punkt zu senden. Lasse Solarplexusenergie in dein Herzzentrum aufsteigen, bis du die Gelassenheit der Seelenliebe empfinden kannst, während du über diesen Konfliktbereich nachdenkst. Stelle eine Seelenverbindung zu der anderen Person her, spüre deine und ihre Seele und strahle eine ruhige, akzeptierende, durchlässige Liebe für sie aus. Bekräftige deinen Wunsch nach liebevollem Kontakt mit dieser Person, indem du dir eine Affirmation überlegst, die du dir immer vorsagen kannst und die dir Frieden bringt, zum Beispiel: »Ich löse mich von allen Konflikten zwischen uns beiden. Ich öffne mich für all die Liebe, die zwischen uns möglich ist. Ich lasse alle Hindernisse in meinem Inneren los, die unserer Liebe im Weg stehen.«

Gestehe dir alle lieblosen Empfindungen ein, die du diesem Menschen gegenüber hast. Zwinge dich nicht, Liebe für ihn zu empfinden. Hebe immer weiter Solarplexusenergie in dein Herzzentrum empor, bis du dich von jeglichem Bedürfnis freimachen kannst, ihn durch liebloses Verhalten oder lieblose Worte zu kränken. Liebe all deine Teilpersönlichkeiten, die immer noch zornig oder verletzt sind, und entwickle sie weiter. Grüble nicht über die Situation oder das, was daraus werden wird. Konzentriere dich nicht auf das Dunkle, sondern auf das Licht in dieser Person. Werde dir der Universalen Gegenwart der Liebe bewußt, die diese Situation mit Liebe umgibt und durchdringt.

Verbinde dich mit der Seele der anderen Person,
um Hindernisse zu beseitigen,
die der Liebe im Weg stehen.

In eurer Beziehung kann eine Zeit kommen, in der du das Gefühl hast, festgefahren zu sein. Dir fällt vielleicht nichts ein, womit du Seelenliebe zum Ausdruck bringen könntest. Dann erkenne zunächst einmal, daß jede Situation etwas Vorübergehendes ist. Die Dinge werden sich ändern! Oft erschaffst du scheinbar unlösbare Situationen als Herausforderung für dich, um Antworten aus einer höheren Ebene zu erhalten und um innere Quellen anzuzapfen, von denen du bisher nicht einmal wußtest, daß du sie hast. Einen anderen Menschen zu lieben, bietet dir viele Möglichkeiten zu innerem Wachstum.

Du kannst über solche festgefahrenen Situationen hinauswachsen, indem du darauf wartest, daß irgend etwas passiert, oder du kannst mit deiner Seele zusammenarbeiten, deine Herzzentren erwecken und Seelenliebe in eine Situation bringen, um sie zu verändern. Statt aufzugeben oder das Gefühl zu haben, in eine Sackgasse geraten zu sein, werde eins mit deiner Seele. Lasse Energie zwischen deinen Herzzentren zirkulieren. Empfinde die Gelassenheit deiner Seele, dehne deine Liebe aus, entwickle sie weiter und bringe dich mit dem Liebeswillen deiner Seele in Einklang. Hebe Solarplexusenergie in dein Herzzentrum, um alle dichteren Energien, die zwischen dir und der anderen Person vielleicht existieren, zu verwandeln und zu reinigen.

Stelle einen Seelenkontakt mit der anderen Person her und bitte eure Seelen, gemeinsam eine Lösung zu finden, bei der ihr beide etwas gewinnen könnt. Glaube daran, daß eine solche Lösung existiert, und daß sie euch einfallen wird. Wenn du dir trotzdem weiterhin Sorgen über die Situation machst, hebe immer wieder Solarplexusenergie in dein Herzzentrum hinein – so lange, bis du die Gelassenheit der Seelenliebe spüren kannst. Sobald du dazu in der Lage bist, strahle die Seelenliebe-Qualitäten der Harmonie, des Mitgefühls und der Geduld aus. Lade das Wesen der Liebe in dein Herzzentrum ein und strahle für die andere Person diese verfeinerte Liebe aus.

Wenn du kannst, dann verzeihe ihr. Versuche herauszufinden, welche Chance diese Situation dir bietet, deine Herzzentren zu erwecken und deiner Seele näherzukommen. Frage dich, in welcher Hinsicht das Geschehen zwischen euch einen Prozeß in deinem Inneren widerspiegelt. Überlege dir, was du an dir selbst verändern könntest, um diesen Konflikt zu lösen. Vertraue darauf, daß deine Seele und die Seele des anderen Menschen von einer höheren Ebene aus daran arbeiten, Lösungen herbeizuführen. Handle nur dann, wenn dir etwas einfällt, das du als richtig und liebevoll empfindest. Denke und sprich weiterhin positiv über deine Beziehung und habe die Vision vor Augen, daß zwischen euch beiden das Höchste und Beste geschieht.

Erfahre die Kraft, die in deiner Fähigkeit liegt, verletzlich zu sein.

Um liebevolle Beziehungen haben zu können, mußt du dein Herz offenhalten und bereit sein, dich verletzlich zu zeigen. Du darfst keine Mauern errichten, die andere aus deinem Leben ausschließen. Mauern sind eher ein Gefängnis für dich, als daß sie andere Menschen fernhalten. Um Seelenbeziehungen haben zu können, mußt du erst einmal die Mauern niederreißen, die du zwischen dir und deinen Mitmenschen aufgebaut hast, denn Mauern sind Hindernisse für die Liebe. Übe dich darin, dein Herz offenzuhalten, selbst in schwierigen Situationen. Das erweckt deine Herzzentren und bringt dich deiner Seele näher.

Wenn du bereit bist, verletzlich zu sein, gibt es nichts mehr, das du verteidigen müßtest. Du brauchst dich nicht zu rechtfertigen, Erklärungen abzugeben oder andere auf Distanz zu halten. Du akzeptierst dich selbst so, wie du bist, und versuchst nicht, irgendein Bild der Vollkommenheit zu erfüllen, damit andere eine bessere Meinung von dir haben. Du fühlst dich deinen Mitmenschen nicht mehr unter- oder überlegen. Dir ist bewußt, wieviel Kraft es dir gibt, anderen Menschen offen zu zeigen, daß du nicht perfekt bist. Du begreifst, daß du ein liebenswerter, wertvoller und wunderbarer Mensch bist – und zwar genau so, wie du bist.

Wenn du zu dieser Verletzlichkeit fähig bist, verzichtest du auf deinen Stolz, um mehr Liebe zwischen dir und anderen Menschen erschaffen zu können. Wenn jemand gekränkt oder wütend auf dich zu sein scheint, heilst du eure Beziehung, indem du dich selbst und diese andere Person fragst, wie du ihr deine Liebe auf eine andere Art zeigen könntest. Du bist bereit, dich selbst mit ehrlichen Augen zu betrachten, einzugestehen, wann du lieblos gehandelt hast, und dem anderen ein Friedensangebot zu machen. Du überlegst dir, welche Gedanken, Anschauungen und Gefühle dich von anderen Menschen trennen, und bist bereit, sie zu ändern. Du bist selbstsicher genug, um zu wissen, daß es nichts ausmacht, wenn du nicht ständig ein perfekter, liebevoller Mensch bist. Du kannst dir verzeihen, dich akzeptieren und anderen Menschen gegenüber dadurch offener und verletzlicher werden. Du kannst die anderen dazu ermutigen und dabei unterstützen, sich dir gegenüber offener und verletzlicher zu zeigen. Denke an Situationen, in denen andere Menschen ihre Abwehrhaltung oder ihren Stolz aufgaben und statt Mauern Brücken zu bauen begannen. Wahrscheinlich hast du diese Menschen akzeptiert und sehr viel Liebe für sie empfunden, als sie bereit waren, sich so verletzlich zu zeigen. Rufe dir eine Zeit ins Gedächtnis, in der du selbst verletzlich warst und jemand sich dir gegenüber liebevoll und verständnisvoll verhalten hat.

Denke an die Person, die du ausgewählt hast. Überlege dir einen Bereich, in dem du eine Mauer zwischen dir und ihr errichtet hast, weil du glaubst, daß sie dich nicht lieben würde, wenn du ihr dein wahres Gesicht offenbarst. Womöglich versuchst du dich zu schützen oder irgendein Bild von dir aufzubauen, von dem du glaubst, daß es dich in einem wertvolleren oder liebenswerteren Licht erscheinen läßt. Oder vielleicht ist die andere Person böse auf dich, und du mußt innerlich offener werden und dir ihre Klagen anhören, damit du dein Verhalten ändern und eure Beziehung heilen kannst.

Während du an diesen Lebensbereich oder diese Situation denkst, als du Mauern zwischen dir und einem anderen Menschen errichtet hast, lasse Energie zwischen deinen Herzzentren zirkulieren. Sieh, wie du sanft und verletzlich wirst und nichts mehr zu verteidigen hast. Du hast Mitgefühl mit dir selbst und mit der anderen Person. Stelle dir vor, wie du deine Verteidigungshaltung aufgibst und dich als der Mensch zu erkennen gibst, der du bist. Formuliere eine Affirmation, in der sich diese Entscheidung widerspiegelt und die du dir immer vorsagen kannst – zum Beispiel: »Ich biete dir eine Liebe an, die vertrauensvoll, offen und verletzlich ist. Ich bin einverstanden damit, daß du mich so siehst, wie ich wirklich bin.«

Bitte deine Seele um Unterstützung beim Niederreißen der Mauern, die du in diesem Lebensbereich vielleicht um dein Herz errichtet hast. Du kannst dir symbolisch tatsächlich eine Mauer rund um dein Herzzentrum vorstellen und dir ausmalen, wie deine Seele diese Mauer mit ihrer Liebe dahinschmelzen läßt oder auflöst. Außerdem kannst du, falls du es möchtest, zu der anderen Person sagen: »Ich möchte wissen, wie ich dich so lieben kann, daß es dir Freude macht. Ich bin offen für Vorschläge, wie ich meine Liebe zu dir besser zum Ausdruck bringen kann.«

Wenn du offen und verletzlich bleibst und dich nicht mehr verteidigen oder schützen mußt, kannst du die Hindernisse, die der Liebe im Weg stehen, auflösen. Es spielt keine Rolle, wie die andere Person sich verhält und ob sie dich akzeptiert oder nicht, wenn du bescheiden und verletzlich auftrittst. Du hast deinen eigenen Wert geltend gemacht, du hast dich so gezeigt, wie du bist, und die Mauern rund um dein Herz niedergerissen, die dich vorher daran hinderten, Seelenliebe auszudrücken und deine Herzzentren zu erwecken.

Mache dich von dem Bedürfnis frei, andere zu retten.

Du kannst die Hindernisse, die der Liebe entgegenstehen, auch beseitigen, indem du dich von dem Bedürfnis freimachst, andere Menschen vor ihren Problemen zu retten. Du kannst deine Mitmenschen so lieben wie deine Seele es tut, indem du ihnen die Verantwortung für ihr eigenes Leben überläßt. Dich um andere zu kümmern, dir Sorgen um ihr Leben zu machen und zu versuchen, ihre Probleme zu lösen, kann so viel von deiner Aufmerksamkeit und deinen Emotionen in Anspruch nehmen, daß du gar keine Energie mehr für dein eigenes Leben und deinen eigenen spirituellen Weg übrig hast. Wenn du aufhörst, deine Mitmenschen zu retten, kannst du dich auch von dem Groll befreien, den du vielleicht vorher empfunden hast, weil du so viel Zeit und Energie in sie investiert hast. Wenn du andere rettest, kannst du selbst zum Opfer werden – nämlich dann, wenn sie nicht so von deiner Hilfe Gebrauch machen, wie du es dir wünschst, immer wieder ähnliche Probleme schaffen oder von dir erwarten und verlangen, daß du sie immer wieder rettest.

Lerne zu erkennen, in welchen Situationen du anderen Menschen hilfst, weil du wirklich das Gefühl hast, daß sie nicht die Kraft oder die Fähigkeit besitzen, ihre Probleme selbst zu lösen. Wenn du dagegen den Drang verspürst, anderen zu helfen, indem du sie »rettest« oder ihnen ihre Lektionen abnimmst, höre auf damit! Vielleicht entspringt dein Wunsch, anderen zu helfen, in Wirklichkeit deinem eigenen Bedürfnis, dich besser zu fühlen und dir weniger Sorgen über ihre Probleme machen zu müssen. Gehe davon aus, daß deine Mitmenschen in der Lage sind, ihre Probleme selbst zu lösen, selbst wenn du keinen Weg siehst, wie sie das schaffen sollten. Deine Seele ist zwar interessiert daran, anderen Menschen beizustehen, aber sie mischt sich nicht in ihr Leben ein. Sie überläßt es ihnen, ihre eigenen Ideen zu haben, so zu leben, wie sie möchten, aus ihren Fehlern zu lernen und aus eigener Kraft erfolgreich zu sein.

Deine Seele weiß, daß es einer der wichtigsten Wege zu innerem Wachstum und innerer Stärke ist, selbst die Verantwortung für sich und sein Leben zu übernehmen. Sie weiß, daß es die Menschen große Mühe gekostet hat, ihre jetzigen Lebensumstände herbeizuführen – so schwierig oder unangenehm sie auch sein mögen –, um daraus zu lernen und sich weiterzuentwickeln. Wenn sie die Konsequenzen ihres Tuns erleben, ist das ein Ansporn für sie, etwas an ihrem Leben zu verändern. Wenn du andere Menschen rettest, machst du sie damit also nicht stärker, sondern schwächer.

Es ist wichtiger, den Leuten Hilfsmittel an die Hand zu geben, mit denen sie etwas dafür tun können, daß ihr Leben besser funktioniert, statt sie vor speziellen Problemen zu bewahren, die sie selbst geschaffen haben. Wenn du dir nicht sicher bist, ob du andere Menschen mit dem, was du für sie tust, rettest oder innerlich stärkst, dann frage dich, ob du ihnen Hilfsmittel bietest, um ihr Leben zu verändern, oder ihnen einfach nur aus einem immer wiederkehrenden Problem heraushilfst. Bemühen sie sich darum, sich selbst und die Gedanken und Anschauungen zu verändern, die ihre jetzige Situation herbeigeführt haben, oder spielen sie einfach nur das Opfer und hoffen, daß du oder andere Menschen die Probleme lösen werden, die sie geschaffen haben? Bei Menschen, die sich als Opfer hinstellen und Unterstützung von anderen erwarten, selbst aber gar nichts tun, um ihr Leben besser in den Griff zu bekommen, ist Hilfe normalerweise gleichbedeutend mit Rettung. Doch wenn Menschen sich bemühen, aus eigener Kraft aus ihrer Situation herauszukommen, und die Verantwortung dafür übernehmen, daß sie ihre schwierigen Lebensumstände selbst geschaffen haben, ist deine Unterstützung meistens wertvoll für sie.

Denke an die Person, die du ausgewählt hast. Werde eins mit deiner Seele und bitte sie, dir zu zeigen, ob du dieser Person in irgendeiner Weise ihre Lektion abnimmst, ihre Probleme löst oder zuviel Verantwortung für ihr Leben übernimmst. Stelle eine Seelenverbindung her und strahle eine durchlässige Liebe für sie aus. Lasse Energie zwischen deinen Herzzentren zirkulieren und konzentriere dich darauf, Solarplexusenergie in dein Herzzentrum hineinzuheben. Formuliere eine Affirmation, die dir als Richtlinie dafür dienen wird, wie du Liebe ausdrücken möchtest, zum Beispiel: »Ich höre auf, dich retten zu wollen. Ich übergebe dir und deiner Seele die Verantwortung für dein Leben. Damit bestätige ich, daß du all die innere Kraft, die Weisheit und die Fähigkeiten besitzt, um deine Probleme selbst zu lösen.« Erlebe die Gelassenheit der Liebe deiner Seele – einer Liebe, die nichts zu *tun* braucht. Mache dich von allen Wünschen frei, die du für diese Person hast, und lasse sie tun, was sie möchte. Erinnere dich an eine Situation, in der du dich geweigert hast, jemanden zu retten, um festzustellen, daß diese Person auch ohne deine Hilfe gut zurechtgekommen ist. Wenn du trotzdem immer noch in Versuchung kommst; jemand zu retten, oder nicht genau weißt, ob deine Unterstützung diese Person schwächt oder stärkt, dann vereinige dich mit deiner Seele und bitte sie, dir zu zeigen, was sie in dieser Situation tun würde.

Unterstütze deine Mitmenschen, indem du ihnen Seelenliebe anbietest.

Wenn du feststellst, daß andere Menschen in Schwierigkeiten sind, Kummer haben oder sich in einer lebensbedrohlichen oder verzweifelten Situation befinden, ist deine Seelenarbeit das Wichtigste, was du für sie tun kannst. Um andere Menschen in solchen Situationen zu unterstützen, stelle eine Seelenverbindung zu ihnen her und strahle Liebe aus. Bitte ihren Schutzengel, ihre Seele oder das Wesen der Liebe dieser Menschen darum, ihnen beizustehen. Wenn sie in einer scheinbar hoffnungslosen oder verzweifelten Situation festgefahren sind, dann sei erfinderisch und übertrage für sie Bilder wie beispielsweise eine Tür, einen Lichtweg, den sie finden oder andere Symbole, die ihnen eine Stütze sein können. Umgib sie mit Liebe und Licht und bekräftige, daß sie alle Stärke, Weisheit und Kraft besitzen, um mit den Lebensumständen fertigzuwerden, die sie erschaffen haben oder in die sie geraten sind.

Wenn du dich weigerst, äußere Schritte zu unternehmen, um andere Menschen zu retten oder ihnen aus den Problemen herauszuhelfen, die sie verursacht haben, wirkt das vielleicht lieblos. Seelenliebe ist nicht immer sanft und entgegenkommend. Manchmal besteht das Höchste, was du tun kannst, darin, konsequent zu sein und nicht nachzugeben oder die anderen ihre Lösungen selbst finden zu lassen, statt ihnen ihre Probleme abzunehmen oder sie für sie zu lösen. Ihre Persönlichkeit dankt es dir vielleicht nicht oder weiß es nicht zu schätzen, daß du sie die Konsequenzen ihres Tuns erleiden läßt; aber ihre Seele wird sich über die Chance freuen, an den Situationen, die sie herbeigeführt hat, zu wachsen. Wenn du dich weigerst, deine Mitmenschen zu retten, und statt dessen Liebe für sie ausstrahlst, ermöglichst du es ihnen, das Selbstvertrauen, die persönliche Stärke und die innere Kraft zu erlangen, die man bekommt, wenn man seine Probleme selbst löst.

Wenn du nach all deiner inneren Arbeit immer noch einen starken Drang verspürst, etwas zu tun, dann tue es. Jetzt wird deine Aktion deiner Seelenverbindung entspringen; sie wird keine Persönlichkeitsreaktion sein, um jemanden zu retten oder ihm seine Lektionen abzunehmen, sondern ein Seelenimpuls. Deine Seele rettet zwar keine anderen Menschen, aber sie arbeitet stets mit den Seelen anderer zusammen, um es ihnen zu ermöglichen, ihr Bewußtsein auf eine höhere Stufe emporzuheben, ihren höheren Weg zu finden und ihm zu folgen, ein vollkommeneres Licht zu werden und anderen Menschen zu dienen.

Die Auflösung von Hindernissen, die der Liebe im Weg stehen

Seelenspiel

Denke an eine Person, zu der du eine Beziehung hast, die du gern weiterentwickeln würdest, indem du alle Hindernisse ausräumst, die eurer Liebe im Weg stehen. Werde eins mit deiner Seele, verbinde dich mit der Seele der anderen Person und befolge einen oder mehrere der folgenden Vorschläge:

1. Bringe mehr Bewußtheit in eure Beziehung. Achte in den nächsten Stunden oder Tagen darauf, ob deine Gedanken über diese Beziehung und die Entscheidungen, die du triffst, die Realität widerspiegeln, die du gern erschaffen möchtest. Sind sie positiv und liebevoll? Unterstützt du den anderen Menschen damit?
2. Zähle der anderen Person laut oder in Gedanken ein paar Dinge auf, die du an dir liebst und schätzt.
3. Überlege dir etwas, das du an einem anderen Menschen kritisierst. Frage dich: »Inwiefern trifft meine Kritik an dieser Person auch auf mich oder mein eigenes Leben zu?«
4. Verwandle Konflikte, indem du den verborgenen Punkt mit dem Liebeswillen deiner Seele stimulierst und Solarplexusenergie in dein Herzzentrum emporströmen läßt. Stelle eine Seelenverbindung zu der anderen Person her und bitte eure Seelen, eine Lösung zu finden, bei der ihr beide etwas gewinnt.
5. Wenn du in irgendeiner Hinsicht eine Mauer zwischen dir und einem anderen Menschen errichtet hast, dann stelle dir vor, wie deine Seele Liebe ausstrahlt, die diese Mauer auflöst oder zum Schmelzen bringt.

6. Sei verletzlich und frage einen Menschen, den du liebst: »Wie kann ich dich so lieben, daß es dir Freude macht? Ich bin offen für deine Vorschläge, wie ich meine Liebe zu dir besser ausdrücken könnte.«
7. Bevor du eine andere Person unterstützt, frage dich, ob du ihr damit wirklich die Möglichkeit gibst, weiser und stärker zu werden, oder nur versuchst, sie vor den Konsequenzen ihres Tuns zu bewahren. Dann stelle eine Seelenverbindung zu dieser Person her und strahle Seelenliebe für sie aus.

Kapitel 18

Die Erforschung neuer Wege des Liebens

Du vertiefst deine Beziehung zu deiner eigenen Seele und den Seelen anderer Menschen. Du findest deinen ureigenen Weg der Liebe und folgst ihm.

Wenn du deine Herzzentren erweckst und Seelenverbindungen herstellst, werden sich dir ganz neue Erkenntnisse, Perspektiven und Empfindungen im Hinblick auf deine Beziehungen auftun. Deine Vorstellung, von dem, was du dir von einer Beziehung wünschst, kann sich ändern. Alte Beziehungsmuster, die in der Vergangenheit gut funktioniert haben, scheinen dem Menschen, zu dem du dich jetzt entwickelst, vielleicht nicht mehr angemessen zu sein. Wenn du deine Wertvorstellungen änderst und deine Ziele und Träume erweiterst, können sich auch die Wünsche wandeln, die du an eine Beziehung hast. Vielleicht hast du nun ein gesteigertes Bedürfnis nach Seelenkontakten. Vielleicht möchtest du deine Zeit auf neue, andere Art mit deinen Mitmenschen verbringen. Nun, da du eine Vision deiner Beziehungen erschaffen, die universalen Beziehungsgesetze erlernt und Hindernisse aufgelöst hast, die der Liebe im Weg stehen, bist du bereit, neue Wege zu entdecken, dich selbst und andere Menschen zu lieben.

Wenn du deine Herzzentren erweckst, wird dir bewußt, daß es zu allen Menschen in deinem Leben eine »richtige Beziehung« gibt. Stelle dir vor, daß alle Beziehungen in deinem Leben gut funktionieren und dir die Chance bieten, andere Menschen als deine Seele zu lieben. Eine richtige Beziehung wird zuerst auf der Seelenebene – durch Kontakt von Seele zu Seele – aufgebaut. Nach dieser Arbeit auf der Seelenebene kannst du neue Wege des Zusammenseins entdecken, die es dir erleichtern, Seelenliebe zum Ausdruck zu bringen und die höheren Ziele deiner Beziehung zu verwirklichen.

Gehe deinen eigenen Weg.
Löse dich von allen Wegen,
die nicht die deinen sind.

Ein wichtiger Schritt, den du tun mußt, um dich für neue Möglichkeiten des Liebens zu öffnen und von alten Mustern zu lösen, ist die Auseinandersetzung mit den Beziehungsmustern, die du von deinen Eltern gelernt hast. Du kannst dich von Beziehungsformen lösen, die dir nicht dienlich sind. Manche Verhaltensmuster und Lebensweisen deiner Eltern sind sehr wertvoll, und wahrscheinlich möchtest du sie dir zu eigen machen. Einige ihrer Muster passen nicht zu dir und bieten dir keine Chance, die Liebe auszudrücken, die in deinem Inneren erwacht. Du kannst dich von allen Beziehungsmustern, Visionen und Zielen freimachen, die du von deinen Eltern erlernt hast und die nicht zu dir passen, und statt dessen deine eigene Seinsweise wählen. Du kannst ganz neue Beziehungen aufbauen, die sich von der Beziehung deiner Eltern zueinander und zu anderen Menschen unterscheiden.

Viele Menschen erlauben es sich gar nicht, ein besseres Leben zu führen oder bessere Beziehungen zu haben als ihre Eltern, weil sie ihre Eltern so sehr lieben und ihnen treu ergeben sind (auch wenn sie äußerlich gegen sie rebelliert oder Widerstand geleistet haben). Vielleicht hast du der Freude und

Liebe oder dem Reichtum und Erfolg, den du dir selbst gestattest, unbewußt Grenzen gesetzt. Oder du lebst immer noch einige der Träume und Wünsche aus, die deine Eltern für ihr oder dein Leben hegten, obwohl es gar nicht deine eigenen Wünsche sind und auch nicht der Weg, den deine Seele für dich bestimmt hat.

Du kannst mehr Liebe und Freude erleben und dich lebendiger fühlen als deine Eltern. Du kannst bessere Beziehungen und ein offeneres Herz haben und einen anderen spirituellen Weg gehen als sie. Dazu mußt du zunächst einmal mit deiner Seele eins werden, Energie und Licht zwischen deinen Herzzentren zirkulieren lassen und dich in einen Zustand der Seelenliebe versetzen. Hebe beim Einatmen Energie aus deinem Herz- in dein Kopfzentrum, fühle die Gelassenheit der Seelenliebe und dehne dich in die Einheit der Liebe aus. Beim Ausatmen vereinige dich mit deiner Seele und sende Licht aus deinem Kopf- in dein Solarplexuszentrum hinab, um den verborgenen Punkt zu stimulieren und deinen Willen zu verstärken, dich selbst zu lieben. Wenn du wieder einatmest, lasse Solarplexusenergie in dein Herzzentrum emporströmen. Befreie dich von allen Wünschen und Erwartungen, die andere Menschen für dein Leben haben und die du nicht erfüllen möchtest.

Stelle aus diesem Zustand der Weisheit, erweiterten Perspektive, Gelassenheit und Liebe heraus eine Seelenverbindung zu deiner Mutter her. Dabei spielt es gar keine Rolle, ob du sie kennst und ob sie noch lebt oder nicht. Du kannst das mit deiner leiblichen Mutter oder mit irgendeiner anderen für dich wichtigen Frau tun, die dir als Rollenvorbild gedient hat. Danke ihr für alle Geschenke, die du von ihr empfangen hast.

Stelle dir vor, wie du als kleines Kind Hand in Hand mit dieser Frau einen Lichtweg entlanggingst. Nimm wahr, wie euer gemeinsamer Weg sich an einer bestimmten Stelle trennte. Du gehst jetzt deinen eigenen Weg des Lichts, getrennt von dem ihren, und nimmst alle Geschenke, die du behalten möchtest, und all die Liebe, die du von ihr empfangen hast, mit. Du gibst alle Gewohnheiten und Verhaltensmuster auf, die nicht auf deinem Weg der Liebe liegen. Am Ende deines Weges scheint eine warme Sonne, ähnlich wie bei einem Sonnenuntergang. Während du deinen Weg weitergehst, verstärkt diese Sonne alle Eigenschaften, aus denen dein Weg, deine Seelenqualitäten, Visionen und Träume bestehen. Sie unterstützt dich bei der Loslösung von allem, was nicht zu deinem Weg gehört. Sieh, wie deine Mutter weiter ihren eigenen Weg ins Licht geht. Vielleicht verlaufen eure beiden Wege Seite an Seite, oder sie führen in verschiedene Richtungen. Du bewegst dich jetzt entschlossen auf deinem eigenen Weg vorwärts, immer dem Licht entgegen.

Nachdem du diesen Ablösungsprozeß von deiner Mutter durchgeführt hast, wiederhole ihn mit deinem Vater oder einem anderen wichtigen männlichen Rollenvorbild. Bedanke dich bei ihm für alle Geschenke und all die Liebe, die er dir gegeben hat. Mache dich von allen Träumen, Zielen und Persönlichkeitsmustern deines Vaters frei, die du nicht übernehmen möchtest. Folge deinem ureigenen Weg der Liebe. Sieh, wie du auf deinem eigenen Weg dem Licht entgegengehst.

Werde dir des Rhythmus deiner Seele bewußt. Nimm dir öfter Zeit für dich allein.

Du kannst neue Möglichkeiten des Liebens entdecken, indem du dir darüber klar wirst, wieviel Zeit du mit anderen Menschen und wieviel Zeit du allein verbringen möchtest. Wenn du deiner Seele näherkommst, ändert sich daran vielleicht etwas. Es kann sein, daß du jetzt mehr allein sein möchtest, um neue Energie aufzutanken, zu meditieren, mit deiner Seele in Kontakt zu treten und um einfach zu *sein*. Es ist wichtig, Zeit mit dir allein zu verbringen, um die Stimme deines inneren

Ichs zu hören und dich ausgeglichen zu fühlen. Mache dir keine Vorwürfe und rede dir nicht ein, daß mit deinen Beziehungen zu anderen Menschen etwas nicht stimmt, wenn du öfter allein sein möchtest. Denke an eine Situation, in der du allein und einfach ganz still warst. Erinnere dich daran, was für ein gutes Gefühl das war. In den Augenblicken der Stille, wenn du ganz allein bist, kann deine Seele am besten mit dir arbeiten, um dir Energie und Ideen zu senden.

Manche Menschen fühlen sich vielleicht bedroht, wenn du Zeit für dich allein beanspruchst oder dich mit Dingen beschäftigen möchtest, die nichts mit ihnen zu tun haben. Vielleicht hast du dann das Gefühl, ein treuloser Mensch zu sein, oder dich plagen Gewissensbisse, weil du mehr Zeit für dich haben möchtest. Ehepartner, Kinder und Freunde stellen manchmal hohe Erwartungen an dich und wollen, daß du viel Zeit für sie hast. Habe nicht mehr das Gefühl, die Wunschvorstellungen anderer Menschen erfüllen zu müssen, wieviel von deiner Zeit du ihnen schuldig bist. Du kannst auf neue Weise lieben, indem du dir erlaubst, dir all die Zeit zu nehmen, die du für dich selbst brauchst.

Stelle dir vor, daß du einen ganz bestimmten Vorrat an Energie zur Verfügung hast. Dein Energiestandsmesser kann irgendwo zwischen »Voll« oder »Leer« stehen. Schließe für ein paar Sekunden die Augen. Was zeigt dein Energiestandmesser an? Bitte deine Seele, dir zu zeigen, was du tun kannst, um deinen Energievorrat wieder aufzufüllen. Wieviel Zeit müßtest du mit dir allein verbringen, um die Batterie wieder aufzuladen? Was könntest du mit deiner Zeit anfangen, um aufzublühen und das Gefühl zu haben, daß dich neues Leben durchströmt? Rufe dir eine Zeit ins Gedächtnis, in der du dich wirklich geschont hast und sorgsam mit deiner Energie umgegangen bist. Erinnere dich, wieviel mehr Liebe und Energie du anderen Menschen hinterher schenken konntest. Werde dir darüber klar, daß es ein Geschenk für deine Mitmenschen ist, wenn du etwas für dich tust – das Geschenk eines entspannten Ichs, das eine ganz neue Kraft und Energie durchströmt.

Stelle eine Seelenverbindung zu der Person her, die du ausgewählt hast. Danke ihr in Gedanken im voraus dafür, daß sie dir die Freiheit läßt, so mit deiner Zeit umzugehen, wie du möchtest. Du kannst zum Beispiel sagen: »Danke, daß du mir die Zeit und den Freiraum läßt, zu tun, was ich brauche, um ausgeglichen zu sein, mit meiner Seele in Kontakt zu treten, neue Energien aufzutanken und meinen eigenen Weg und Lebensrhythmus kennenzulernen.« Achte darauf, wann es dich zum Alleinsein drängt, denn in diesen Augenblicken ruft dich vielleicht deine Seele, ihr Licht, ihre Freude, Willenskraft, Macht, Liebe oder irgendeine andere ihrer Eigenschaften zu empfangen, durch die dein Leben besser werden kann.

Arbeite mit allen Teilpersönlichkeiten, die Angst haben, daß du vielleicht die Liebe dieses Menschen verlierst, wenn du dir Zeit nimmst, um allein zu sein. Wenn du mit dir allein bist, Dinge tust, die dir Freude machen, und Erfahrungen mit deiner Seele sammelst, fällt es dir möglicherweise leichter, mit der Einheit in Kontakt zu treten und mehr Harmonie zwischen dir und dem Universum zu schaffen. Selbst wenn du kleine Kinder hast, es ist wichtig, dir Zeit für dich zu nehmen, um neue Energie zu tanken. Verbinde dich mit den Seelen deiner Kinder und danke ihnen dafür, daß sie dir erlauben, ab und zu allein zu sein. Überlege dir, wie deine Kinder betreut werden könnten, während du dir die Zeit nimmst, die du für dich selbst brauchst. Wenn dein Energietank voll ist, hast du mehr Licht, Liebe und Energie für sie übrig.

Erlaube auch anderen Menschen, mit ihrer Zeit und ihrem Leben das anzufangen, was sie möchten. Nimm dir vor, das nie zu vergessen. Du könntest zum Beispiel sagen: »Ich gebe allen Menschen in meinem Leben die Erlaubnis, im Rhythmus ihrer Seele zu leben und das zu tun, was sie brauchen, um ausgeglichen zu sein und neue Kraft zu schöpfen.« Entwickle alle Teilpersönlichkeiten weiter, die sich vielleicht gegen den

Gedanken wehren, anderen Menschen diese Freiheit zu lassen, und liebe sie. Sprich mit jenen Teilpersönlichkeiten, die das Gefühl haben, daß andere dich vielleicht verlassen, sich von dir distanzieren oder es ausnutzen werden, wenn du ihnen zuviel Freiheit läßt. Das Gegenteil ist der Fall: Die Menschen werden dich mehr lieben, nicht weniger.

Hege eine hohe, positive Meinung von dir selbst. Bitte die anderen, das gleiche zu tun.

Erforsche neue Wege des Liebens, indem du dir andere Bilder von den Menschen machst, die du liebst, und gemeinsam mit ihnen daran arbeitest, auch die Vorstellungen zu verändern, die sie von dir haben. Dadurch, daß ihr eine hohe Meinung voneinander habt und euch ein positives Bild voneinander macht, könnt ihr euch von alten Beziehungsmustern befreien, die euch vielleicht hemmen, und neue Möglichkeiten des Zusammenseins entdecken.

Beziehungen büßen manchmal etwas von ihrer Lebendigkeit ein, wenn die Menschen veraltete Vorstellungen und Bilder voneinander haben – wenn sie die andere Person immer noch so sehen, wie sie einmal war, und nicht so, wie sie heute ist. Vielleicht hast du das Bedürfnis, dich von jemandem zu distanzieren, weil du innerlich gewachsen bist und dich weiterentwickelt hast, diese Person deine Veränderungen aber nicht erkennt oder anerkennt. Wenn deine Freunde, Eltern, Kinder, Partner und andere geliebte Menschen dich immer noch so vor Augen haben, wie du warst, und nicht so, wie du jetzt bist, fällt es dir oft schwerer, neue Verhaltensweisen an den Tag zu legen. Es ist ein wunderbares Geschenk der Liebe, wenn andere Menschen eine hohe Meinung von dir haben und an dich und deine inneren Möglichkeiten glauben, selbst wenn du sie noch nicht manifestiert hast.

Denke einmal darüber nach, wie die Person, die du für deinen Seelenkontakt ausgewählt hast, dich sieht. Hat sie ein positives Bild von dir? Glaubt sie an die Möglichkeiten, die in dir stecken, oder erinnert sie dich statt dessen immer nur an deine Fehler? Gefällt dir das Bild von dir, das diese Person widerspiegelt? Wenn nicht, dann bringe dein Selbstbild auf den neuesten Stand. Ehe andere Menschen eine positive Meinung von dir haben können, mußt du erst einmal ein positives Bild von dir selbst entwickeln.

Fühle die Gegenwart deiner Seele. Denke an einen Bereich deines Lebens, in dem die andere Person dir ein negatives Bild von dir zurückspiegelt oder immer noch an einer alten Wahrnehmung von dir festhält: an dem Menschen, der du früher einmal warst. Halte dir das Bild vor Augen, das diese Person in diesem Lebensbereich von dir haben soll. Stelle eine Seelenverbindung zu ihr her und sende ihr das neue Selbstbild, das du in dieser Hinsicht von dir hast. Du kannst das während der Meditation tun, aber auch, wenn du physisch mit der Person in Kontakt trittst. Wenn du erlebst, daß ihre Worte oder Handlungen ein Bild von dir widerspiegeln, das nicht deiner wahren Identität entspricht, tritt seelisch mit ihr in Kontakt und übermittle ihr das Bild, das sie von dir haben soll. Stelle dir dabei vor, daß das Licht und das Solarlicht deiner Seele alle negativen oder veralteten Bilder von dir auflöst, die diese Person dir sendet. Vielleicht ändert sie daraufhin ihre Meinung über dich, vielleicht aber auch nicht. Das Wichtigste ist, daß du ständig ein positives Bild von dir selbst aufrechterhältst. Du mußt dieses neue Bild auch in deinen Worten und Taten ausleben und darfst nicht in alte Verhaltensmuster zurückfallen, die die veraltete Vorstellung dieser Person bestätigen.

Erkenne das Potential innerer Größe
in dir und anderen.

Vielleicht mußt du dir auch ein neues Bild von den Menschen machen, die du liebst. Denke einmal an die Person, zu der du eine Seelenverbindung aufgebaut hast. Hast du noch irgendwelche veralteten Vorstellungen von ihr, die du auf den neuesten Stand bringen solltest? Finde mindestens einen Lebensbereich, in dem du vielleicht kein ganz so hochentwickeltes Bild von diesem Menschen hast. Denke darüber nach, was für eine neue Sichtweise von dieser Person du entwickeln könntest. Stelle eine Seelenverbindung mit ihr her und sende ihr dein aktualisiertes Bild von ihr. Du kannst in Gedanken zum Beispiel zu ihr sagen: »Ich sehe dich jetzt als ..., und ich werde dieses positive Bild von dir bewahren, damit es dir leichter fällt, innerlich zu wachsen und dich weiterzuentwickeln.« Nimm dir fest vor, auf alle negativen Vorstellungen zu achten, die du von dieser Person hast, und sie zu verwandeln.

Du kannst noch mehr tun, als deine Vorstellungen von anderen Menschen zu erneuern: Erkenne die Größe, die in ihnen liegt. Werde dir zunächst einmal über deine eigene innere Größe klar. Vereinige dich mit deiner Seele und spüre ihre Schönheit und ihr Licht. Halte dir all die wunderbaren Seeleneigenschaften vor Augen, die du bereits jetzt zum Ausdruck bringst. Laß dein Leben an deinem inneren Auge vorüberziehen und denke daran, wie du immer das Gefühl hattest, daß du auf die Welt gekommen bist, um etwas ganz Besonderes zu tun. Du weißt, daß du Anlagen zu innerer Größe in dir trägst, die nur auf die richtigen Umstände warten, um sie entfalten zu können. Denke darüber nach, wie du von Sekunde zu Sekunde zu einem schöneren, vollkommeneren Licht wirst.

Denke an die Person, die du ausgewählt hast, und stelle eine Seelenverbindung zu ihr her. Lade das Wesen der Liebe in dein Herzzentrum ein, damit du das Höchste und Beste in dieser Person leichter erkennen kannst. Stelle dir das Solarlicht über euch vor, mit dessen Unterstützung du deutlicher etwas von der Größe spüren oder sehen kannst, die in diesem Menschen liegt. Male dir aus, daß alles, was das Licht der Seele dieser Person verbirgt, von ihr abfällt, bis ihr strahlendes Licht auf allen Ebenen durchscheint. Nimm das Liebespotential wahr, das in ihr steckt, selbst wenn sie noch nicht fähig ist, ständig Liebe zum Ausdruck zu bringen. Bitte deine Seele, dir ein paar Seelenqualitäten zu zeigen, die als Lichtsamen in dieser Person vorhanden sind, und nur darauf warten, zu keimen. Konzentriere deine Aufmerksamkeit auf diese Lichtedelsteine und achte nicht auf das Dunkel, das du wahrnimmst. Erinnere dich daran, wie du die Möglichkeiten und die innere Größe erkannt hast, die in dieser Person stecken, als ihr zum ersten Mal zusammen wart. Achte darauf, wie sich die Energie zwischen euch beiden öffnet und erweitert, wenn du dein Bild von ihr aktualisierst und dich auf ihre Möglichkeiten und ihre Größe konzentrierst.

Du kannst dich selbst in deiner Absicht bestärken, alles Gute und Schöne an dieser Person zu erkennen, indem du folgende Affirmation benutzt: »Ich liebe und erkenne deine innere Größe, und ich liebe auch jene Teile von dir, die noch nicht entwickelt sind.« Erkenne, daß diese Person eine gute Seite hat, auch wenn ihr euch gerade uneinig seid oder wenn sie anscheinend schlecht gelaunt oder nicht aufnahmebereit ist.

Wenn du dich auf das Gute an anderen Menschen konzentrierst, unterstützt du sie dabei, diese Eigenschaften tatsächlich zu manifestieren und in ihr Leben zu bringen. Vielleicht wirst du feststellen, daß deine Mitmenschen sich liebevoller verhalten, wenn du all das Gute und das Licht in ihrem Inneren siehst. Dadurch machst du es ihnen leichter, dieses Licht zu erkennen und zum Ausdruck zu bringen.

Nimm dir vor,
dich auf dein spirituelles Wachstum zu konzentrieren.

Nimm dir fest vor, innerlich zu wachsen und dich spirituell weiterzuentwickeln; betrachte das als einen Weg, dich selbst mehr zu lieben und auch anderen Menschen mehr Liebe geben zu können. Wenn du innerlich wächst, kannst du viel mehr in deine Beziehungen zu anderen Menschen einbringen. Du kannst alles tun, was notwendig ist, damit deine Beziehungen gut funktionieren. Du konzentrierst dich ganz auf dein höheres Ziel, dein Horizont erweitert sich, und deine Ansichten und Überzeugungen untermauern den Erfolg deiner Beziehungen.

Wenn du dir vornimmst, spirituell zu wachsen, gewinnst du immer mehr Vertrauen zu dir selbst und deiner Fähigkeit, anderen Menschen Grenzen zu setzen und eine dauerhafte, beständige Liebe auszustrahlen. Wenn dir deine innere Lebendigkeit wichtig ist, hast du keine Angst davor, daß eine Beziehung dich daran hindern könnte, innerlich zu wachsen, deinen Horizont zu erweitern und deinen höheren Weg und Sinn zu verwirklichen. Du betrachtest deine Beziehungen zu anderen Menschen als Teil deines höheren Wegs, als Beitrag zu deiner inneren Lebendigkeit und als Chance, innerlich zu wachsen, indem du lernst, wie man liebt.

Tritt möglichst häufig mit deiner Seele in Kontakt und laß dir von ihr zeigen, was du für dein spirituelles Wachstum tun könntest. Glaube daran, daß du deine Zeit am sinnvollsten investieren kannst, indem du meditierst, mit deiner Seele in Verbindung trittst, deine Teilpersönlichkeiten veränderst, deine Herzzentren erweckst und innere Arbeit leistest. Lasse deine täglichen Aktivitäten zu einem spirituellen Weg werden – dem Weg, Liebe zu manifestieren.

Sage den Menschen, die du liebst, in Gedanken:
»Ich unterstütze euch auf eurem Weg
zur Erleuchtung.«

Es ist wichtig, andere Menschen in ihrem inneren Wachstum zu unterstützen. Denn wenn sie spirituell wachsen, werden sie dich auf eine ganz neue, höhere Art und Weise lieben können, obwohl du sie nicht aus diesem Grund in ihrem Wachstum bestärkst. Denke an die Person, die du ausgewählt hast. Lasse Licht zwischen deinen Herzzentren zirkulieren und versetze dich in einen Zustand der Seelenliebe. Gewähre dieser Person deine vorbehaltlose Unterstützung für ihr inneres Wachstum, ihren Erfolg und ihre Erleuchtung. Wünsche dir aus tiefstem Herzen, daß dieser geliebte Mensch glücklich und erfolgreich ist und ein erfülltes Leben führt. Nimm dir einen Augenblick Zeit, um dir vorzustellen, wie diese Person zur Erleuchtung gelangt. Lasse eine geistige Botschaft von dir an sie ausgehen, die besagt: »Ich unterstütze dich von ganzem Herzen auf deinem Weg zur Erleuchtung.« Arbeite mit allen Teilpersönlichkeiten, die vielleicht befürchten, daß diese Person dich nicht mehr lieben oder brauchen würde, wenn sie glücklich wäre und ein erfülltes Leben führte. Dir eine Vision vor Augen zu halten, wie andere Menschen zur Erleuchtung gelangen, ist eines der größten Geschenke, das du ihnen machen kannst.

Erkenne Fähigkeiten, die man in Beziehungen braucht.

Nimm dir Zeit, bessere Beziehungen zu schaffen, indem du praktische Fähigkeiten erlernst, die man in Beziehungen braucht. Lerne neue Möglichkeiten des Liebens kennen, indem du dir Tonkassetten anhörst, Bücher liest, Videos anschaust oder Kurse besuchst. Zwischenmenschliche Beziehungen sind eine Chance, dein Herz zu öffnen. Kultiviere deine Beziehungen, damit sich in ihnen die Seelenliebe widerspiegeln kann, die in deinem Inneren wohnt. Respektiere sie als Weg zur Erleuchtung und als Möglichkeit, deine Herzzentren zu erwecken.

Die Erforschung neuer Wege des Liebens

Seelenspiel

Vereinige dich mit deiner Seele und wähle aus der folgenden Liste einen neuen Weg aus, dich selbst oder einen anderen Menschen zu lieben. Oder sei kreativ und überlege dir zusätzlich neue Möglichkeiten, dich und andere zu lieben!

1. Denke an ein Beziehungsmuster deiner Mutter oder deines Vaters. Entscheide, ob du dieses Muster übernehmen möchtest oder nicht. Wenn nicht, dann arbeite mit deiner Seele zusammen, um dich davon zu befreien.
2. Betrachte den Zeiger an deinem Energietank mit deinen inneren Augen. Wie voll ist dein Energiespeicher? Werde ruhig und bitte deine Seele, ihr Ideen einzugeben, wie du wieder neue Energie auftanken kannst.
3. Bitte deine Seele, dir zu zeigen, wie oft du dich mit ihr vereinigen sollst, damit du alle Geschenke empfangen kannst, die sie dir geben möchte. Wieviel Kontakt möchte deine Seele am nächsten Tag, in der nächsten Woche, im nächsten Monat zu dir haben?
4. Denke an ein Bild, das ein Mensch, den du liebst, deiner Meinung nach von dir haben sollte. Halte dir dieses Bild unablässig vor Augen, während du eine Seelenverbindung mit dieser Person herstellst und ihr dieses Bild überträgst.
5. Überlege, was für ein neues, positives Bild du dir von einem Menschen, den du liebst, machen könntest. Sende der Person dieses Bild, während du eine Seelenverbindung zu ihr herstellst.

6. Erkenne das Potential für innere Größe in einem anderen Menschen. Sieh, wie die Strahlung dieser Person durch alles hindurchscheint, das sein Licht verhüllt.
7. Sage einem geliebten Menschen laut oder in Gedanken: »Ich unterstütze dich von ganzem Herzen auf deinem Weg zur Erleuchtung.« Sende den gleichen Gedanken noch heute einem völlig fremden Menschen.
8. Sage: »Ich unterstütze mich selbst mit meinem ganzen Sein auf dem Weg zur Erleuchtung.« Nimm dir fest vor, spirituell zu wachsen; betrachte es als eine Möglichkeit, anderen Menschen mehr Liebe geben zu können.

Kapitel 19

Wie man eine Beziehung verändert oder losläßt

Deine Seele zieht Menschen und Dinge magnetisch an oder schickt sie fort. Alles Gute und Schöne wächst. Alles, was der Seele nicht länger dient, wird losgelassen.

Wenn dein Kontakt zu deiner Seele sich vertieft und deine Herzzentren erwachen, wirst du vielleicht feststellen, daß dein Leben sich verändert. Möglicherweise kommen alte Probleme oder Beziehungsmuster aus der Vergangenheit wieder an die Oberfläche, damit du sie einer Prüfung unterziehen kannst. Da deine Liebe sich immer mehr erweitert und dein Selbstbild sich wandelt, bist du nun vielleicht nicht mehr so zufrieden mit deiner bestehenden Lebenssituation und deinen Beziehungen oder mit der Art, wie manche Menschen dich behandeln. Wenn du dich von allen Einstellungen, Gedanken, Überzeugungen und Energien freimachst, die der Liebe im Weg stehen, können deine Wünsche und Erwartungen an eine Beziehung sich verändern. Das kann eine Zeit sein, wo du die Vergangenheit und alles, was du erschaffen hast, hinter dir läßt, denn deine Seele wird dich mit neuen Visionen und Träumen, neuen Zielen und Sehnsüchten erfüllen.

Wenn du dich spirituell weiterentwickelst, können deine Beziehungen sich so verändern, daß sie dich unterstützen. Vielleicht entwickeln die anderen Menschen sich mit dir weiter. Es kann aber auch sein, daß sie nicht genauso innerlich wachsen wie du. Vielleicht erweitern sie trotzdem ihren Horizont; aber sie entwickeln sich in einer anderen Geschwindigkeit oder in einer anderen Richtung weiter als du.

Wenn deine Herzzentren erwachen, beginnst du jene Bereiche in deinem Inneren zu heilen, in denen du dich vorher ungeliebt und unannehmbar gefühlt hast. Wenn du dich vollständiger fühlst, wünschst du dir liebevolle Beziehungen, die dich unterstützen und bereichern und die gut für dich sind. Du möchtest mit Respekt behandelt werden. Du weigerst dich, dich in irgendwelche Geschehnisse hineinziehen zu lassen, die dir Selbstmitleid einflößen oder das Gefühl vermitteln, ein Opfer oder weniger wert zu sein als andere Menschen. Solche Gefühle möchtest du nicht haben, und deshalb bringst du dich nicht mehr in Situationen, die sie hervorrufen. Du möchtest nicht mehr mit Menschen zusammensein, deren Leben in Unordnung ist oder die versuchen, dich in ihre Schwierigkeiten und Konflikte hineinzuziehen. Du möchtest dich von Menschen fernhalten, die sich dauernd über ihr Leben beklagen, aber nichts tun, um ihre Probleme zu lösen. Statt dessen wünschst du dir Kontakt zu Menschen, deren Leben gut funktioniert, die einen wertvollen Beitrag leisten, innerlich wachsen und mit ihrer Seele in Verbindung treten.

Manchmal möchtest du deine Beziehung zu einem bestimmten Menschen verändern oder beenden, weil du alles daraus gelernt hast, wozu ihr beide zusammengekommen seid. Vielleicht habt ihr den höheren Sinn eures Zusammenseins erfüllt. Aber manchmal ist es auch notwendig, dich von Menschen zu trennen, weil sie dir in irgendeiner Weise schaden. Vielleicht mußt du mehr Distanz schaffen oder die physische Nähe dieser Menschen meiden. Vielleicht bist du jetzt bereit, alte Formen loszulassen, die für dich nicht mehr funktionieren, und eine neue Form für deine Beziehungen zu finden, die allen Beteiligten die Möglichkeit gibt, weiter innerlich zu wachsen, den höheren Sinn eures Lebens zu erfüllen und mehr Liebe zum Ausdruck zu bringen.

Achte stets eure Seelenverbindung, gleichgültig, was mit der äußeren Form eurer Beziehung geschieht.

Ehe du deine Beziehung zu jemandem aufgibst oder lockerst oder die äußere Form veränderst, werde eins mit deiner Seele und stelle eine Verbindung zur Seele der anderen Person her. Nimm dir fest vor, der Schönheit und Stärke eurer Seelenverbindung gerecht zu werden, unabhängig davon, was du an ihrer äußeren Form verändern willst. Wenn du überlegst, ob du deine Beziehung zu einem Menschen verändern oder lösen möchtest, dann denke jetzt an diese Person. Vereinige dich mit deiner Seele und stelle eine Seelenverbindung mit der Person her. Deine wichtigste Beziehung zu ihm oder ihr ist die Verbindung zu seiner oder ihrer Seele. Bringe dich in Einklang mit der Seele der anderen Person und strahle Seelenliebe aus. Bekräftige deinen Vorsatz, im Sinne eurer Seelenverbindung zu handeln, unabhängig von der äußeren Form eurer Beziehung. Sage in Gedanken zu der anderen Person: »Ich nehme mir fest vor, trotz aller Veränderungen in der äußeren Form unserer Beziehung eine Seelenbeziehung zu dir aufrechtzuerhalten.«

Löse dich von allen Formen, die dir nicht mehr dienen.

Deine Seele besitzt eine magnetische Anziehungskraft. Sie kann durchlässig sein und Energien durch sich hindurchströmen lassen. Deine Seele kann auch Energien abweisen, die sie nicht haben möchte, weil sie beispielsweise nicht zu ihr passen – beispielsweise solche, die sie ihres Lichts berauben oder es verhüllen. Denke einmal daran, wie ein Magnet funktioniert. Das eine Ende zieht bestimmte Energien an, das andere stößt bestimmte Energien ab oder schiebt sie von sich weg.

Vielleicht kennst du Menschen, die noch nicht die Fähigkeit entwickelt haben, Energien, die nicht zu ihrem innersten Wesen passen, von sich fortzusenden oder abzuweisen. Solche Menschen entscheiden sich womöglich für Beziehungen zu willensstarken Menschen, die ihr Leben im Griff zu haben scheinen. Tadle oder kritisiere diese Menschen nicht dafür, daß sie Opfer sind, sich nicht abgrenzen können oder keinen eigenen Willen haben. Vielleicht sind sie nicht in der Lage, sich selbst oder die Menschen, die sie lieben, zu schützen. Werde dir darüber klar, daß diese Menschen eine wichtige Seelenlektion lernen: nämlich wie man bestimmte Energien abweist, statt für sie empfänglich zu sein. Manche Menschen ziehen Partner an, die ihr ganzes Leben in die Hand zu nehmen scheinen, weil das eine Herausforderung für sie ist, Grenzen zu setzen. Auf diese Weise können sie etwas lernen und stärker werden. Du kannst diese Menschen am meisten unterstützen, indem du dich unablässig auf die Essenz ihres Seins und das Licht in ihrem Inneren konzentrierst. Dadurch können sie ihr Wesen selbst besser wahrnehmen. Habe eine klare Vision davon, daß sie lernen werden, alle Energien abzuweisen und fortzuschicken, die ihr Licht verbergen oder dämpfen. Akzeptiere und liebe sie, statt sie zu verdammen oder zu tadeln, weil sie schwach sind. Empfinde die Gelassenheit der Seelenliebe und strahle eine sanfte, akzeptierende, durchlässige Liebe aus.

Verstärke deine eigene Fähigkeit, Energien, die nicht zu deiner Identität passen, abzuweisen und loszulassen, indem du mit deiner Seele verschmilzt. Fühle, wie sich der Juwel deines Herzzentrums und der Juwel deiner Seele verbinden. Erinnere dich daran, wie dein Herzzentrum von der magnetischen Anziehungskraft der Liebe deiner Seele erfüllt wurde, als du dich mit deiner Seele vereinigt hast. Stelle dir vor, daß deine Seele diesmal anders arbeitet. Sie verändert ihren Magnetismus jetzt so, daß sie alle Energien, die nicht zu ihr passen, von sich fortsendet. Aus dem Zentrum der Liebe in deinem Herzen wehrt sie Energien ab, die dichter oder niedriger sind als deine eigene Schwingung. Stelle dir vor, wie du Energien, die du aus dem Universum aufgenommen hast und die dir nicht mehr angemessen sind, aus deinem Inneren entläßt. Du kannst auf allen Ebenen – der physischen, der emotionalen oder der geistigen – wahrnehmen, wie diese Energie dich verläßt. Deine Seele läßt alle Muster, Gewohnheiten oder Energien los, die du von anderen übernommen hast und die nicht zu dir passen.

Denke an die Person, zu der du eine Seelenbeziehung aufgebaut hast. Bitte deine Seele um Unterstützung, damit du alle Energien, die du von dieser Person aufgenommen hast und die nicht zu dir passen, wieder loslassen kannst. Deine Seele weiß genau, welche Energien sie akzeptieren, für welche sie durchlässig sein und welche sie fortschicken soll. Sie entwickelt sich zu einem immer schöneren, vollkommeneren Licht. Werde eins mit deiner Seele und lasse sie alle Energien fortsenden, die du von dieser Person angenommen hast und die deinem Wesen nicht angemessen sind, zum Beispiel bestimmte Gedanken, Gefühle oder Ansichten. Stelle eine Seelenverbindung zu der Person her und spüre das reine Licht der Seelenliebe, das jetzt zwischen euch existiert.

Als nächstes wiederhole diesen Vorgang mit einem Menschen, zu dem du eine Beziehung hast, deren Form du gern verändern würdest. Wenn du alle Energien losläßt, die nicht zu dir passen, mußt du vielleicht mehr Distanz zwischen dir und einem anderen Menschen schaffen, dich gar nicht mehr mit ihm treffen oder nur manchmal mit ihm zusammenkommen, um bestimmte Ziele zu verfolgen. Wenn du auf dieser inneren Ebene arbeitest, um alle Energien zwischen euch loszulassen, die deine Identität nicht mehr widerspiegeln, werden auch die äußeren Formen und Ausdrucksweisen eurer Beziehung sich verändern. Vergiß nicht, die Seele der anderen Person zu lieben, gleichgültig, was für Veränderungen in eurer Beziehung stattfinden.

Achte darauf, ob deine Beziehung sich verbessert, wenn du dein Leben änderst.

Bevor du eine Beziehung beendest oder ihre Form änderst, werde dir darüber klar, ob du das tust, weil die Beziehung nicht funktioniert oder weil dein eigenes Leben nicht so läuft, wie es eigentlich sollte. Manche Menschen möchten eine intime Beziehung aufgeben, weil sie zuviel Streß haben und die Beendigung ihrer Beziehung der einzige Ausweg aus einem Leben zu sein scheint, das aus den Fugen geraten ist. Manche Menschen lösen eine Beziehung auch, weil sie ihr Leben als trostlos und eintönig empfinden oder weil sie sich innerlich nicht mehr lebendig fühlen. Schau nach innen und frage dich: »Wenn ich mit meinem Leben glücklich wäre oder wenn ich mehr Freude und weniger Streß hätte, würde ich diese Beziehung dann trotzdem aufgeben wollen?«

Manchmal möchten Menschen sich auch aus einer Beziehung zurückziehen, weil ihnen keine andere Möglichkeit einfällt, sich abzugrenzen. Sie haben das Gefühl, um sich von den Erwartungen und Forderungen einer anderen Person zu befreien, müßten sie die Beziehung beenden. Frage dich: »Wenn ich Grenzen ziehen könnte und nicht mehr das Gefühl hätte, die Erwartungen dieser Person an mich erfüllen zu müssen, würde ich meine Beziehung zu ihr dann trotzdem aufgeben wollen?« Wenn du lernst, Grenzen zu setzen und dir selbst und deinen Bedürfnissen gerecht zu werden, wirst du vielleicht feststellen, daß du wieder gern mit dieser Person zusammen bist.

Entscheide, ob du die Form eurer Beziehung ändern möchtest oder nicht.

Wenn du dich in Zusammenarbeit mit deiner Seele von allen Energien löst, die nicht zu dir passen, versuchst du dir vielleicht darüber klarzuwerden, ob du eine Beziehung ganz aufgeben, dich ein wenig aus ihr zurückziehen oder bleiben und etwas verändern sollst. Verurteile dich nicht, wenn du dich nicht entscheiden kannst. Ob man Schluß machen oder lieber etwas verändern soll, kann in einer engen, schon lange bestehenden Beziehung eine sehr wichtige Entscheidung sein, vor allem, wenn sie sich auch auf das Leben vieler anderer Menschen auswirkt. Manche Menschen erhalten eine Beziehung aufrecht, obwohl die Essenz der Liebe schon lange daraus verschwunden ist – einfach weil sie das Gefühl haben, sie hätten keine ausreichenden Gründe, den Partner oder die Partnerin zu verlassen. Oder sie glauben, nicht die äußeren Mittel oder die innere Kraft zum Fortgehen zu besitzen. Manchmal bleiben sie auch, weil sie Angst davor haben, allein zu sein oder den Partner/die Partnerin zu verletzen.

Vielleicht schwankst du innerlich und reibst dich bei dem Versuch auf, zu einer Entscheidung zu gelangen, ob du die Beziehung aufrechterhalten sollst oder nicht. Wenn das der Fall ist, dann verbringe eine gewisse Zeit im Zustand der Seelenliebe und verbinde dich mit der Seele der anderen Person. Überdenke die höheren Ziele, die du mit dieser Beziehung verfolgst, und werde dir darüber klar, ob du sie erfüllt hast. Frage, ob ihr noch irgend etwas gemeinsam schaffen oder zu Ende bringen müßt. Bitte deine Seele, dir zu zeigen, ob es zu deinem höheren Weg gehört, diese Beziehung aufrechtzuerhalten. Oder frage sie, ob eure Beziehung abgeschlossen und ob es an der Zeit ist, ihre Form zu verändern. Vielleicht – ja sogar wahrscheinlich – bekommst du nicht sofort Antworten auf diese Fragen. Aber durch deine Träume und Gefühle und die Ereignisse, die sich vor dir entfalten, wirst du allmählich mehr über die Veränderungen erfahren, die du durchführen mußt. Vielleicht nimmst du dir vor, deine Beziehung aufrechtzuerhalten und an ihr zu arbeiten, um festzustellen, ob dieser Weg noch möglich ist. Arbeite an allen Anschauungen oder Denk- und Verhaltensmustern, die dich womöglich daran hindern, eine liebevolle Beziehung zu dieser Person zu haben. Gib dir ein paar Monate Zeit, daß Dinge sich verändern können, bevor du dir wieder die Frage stellst, ob du deinen Partner/deine Partnerin verlassen oder bleiben sollst. Mache dich von deinem inneren Kampf frei und beschließe, deine endgültige Entscheidung erst später zu treffen. Wenn du deinen Einfluß verwirklichst, vorläufig dazubleiben, wirst du irgendwann wissen, ob das dein höchster Weg und der Wunsch deiner Seele ist.

Glaube nicht, einen Grund zu brauchen, um die Form einer Beziehung zu verändern.

Viele Menschen bleiben in einer Beziehung oder warten so lange mit einer Veränderung, bis sie triftige Gründe dafür finden. Du brauchst keine Rechtfertigung, um deinen Partner oder deine Partnerin zu verlassen, die mehr Zeit für dich selbst zu nehmen oder die Form einer Beziehung zu verändern. Im Gegenteil: Es ist sogar besser, wenn du anderen Menschen keinen Grund angibst, falls du meinst, die andere Person habe dich irgendwie enttäuscht. Denn das könnte euch beiden das Gefühl geben, versagt zu haben. Betrachte statt dessen alle Veränderungen mit den Augen deiner Seele; erkenne an, daß ihr das, was ihr gemeinsam lernen solltet, erfolgreich bewältigt und den höheren Sinn eures Zusammenseins erfüllt habt und daß es nun an der Zeit ist, einen neuen Weg einzuschlagen und neue Formen zu finden, die euch beiden angemessen sind.

Wenn du das Gefühl hast, daß diese Beziehung in ihrer jetzigen Form für dich abgeschlossen ist, dann formuliere in Gedanken einen Vorsatz, wie du deinen Übergang zu einer neuen Lebensphase betrachten möchtest. Du könntest zum Beispiel sagen: »Ich löse mich in Liebe von unserer Beziehung. Ich werde sie als erfolgreich betrachten; sie hat ihren Zweck erfüllt.« Denke daran, wieviel liebevoller du seit dem Beginn dieser Beziehung zu dir selbst und anderen Menschen geworden bist. Halte dir vor Augen, was du alles gelernt hast und wie sehr du innerlich gewachsen bist.

Betrachte eure Beziehung als Erfolg und behalte das während aller Veränderungen im Hinterkopf, damit du das Gefühl haben kannst, erfolgreich zu sein, während du die Form eurer Beziehung veränderst. Manche Menschen glauben, eine erfolgreiche Beziehung bedeute, daß man für immer zusammenbleiben muß, und fühlen sich als Versager, wenn eine Beziehung endet oder eine andere Form annimmt. Vielleicht solltest du neu definieren, was Erfolg für dich bedeutet: Heißt es, erfolgreich eine Familie aufzuziehen, alles zu erreichen, was ihr euch vorgenommen habt, das zu lernen, war ihr gemeinsam lernen solltet, euch auf irgendeinem Gebiet spirituell weiterzuentwickeln, und so weiter? Betrachte alle deine Beziehungen als erfolgreich, selbst die, die du beendet hast. Du veränderst jetzt die Form eurer Beziehung, weil du das Gefühl hast, daß das richtig so ist, weil du weißt, daß die Zeit dafür reif ist, und weil dir in deinem tiefsten Inneren klar ist, daß es das Beste ist.

Empfange die Kraft und den Mut deiner Seele, während du die Form einer Beziehung veränderst.

Manchmal weißt du, daß es an der Zeit ist, eine Beziehung zu beenden oder ihre Form zu verändern, bringst aber trotzdem nicht die innere Kraft oder den Mut auf, es zu tun. Vielleicht hast du den Eindruck, daß die andere Person von dir abhängig ist und ohne dich nicht zurechtkommen oder überleben könnte. Vielleicht hältst du ihr innerlich immer noch die Treue, obwohl die Beziehung schwierig für dich war oder deiner Identität nicht gerecht wird. Oder du hast Angst vor dem Alleinsein und meinst, daß jede Beziehung immer noch besser ist, als gar keinen Partner zu haben. Vielleicht fehlen dir die nötigen Mittel, um fortzugehen, oder du hast Angst davor, wie die andere Person darauf reagieren wird. Möglicherweise ist dein Partner, Ehepartner oder Freund ja ein ganz wunderbarer Mensch, und du möchtest diese Person nicht kränken, indem du sie verläßt. Vielleicht hast du das Gefühl, daß sie wütend auf dich sein oder dich sogar verletzen wird, wenn du sie verläßt, dich von ihr zurückziehst oder die Form eurer Beziehung änderst.

Beschäftige dich zunächst einmal mit den Gründen, warum du Angst davor hast, diese Beziehung aufzugeben oder zu verändern. Wähle einen Grund aus und schreibe ihn auf. Verwandle ihn in eine positive Aussage. Wenn du zum Beispiel sagen würdest: »Ich fürchte mich davor, diese Beziehung zu beenden oder zu verändern, weil ich meinen Partner/meine Partnerin dadurch verletzen könnte«, dann sage statt dessen: »Wenn ich das tue, was in meinem höchsten Interesse liegt, erreiche ich damit auch das Beste für den anderen Menschen. Darauf vertraue ich ganz fest.« Laß an die Stelle deiner Ängste, daß du ein schlechter Mensch bist, weil du im Interesse deiner Seele und deiner eigenen Bedürfnisse handelst, den Gedanken treten, daß du deiner tiefsten inneren Weisheit folgst und auch der anderen Person damit die Chance bietest, innerlich zu wachsen und sich weiterzuentwickeln.

Häufig bewegen Menschen, die eine Beziehung gern beenden oder verändern würden, folgende Ängste: Sie fürchten, die andere Person ganz zu verlieren, keinen besseren Partner zu finden, den sie lieben können, und allein zu sein; sie haben Angst, daß niemand sie lieben wird, daß sie kein Geld haben werden oder daß der andere Mensch ohne sie im Leben nicht zurechtkommt. Vielleicht wartest und hoffst du immer noch darauf, daß dein Partner/deine Partnerin sich ändert, und lebst von deinen Träumen, wie eure Beziehung sein könnte, statt der Tatsache ins Auge zu sehen, wie diese Beziehung wirklich für dich ist. Nimm dir Zeit, dir über deine Ängste klarzuwerden. Formuliere schriftlich eine positive Affirmation, die du dir immer wieder vorsagst, um zu bekräftigen, daß du die Kraft besitzt, alles zu erschaffen, was du möchtest. Dann wirst du mehr Mut haben, die Schritte zu tun, die du tun mußt.

Vielleicht hast du den Eindruck, daß die andere Person dich nicht fortgehen oder die Form eurer Beziehung verändern lassen wird. Oder du fürchtest, daß es zu schwer für dich wäre, mit den Konsequenzen deines Tuns zu leben. Wenn das so ist, dann vereinige dich mit der Seele der anderen Person und bitte eure beiden Seelen um Unterstützung dabei, einander zu verlassen oder die notwendigen Veränderungen durchzuführen. Wenn du eine intime Beziehung zu jemandem hast, der oder die wütend auf dich ist oder dich beschimpft, dann hebe Solarplexusenergie in dein Herzzentrum empor, bis du die Gelassenheit der Liebe empfinden und ausstrahlen kannst. Weigere dich, ein Opfer zu sein. Habe Mitgefühl mit dir selbst. Dein Leben ist genauso wichtig wie das der anderen Person. Sage dir, daß du in einer Umgebung leben kannst, die dich unterstützt und gut für dich ist, mit Menschen, die dich lieben und respektieren. Bestätige deine Freiheit, indem du dir sagst: »Ich bin frei. Ich werde das tun, was für mich und mein Leben das Höchste und Beste ist.« Wenn du glaubst, nicht die Möglichkeiten zu haben, deine Beziehung zu beenden oder ihre Form zu verändern, dann rufe möglichst oft die Kraft deiner Seele an. Bitte deine Seele, in Zusammenarbeit mit dir alle Möglichkeiten zu schaffen, die du brauchst – zum Beispiel juristische Beratung, Menschen, die dich unterstützen, einen Arbeitsplatz oder finanzielle Hilfe.

Bitte deine Seele um Unterstützung,
damit du deine Beziehung auf liebevolle
und harmonische Weise lösen kannst.

Wenn du beschlossen hast, eine Beziehung zu beenden oder ihr eine andere Form zu verleihen, dann arbeite auf der Seelenebene mit der anderen Person zusammen. Stelle dir genau wie zuvor bei deinen Eltern auch hier wieder vor, daß du gemeinsam mit dieser Person einen Lichtweg entlanggegangen bist und daß eure Wege sich jetzt trennen. Das Solarlicht ist über euch. Ihr entwickelt euch von Sekunde zu Sekunde zu einem schöneren, vollkommeneren Licht und müßt jetzt unterschiedliche Wege gehen, um weiter zu wachsen und euch zu noch lichtvolleren Wesen zu entwickeln. Betrachte eure beiden Wege. Wie stellst du dir vor, daß diese Wege weitergehen, wenn ihr euch voneinander trennt? Folgen sie einander zum Beispiel noch über einen gewissen Abschnitt und schlagen erst dann verschiedene Richtungen ein?

Eine Beziehung zu beenden oder ihr eine andere Form zu verleihen, kann eine schwere Zeit voller Herausforderungen sein. Nimm dir vor, nur Gutes über die andere Person zu sagen und zu denken. Wenn sie versucht, dir Schuldgefühle einzujagen oder wenn du ihr gegenüber negative Gefühle hast, die du verwandeln möchtest, dann lasse Solarplexusenergie in dein Herzzentrum emporströmen. Tue das jedesmal, wenn du das Gefühl hast, auf unentwickelte Solarplexusenergie in dir selbst oder in der anderen Person zu reagieren. Denke daran: Du reduzierst oder veränderst dein Engagement in dieser Beziehung auf der Persönlichkeitsebene. Die Seele dieser Person kannst du trotzdem noch lieben. Bitte eure beiden Seelen um

Unterstützung, damit die Veränderungen in eurer Beziehung auf die harmonischste, liebevollste, ausgewogenste Art und Weise ablaufen können. Stelle dir eine leichte Trennung oder einen leichten Übergang vor. Betrachte eure Beziehung als erfolgreich. Denke daran, was ihr gemeinsam alles erreicht, gelernt und geschaffen habt und wie sehr eure Fähigkeit, euch selbst und andere Menschen zu lieben, durch eure Beziehung gewachsen ist.

Verzeihe den Menschen, die dich verlassen.

Manchmal veränderst du die Form einer Beziehung, indem du mit jemandem zusammen bist, der dich verläßt oder sich seltener mit dir trifft als früher. Die Menschen werden ganz unterschiedlich darauf reagieren, wenn du innerlich wächst und dich veränderst. Manche werden sich mit dir über dein verstärktes Licht und deine innere Stärke freuen. Andere werden das gar nicht bemerken, oder es wird ihnen gleichgültig sein. Manche Menschen fühlen sich vielleicht auch bedroht und versuchen, dich in eine bestimmte Richtung zu drängen und von deinem Weg abzubringen. Manche werden sich zurückziehen, weil sie dir nicht mehr gewachsen sind, wenn deine Liebe erhabener, klarer und ausgewogener wird. Vielleicht brauchen sie immer noch eine Beziehung mit den gleichen Lektionen, die ihr gemeinsam gelernt habt, bevor du dich verändert hast. Wenn das so ist, werden sie die Beziehung zu dir höchstwahrscheinlich lösen. Vielleicht finden sie sogar einen neuen Partner, mit dem sie die Beziehungsmuster wiederholen können, die sie mit dir durchlebt haben. Diese Person kann sie nun das lehren, was sie von dir nicht mehr lernen können, weil du diese Lektionen bereits hinter dir hast.

Wenn jemand dich verläßt oder verlassen hat, sich von dir zurückzieht, sich gleichgültig verhält oder dich zurückweist, dann grüble nicht darüber nach, was du sagen oder tun könntest, um diese Person wieder näher zu dir heranzuziehen. Denke lieber darüber nach, inwieweit sich in dem Verhalten dieser Person etwas widerspiegelt, das in deinem eigenen Inneren stattfindet. Frage dich, inwiefern du diese Beziehung selbst aufgegeben hast. Vielleicht warst du für die andere Person emotional nicht erreichbar oder sogar zu bestimmten Zeiten physisch abwesend. Möglicherweise hattest du viele Zweifel im Hinblick auf eure Beziehung, oder eine innere Stimme riet dir schon seit längerem, sie zu verändern oder zu lösen, und du hast nur nicht darauf gehört.

Wenn du den Schmerz des Verlassens oder Verlassenwerdens heilen und als Gelegenheit nutzen möchtest, deine Herzzentren zu erwecken, dann werde eins mit deiner Seele. Hebe alle verletzten Gefühle aus deinem Solarplexuszentrum in dein Herzzentrum empor, damit sie geheilt oder losgelassen werden können. Lade das Wesen der Liebe in den Juwel deines Herzzentrums ein, damit es dich dabei unterstützen kann. Laß den Schmerz in Licht aufgehen, das die Blütenblätter deines Herzzentrums noch weiter öffnet. Bekräftige, daß du ein liebenswerter, wertvoller Mensch bist und daß an dir nichts verkehrt ist, was diese Trennung verursacht haben könnte.

Selbst wenn du dir nicht vorstellen kannst, wie das möglich sein mag, ist die Trennung von der anderen Person vielleicht das Beste, das euch beiden passieren konnte. Dadurch können Umstände entstehen, die es dir leichter machen, diese Person zu lieben, während ihr neue Formen der Beziehung zueinander aufbaut. Eure Trennung macht dich frei für den Aufbau einer Beziehung zu einem neuen Partner, der auf deiner neuen Ebene zu dir paßt. Du hast mehr Zeit, die du in dein eigenes Leben investieren und in der du deine Seele besser kennenlernen kannst. Denke daran und bekräftige, daß nichts dein Leben verläßt, ohne daß etwas Besseres nachkommt. Du hast alles, was du brauchst, um wunderbare, liebevolle Seelenbeziehungen zu erschaffen.

Wie man eine Beziehung verändert oder losläßt

Seelenspiel

Wähle aus der untenstehenden Liste eine Aktivität aus, mit deren Hilfe du eine Beziehung auf liebevolle Art und Weise verändern oder lösen möchtest.

1. Sage in Gedanken zu der Seele der anderen Person: »Ich nehme mir fest vor, trotz aller Veränderungen in der äußeren Form unserer Beziehung eine Seelenbeziehung zu dir aufrechtzuerhalten.«
2. Bitte deine Seele, dir mehr darüber zu verraten, was du ändern mußt, um die richtige Beziehung zu dieser Person zu haben. Sind dazu nur ein paar einfache Veränderungen erforderlich, mußt du eure äußere Verbindung ganz lösen, oder ist es ein Mittelding zwischen diesen beiden Extremen?
3. Denke über folgende Frage nach: »Wenn ich glücklich wäre und mein Leben mich begeisterte, würde ich diese Beziehung dann trotzdem verändern oder aufgeben wollen?«
4. Wenn du bisher darauf gewartet hast, einen triftigen Grund für die Beendigung oder Veränderung der Beziehung zu schaffen, dann bestätige dir jetzt, daß du auch fortgehen oder etwas ändern kannst, ohne einen Grund dafür haben oder deine Entscheidung rechtfertigen zu müssen.
5. Denke darüber nach, inwieweit es euch beiden gelungen ist, das zu erreichen und zu erschaffen, wozu ihr zusammengekommen seid. Betrachte eure Beziehung als Erfolg.
6. Wenn du deine Beziehung beendest oder veränderst, bitte deine Seele um Unterstützung, dies auf liebevolle, friedliche

und harmonische Art und Weise zu tun. Stelle dir bildlich vor, daß alle Veränderungen in Frieden ablaufen werden.

7. Wenn dich jemand verlassen hat oder sich von dir zurückzieht und du darüber Zorn oder Schmerz empfindest, dann hebe diese Gefühle aus deinem Solarplexuszentrum in dein Herzzentrum empor, damit sie geheilt und losgelassen werden können.

Teil IV

Liebe empfangen und ausstrahlen

In einer Feier der Liebe
rufst du gemeinsam mit anderen Menschen
die Erhabenen an und bittest sie,
die Herzzentren der Menschheit zu erwecken.
Du empfängst ihre Liebe und strahlst sie aus.
Du erschaffst Liebesräder,
um Harmonie und einen höheren Sinn
in deine Beziehungen zu Familienangehörigen, Freunden
und anderen Gruppen von Menschen zu bringen.
Du schließt dich mit den Lichtwesen zusammen,
um Liebe für Menschen auszustrahlen, die sie brauchen.
Es herrscht Selbstliebe, Seelenliebe,
Gruppenliebe, Liebe zur Menschheit
und zum Leben in allen Dimensionen.

Kapitel 20

Eine Feier der Liebe

Du versammelst dich in einer Gruppe,
um die wohltätigen Kräfte der Erhabenen anzurufen,
damit sie die Herzzentren der Menschheit erwecken.

Viele von euch haben sich schon gefragt, wie sie die Menschheit bei den schweren Aufgaben unterstützen können, denen sie gegenübersteht. Manchmal erscheinen diese Herausforderungen vielleicht so überwältigend, daß eine einzige Person dagegen nichts ausrichten kann. Und doch gibt es etwas Wichtiges, das du tun kannst – das tatsächlich funktioniert und etwas bewirkt. Du kannst gemeinsam mit anderen Menschen die Erhabenen anrufen und sie bitten, der Menschheit ihre Liebe und Unterstützung zu senden. Du kannst die Liebe der Erhabenen empfangen und ein Lichtpunkt werden, durch den ihre Liebe zur Menschheit fließen kann. Du kannst Liebe für Freunde, geliebte Menschen, Bekannte und Gruppen ausstrahlen. Du kannst Kinder lehren, wie man liebt. Du kannst anderen mit deinen Worten und Taten ein Vorbild der Liebe sein.

Zu den Geschöpfen, die ich die Erhabenen nenne, gehören die Meister, Lichtwesen, die Erleuchteten und noch höhere Wesen. Wenn sich genügend Menschen die Weiterentwicklung der Menschheit wünschen und die Erhabenen um Unterstützung anrufen, werden sie die Macht dieses Rufes spüren und darauf reagieren. Die Erhabenen sind so mächtig, daß schon ein einziger Augenblick ihrer Energie dazu beitragen kann, tiefgreifende Veränderungen herbeizuführen. Sie können die

Evolution der Menschheit anregen und beschleunigen, indem sie ihr Liebe, Licht und Energie übertragen. Die Erhabenen senden Energie, um die Menschheit auf eine höhere Ebene emporzuheben, wann immer Menschen für diese Unterstützung bereit sind und sie für ihre Weiterentwicklung nutzen können. Wenn sich eine Gruppe von Menschen zusammenfindet, um die Erhabenen nicht für ihren eigenen persönlichen Gewinn, sondern im Interesse des Wohls der Menschheit anzurufen, können die Erhabenen sehr viel Gutes bewirken. Da du stets einen freien Willen hast, können sie nichts *für* dich tun; du mußt dich selbst dazu entscheiden, die Energie, die du von ihnen empfängst, für Veränderungen zu nutzen.

Nimm an der Feier der Liebe auf der Seelenebene teil.

In der nun folgenden Zeremonie, die ich als *Feier der Liebe* bezeichne, wirst du gemeinsam mit den Seelen anderer Menschen die Erhabenen anrufen, um die Menschheit bei der Erweckung ihrer Herzzentren zu unterstützen. Du kannst die Liebe der Erhabenen in deinen Herzzentren empfangen, um sie noch weiter zu erwecken. Du kannst diese Liebe an die ganze Menschheit ausstrahlen und dadurch dazu beitragen, ein Bewußtsein der Liebe und Einheit zu schaffen, durch das Lösungen für die Weltprobleme gefunden werden können.

Die Feier der Liebe findet auf der Seelenebene statt. Da es hier keine Zeit gibt, kannst du jederzeit zu dieser Feier kommen und wirst immer genau rechtzeitig da sein. Mit jedem Menschen, der hinzukommt, bekommt eine Gruppe mehr Kraft, die Erhabenen bei der Erweckung der Herzzentren der Menschheit zu unterstützen. Alle, die kommen, fungieren als Empfänger und Überträger der Liebe, die die Erhabenen der Menschheit senden.

Wenn du an der Feier der Liebe teilnehmen und die Erhabenen anrufen möchtest, begib dich zu dem Tempel auf der Seelenebene. Tritt in die Mitte des Innenhofs und rufe deine Seele zu dir. Fühle ihre liebevolle Gegenwart. Versetze dich in einen Zustand der Seelenliebe, während du Energie zwischen deinen Herzzentren zirkulieren läßt. Empfinde die Gelassenheit der Liebe. Hebe beim Einatmen Energie aus deinem Herz- in dein Kopfzentrum empor und fühle dabei die Harmonie mit allen Seelen. Vereinige dich beim Ausatmen mit deiner Seele, um den verborgenen Punkt zu stimulieren, damit dein Wille stärker wird, die Menschheit und alle Lebewesen zu lieben. Dann atme wieder ein und hebe Solarplexusenergie zuerst in dein Herzzentrum und dann in dein Kopfzentrum empor. Mache dich dabei von allen Wünschen und Bedürfnissen frei, die dich davon abhalten, zu lieben. Sieh, wie das Licht immer schneller zwischen deinen Herzzentren zirkuliert, bis du seinen Bewegungen nicht mehr folgen kannst. Das Licht, das zwischen deinen Herzzentren fließt, wird zu einem elektrischen, leuchtenden, strahlenden Licht. Dein primäres Herzzentrum verwandelt sich in eine riesige Lichtkugel, die weit über die Grenzen deines physischen Körpers hinausreicht. Du bist nun von Seelenliebe erfüllt und fühlst deine Verbindung zur Universalen Gegenwart der Liebe.

Begegne den Seelen aller Menschen, die hier zusammengekommen sind. Begrüße zunächst die Seelen aller, die dieses Buch lesen und an dieser Feier der Liebe teilnehmen. Gemeinsam erschafft ihr ein schönes, schimmerndes, strahlendes Herzlicht. Stelle dir vor, wie du dein primäres Herzzentrum mit den Herzzentren aller anwesenden Personen verbindest. Alle schenken dir Liebe und stellen eine Herzverbindung zu dir her. Achte darauf, wie die Gruppe jedesmal, wenn du wieder hierherkommst, größer geworden ist, denn von Tag zu Tag erwecken mehr Menschen ihre Herzzentren und schließen sich euch an.

Es gibt Millionen von Menschen, die an der spirituellen Erweckung der Menschheit mitarbeiten. Ich werde sie als *Lichtarbeiter* bezeichnen. Laß deinen Blick über das Meer des Lichts auf der Seelenebene wandern und nimm die Seelen anderer Lichtarbeiter wahr. Sie können dir als Lichtpunkte erscheinen, die hell aufleuchten, sobald du an sie denkst. Lade die Seelen aller Lichtarbeiter auf diesem Planeten ein, sich mit dir zusammenzutun und die Erhabenen anzurufen, damit sie die Herzzentren der Menschheit erwecken. Spüre, wie erst Tausende, dann Zehntausende von Lichtarbeitern darauf reagieren, indem sie auf dich zukommen. Ihr bildet nun eine riesengroße Gruppe. Du bist nicht allein mit dem Gedanken, daß es eine bessere, mitfühlendere, kooperativere Art zu leben gibt – eine Lebensweise, die in harmonischem Einklang mit der Erde und allem Leben steht. Veränderungen kommen immer dann zustande, wenn Menschen, die so empfinden, sich zusammenschließen. Spüre die Kraft, die Stärke und das Licht der Gruppe, die nun auf der Seelenebene entsteht, um die Erhabenen anzurufen. Lade alle Menschen, die dir einfallen, dazu ein – auch die Seelen deiner Freunde und Angehörigen und der Menschen, die du liebst. Stelle eine Herzverbindung her, um sie in die große Gruppe einzugliedern, die sich jetzt bildet.

*Rufe die Erhabenen an und bitte sie,
die Herzzentren der Menschheit zu erwecken.*

Nun beginnt die Feier der Liebe. Alle anwesenden Seelen stimmen gemeinsam einen Ruf an die Erhabenen an und bitten sie, die Menschheit zu unterstützen. Du selbst kannst dazu beitragen, indem du deine Liebe zur Menschheit fühlst. Wünsche dir aus der Tiefe deines Seins heraus ein besseres Leben für alle Menschen auf diesem Planeten. Entdecke deine enorme Liebesfähigkeit, während du dich mit anderen Seelen zusammenschließt, um für das Wohl der Menschheit zu arbeiten.

Deine Liebe zur Menschheit und dein intensiver Wunsch, daß sie sich weiterentwickeln möge, ruft die Erhabenen herbei. Alle Anwesenden konzentrieren sich jetzt darauf, die Erhabenen um Unterstützung für die Menschheit zu bitten. Sie schieben ihre individuellen Wünsche und Probleme beiseite und richten ihre ganze Aufmerksamkeit auf ihre Liebe und Fürsorge für die Menschheit.

Nun beginnen die Erhabenen sich zu versammeln: Zuerst kommen die Lichtwesen, die Meister und die Erleuchteten. Sieh zu, wie sich Lichtwesen aus vielen höheren Dimensionen hier versammeln, auch das Wesen der Liebe, das dich bei der Verschmelzung mit deiner Seele und der Erweckung deiner Herzzentren unterstützt hat. Alle Wesen der Liebe, mit denen ihr zusammengearbeitet habt, kommen nun zu der Feier. Das Wesen der Liebe, mit dem du in Kontakt getreten bist, fragt dich: »Bist du bereit für diesen Schritt? Bist du bereit, mehr Liebe zum Ausdruck zu bringen, als du je erlebt hast? Bist du bereit, mit deinen Gedanken, Handlungen und Worten eine Quelle der Liebe für andere Menschen zu sein? Bist du bereit, deine Herzzentren zu erwecken, indem du die Menschheit und alles Leben liebst?« Um die Energie, die die Erhabenen senden, nutzen zu können, mußt du bereit sein, dein Bestes zu tun, um Liebe, Weisheit und Mitgefühl zum Ausdruck zu bringen. Du mußt bereit sein, dich in den Qualitäten der Seelenliebe zu üben und anderen Menschen ein Vorbild der Liebe zu sein. Wenn du diese Bereitschaft in dir fühlst, dann sage: »Ich akzeptiere diese Gelegenheit, einen Beitrag zum Wohl der Menschheit zu leisten.«

Nun schließen sich alle Seelen zusammen, um jene Erhabenen anzurufen, die auf einer noch höheren Entwicklungsstufe stehen als diejenigen, die bereits gekommen sind. Die Wesen der Liebe stimmen einen Ton der Liebe an. Es ist ein Ton mit vielen Obertönen und Harmonien. Dieser Klang ist so volltönend und so wunderschön, daß er viele Dimensionen umspannt und die Seelen und Herzen aller Menschen berührt.

Die höheren Gemeinschaften kommen hinzu, gefolgt von den Seelen aller Anwesenden. Der Ruf wird immer lauter und mächtiger. Rufe gemeinsam mit allen Anwesenden die Erhabenen an, die eine mächtige Energie auf die Erde herabsenden können, um die Menschheit bei der Erweckung ihrer Herzzentren zu unterstützen. Vielleicht möchtest du ein »OM« anstimmen, um deinen eigenen Ton zu dieser Anrufung der Erhabenen beizutragen.

Dieser Gruppenruf ist in seiner Absicht, die Erhabenen herbeizuholen, so stark und mächtig, daß er ihre Aufmerksamkeit weckt. Sieh, wie sie den Ruf all dieser Seelen hören. Sie konzentrieren jetzt ihre Aufmerksamkeit auf euch alle.

Empfange Liebe von den Erhabenen in deinem Herzzentrum.

Es herrscht ein langes, tiefes Schweigen. Fast ist es, als halte das Universum den Atem an. Die Zeit steht still. Die Erhabenen sammeln nun selbst all die Liebe, die sie für die Teilnehmer an dieser Feier der Liebe übermitteln werden. Durch euch wird diese Liebe die Menschheit erreichen.

Jetzt beginnen die Erhabenen mit der Übertragung der Liebe. Alle Meister, Wesen der Liebe und Erleuchteten tragen ihre Liebe dazu bei. Sie senden allen, die diese Chance akzeptiert haben, eine Welle magnetischer, strahlender Liebe. Empfange diese Sendung der Liebe in deinem primären Herzzentrum. Verteile diese mächtige Liebesenergie auf all deine Herzzentren und versetze dich dadurch in einen Zustand noch tieferer Seelenliebe. Deine Fähigkeit, mit der Universalen Gegenwart der Liebe eins zu werden und dich selbst als liebevolles Wesen kennenzulernen, wächst immer mehr.

Als nächstes senden die Erhabenen dir eine verstärkende Liebe, um all deine Liebe zu intensivieren, die nur darauf wartet, zum Vorschein zu kommen. Die Liebe, die sie dir übermitteln, verstärkt deine ganz speziellen Liebesfrequenzen, die du der Menschheit bringen kannst. Auf diese Weise kannst du die einmaligen Geschenke der Liebe, die du anderen zu bieten hast, besser kennenlernen. Sage dir: »Ich erkenne und ehre die Liebe in meinem Inneren. Ich weiß, daß diese Liebe eines meiner wichtigsten Geschenke an die Menschheit ist.«

Die Erhabenen übertragen dir als nächstes Liebe, die es dir erleichtern soll, all die Liebe, die ständig um dich herum ist, zu erkennen. Dadurch wird deine Verbindung zur Universalen Gegenwart der Liebe und zu der Liebe in dir gestärkt. Empfange diesen Liebesstrom in deinem Herzzentrum. Sage dir: »Ich finde in jeder Sekunde Liebe. Ich gehe den Weg der Liebe.« Mit der Zeit wird es dir immer leichter fallen, die Liebe zu entdecken, die jeder Situation und jedem Augenblick innewohnt. Damit unterstützt du andere Menschen bei der Erweckung ihrer Herzzentren.

In einer weiteren Übertragung senden die Erhabenen dir Liebe zur Verstärkung deines Liebespotentials in dieser Lebenszeit. Empfange diese Liebe und sage dir dabei: »Ich öffne mich für alle Möglichkeiten des Liebens, die in mir liegen. Meine Fähigkeit, Liebe zu empfangen und auszustrahlen, wächst von Augenblick zu Augenblick.« Wünsche dir, daß dein Liebespotential wächst, damit du zu einer noch mächtigeren Kraft des Guten und zu einer Quelle der Liebe für die Menschheit und alles Leben werden kannst. Erkenne, daß das zum höheren Sinn deines Lebens gehört, der darin besteht, Licht zu empfangen und für andere Menschen auszustrahlen.

In einer letzten Übertragung senden die Erhabenen Liebe, die hilft, sich leichter von der Vergangenheit zu lösen. Wenn du dich für irgend etwas schämst oder schuldig fühlst, wenn du Gewissensbisse hast, weil deine Handlungen nicht immer so erhaben und liebevoll waren, wie du es dir gewünscht hättest, oder wenn dich schmerzliche oder unangenehme Erinnerungen quälen, wenn du dich verurteilst oder etwas bereust, kannst du diese Gefühle den Erhabenen überantworten, damit sie sie transformieren. Wenn du in Gedanken immer wieder bestimmte Situationen rekapitulierst und dir wünschst, du hättest etwas Besseres getan oder etwas anderes gesagt, dann löse dich jetzt davon. Indem du den Schmerz losläßt, trägst du zu der positiven Energie bei, die allen Menschen zur Verfügung steht.

*Sage dir:
»Heute ist der erste Tag
eines neuen Lebens der Liebe.«*

Lege deine Hand auf dein Herz und empfange eine Übertragung der Erhabenen, die es dir leichter macht, dich von deiner Vergangenheit und allen Schmerzen zu lösen, die du deshalb empfindest. Während du ihre Liebe empfängst, sage dir: »Ich lasse die Vergangenheit nun voller Liebe los.« Die Erhabenen haben sehr großes Mitgefühl. Sie nehmen deinen Schmerz in sich auf und verwandeln ihn in Liebe. Empfange diese Liebe, die sie dir zurücksenden, und erfülle damit alle Bereiche, die deinen Schmerz enthielten. Wenn du den Erhabenen deine Vergangenheit überantwortest und die Übertragung ihrer Liebe empfängst, können sich Bereiche deines Herzens öffnen, die vorher verschlossen waren. Dann kannst du der Menschheit noch mehr Liebe schenken.

Während deine Herzzentren erwachen, stelle dir vor, daß du die Schleier hebst und das Licht deines Herzens für deine Angehörigen, Freunde und Bekannten sichtbar wird. Viele von euch haben das Licht und die Liebe in ihrem Inneren verborgen, als sie feststellten, daß die Menschen in ihrer Umgebung nicht wußten, wie sie darauf reagieren sollten. Nun ist es an der Zeit, die Schleier zu lüften und dich als die weise, liebevolle, mitfühlende Person zu erkennen zu geben, die du bist. Male dir aus, wie du einen noch größeren Beitrag zum Wohl der Menschheit leisten könntest, wenn du bereit wärst, dich noch deutlicher als der Mensch zu zeigen, der du bist. Lasse das Licht deines Herzens für alle Menschen sichtbar werden, die du kennst. Du kannst dir zum Beispiel vorstellen, wie du Schichten von Mänteln, Pullovern und anderen Kleidern ablegst und damit symbolisch die Liebe und das Licht in deinem Inneren enthüllst. Während du die Liebe empfängst, die die Erhabenen dir senden, erstrahlt dein Herzzentrum so hell wie noch nie. Es ist jetzt eine wunderschöne Lichtkugel, ein kleiner Stern oder eine kleine Sonne, deren Strahlen weit über deinen Körper hinausreichen und alle Lebewesen um dich herum mit ihrer strahlenden Liebe berühren.

Fühle, wieviel Kraft und Licht dir zur Verfügung stehen, wenn du dich mit anderen Lichtarbeitern zusammenschließt.

Nun, da du von der Liebe der Erhabenen erfüllt bist, strahle für alle Lichtarbeiter, die gemeinsam mit dir hier sind, Liebe aus und empfange die Liebe, die sie dir zurücksenden. Stelle dir vor, daß du dich in vollkommen harmonischem Einklang mit den anderen Lichtarbeitern befindest. Deine Arbeit verstärkt und unterstützt ihre Arbeit, und umgekehrt. Ihr spielt alle eure Rolle in dem großen Plan. Wenn du mit anderen Lichtarbeitern in Kontakt trittst, kannst du dir Liebe und Unterstützung zunutze machen, die dir durch diese Verbindung zur Verfügung stehen. Du stellst jetzt wichtige Verbindungen auf der Seelenebene her, die viele neue, wunderbare Menschen in dein Leben ziehen können. Es gibt genügend Gleichgesinnte, so daß ihr etwas bewirken könnt. Euch ist es zu verdanken, daß die Welt schon jetzt beginnt, sich zu verbessern.

Du bist nun bereit, die Liebe der Erhabenen für die Menschheit auszustrahlen. Stelle dir vor, wie die Liebe spiralförmig durch all deine Herzzentren nach außen zu den Menschen strömt, die am empfänglichsten dafür sind. Überall auf der Welt geht das Licht der Liebe an. Zuerst erwachen nur ein paar Herzen, dann immer mehr, bis schließlich überall auf der Erde Herzlicht schimmert. Die Liebe breitet sich über die ganze Welt aus und hüllt die Erdkugel in ihr irisierendes Licht.

Die meisten Probleme der Menschheit – Krieg, Armut und Hunger – ließen sich mit genügend Liebe lösen. Wenn immer mehr Menschen ihre Herzzentren erwecken, wird Habgier sich in Bereitschaft zum Teilen verwandeln, Konkurrenzdenken wird zu Kooperation, und die Menschen werden beginnen, die Verantwortung für die Lösung der Menschheitsprobleme zu übernehmen. Die Veränderungen der Menschheit werden sich zunächst auf der inneren Ebene abspielen – durch Seelenkontakt und erweckte Herzzentren.

Die Krisen, denen die Menschheit gegenübersteht, lehren uns, zusammenzuarbeiten und anderen eine Chance zu bieten, ihre Herzzentren zu erwecken. Während die Gegenwart der Liebe immer stärker wird, entwickelt die Menschheit ein Gruppenbewußtsein. Vielen wird bewußt, daß sie Teil eines größeren Ganzen sind. Während die Menschheit sich um Lösungen für ihre schwierigen Probleme bemüht, werden die Menschen gemeinsame Visionen erschaffen, gemeinsam daran arbeiten, um sie zu verwirklichen, und in ihrem Handeln das Wohl des Ganzen über die Bedürfnisse eines einzelnen Menschen oder einer einzelnen Nation stellen.

Werde dir darüber klar, wie wichtig das ist, was du jetzt tust. Alle anwesenden Seelen akzeptieren nun eine bedeutendere Rolle in der Evolution der Menschheit, während sie Liebe von den Erhabenen empfangen und für alle Menschen ausstrahlen. Es wird die Zeit kommen, wo dieser Prozeß eine »kritische Masse« erreicht und die Herzzentren von Millionen von Menschen erwachen. Und es werden sich rascher positive Veränderungen ergeben, als du es vielleicht für möglich hältst. Danke den Erhabenen für ihre Resonanz und Unterstützung. Stimme ein letztes Mal ein »OM« an, während du dir vorstellst, wie die Herzzentren der Menschen erwachen und die Liebe sich über die ganze Welt ausbreitet.

Eine Feier der Liebe

Seelenspiel

Nimm möglichst oft an dieser Feier der Liebe teil, um die Erhabenen anzurufen und die Liebe zu empfangen, die sie übertragen. Verbinde dich dabei jedesmal mit deiner Seele, lasse Energie zwischen deinen Herzzentren zirkulieren und durchlaufe alle oder einige der folgenden Schritte:

1. Begib dich auf die Seelenebene und gehe zu dem Tempel. Stelle zu allen Gruppen von Menschen, die hier anwesend sind, eine Herzverbindung her, auch zu denjenigen, die dieses Buch lesen, zu den Lichtarbeitern und allen anderen.
2. Schließe dich mit den anderen Menschen im Tempel zusammen, um die Erhabenen anzurufen, indem du ein »OM« anstimmst. Sobald die Erhabenen darauf reagieren, empfange ihre magnetische, strahlende Liebe in deinem Herzzentrum. Als nächstes empfängst du die Liebe, die sie dir übermitteln, um die speziellen Liebesfrequenzen, die du der Menschheit bringen kannst, zu verstärken. Sage: »Ich erkenne und ehre die Liebe in meinem Inneren.«
3. Nimm die Übertragung der Erhabenen an, die es dir ermöglicht, in jedem Augenblick Liebe zu entdecken und die deine Verbindung zur Universalen Gegenwart der Liebe stärkt. Sage dir: »Ich finde in jedem Augenblick Liebe. Ich gehe den Weg der Liebe.«
4. Nimm die Liebe der Erhabenen in dich auf, die dein Liebespotential verstärkt. Sage dabei: »Meine Fähigkeit, Liebe zu empfangen und auszustrahlen, wächst von Augenblick zu Augenblick.«

5. Empfange die Liebe, die dir das Loslassen der Vergangenheit erleichtert. Spüre, wie bestimmte Bereiche deines Herzens, die vorher verschlossen waren, sich öffnen. Sage: »Ich löse mich jetzt von der Vergangenheit. Heute ist der Beginn meines neuen Lebens der Liebe.«
6. Strahle Liebe für die Menschheit aus. Lasse Liebe spiralförmig durch dein Herzzentrum zu den Menschen ausströmen, die am empfänglichsten dafür sind. Sieh zu, wie immer mehr Herzen erwachen und die Erdkugel in das irisierende Licht der Liebe einhüllen.

Kapitel 21

Die Erschaffung von Liebesrädern

Du bildest Liebesräder,
um zu all denen, mit denen du Kontakt aufnimmst,
Seelenliebe, Harmonie und einen höheren Sinn zu bringen.
Du stellst zu jedem Menschen die richtige Beziehung her.

Du hast gelernt, wie du Seelenverbindungen herstellen, Licht und Energie zwischen deinen Herzzentren zirkulieren lassen und dich in einen Zustand der Seelenliebe versetzen kannst. Du hast die Erhabenen angerufen und die Liebe, die sie für dich übertragen, in deinem Herzzentrum empfangen. Jetzt bist du bereit, zu lernen, wie du zu vielen Menschen gleichzeitig Herzverbindungen herstellen kannst, indem du Liebesräder erschaffst. Ein Liebesrad zu bilden, ist eine Möglichkeit, für ganze Gruppen von Menschen, mit denen du in Verbindung stehst, Seelenliebe auszustrahlen. Du kannst ein solches Liebesrad erschaffen, wenn du physisch in solchen Gruppen anwesend bist, aber auch sonst, indem du einfach nur an sie denkst. Du kannst Liebesräder zu deinen Familienangehörigen, Freunden, Nachbarn, zu den Mitarbeitern eines Büros, einer sozialen Gruppe, einem Sportverein oder einer Sportmannschaft herstellen. Du kannst überall Liebesräder erschaffen, wo du hinkommst, um allen Menschen, mit denen du zusammen bist, Liebe zu bringen und dich in harmonischen Einklang mit ihnen zu versetzen. Mit einem Liebesrad kannst du aber auch einen höheren Sinn in eine Gruppensituation bringen und alle Lichtmuster zwischen dir und anderen Menschen auf eine höhere Ebene heben, erweitern und verschönern. Du kannst dich in die Einheit der Liebe hinein ausdehnen, mit der Universalen Gegenwart der Liebe verschmelzen und anderen Menschen diese Liebe als Geschenk anbieten. Du kannst alle Gruppenmitglieder, die sich auf die Frequenz deiner Sendung einstimmen können, dabei unterstützen, eine höhere, fließendere, harmonischere Verbindung zueinander aufzubauen.

Empfange die Liebesgeschenke, die deine Familie dir zu bieten hat.

Du kannst ein Liebesrad mit deinen Angehörigen bilden und einen höheren Sinn, Harmonie, Frieden und Liebe in deine familiären Verbindungen hineinbringen. Gleichzeitig kannst du allen Menschen, die bereit dafür sind, die Chance bieten, die nächste Stufe des Erwachens ihrer Herzen zu erreichen. Du kannst die Liebesessenz vergangener Generationen einsammeln und an künftige Generationen senden.

Begib dich auf die Seelenebene und werde eins mit deiner Seele. Laß deinen Blick über das Meer des Lichts schweifen und rufe die Seelen deiner Familienangehörigen zu dir: Kinder, Eltern, Geschwister, Partner oder Ehepartner, Großeltern, Tanten, Onkel, Vettern und Kusinen, Nichten und Neffen, und so weiter. Versuche nicht herauszufinden, welche Seele zu welcher Person gehört. Stelle dir vor, daß ihre Seelen kommen, wenn du sie rufst, und um dich herum einen Kreis bilden. Spüre die Seelen all dieser Menschen; und dann lenke deine Aufmerksamkeit auf ihre Herzzentren.

Lasse Energie zwischen deinen Herzzentren zirkulieren. Spüre die Gelassenheit der Liebe, während du Energie aus deinem Herz- in dein Kopfzentrum emporströmen läßt und deine Liebe erweiterst. Beobachte, wie deine Seele den verborgenen Punkt stimuliert und deinen Willen verstärkt, jedes Familienmitglied zu lieben. Hebe Solarplexusenergie in dein Herzzentrum empor und mache dich von allen Machtkämpfen frei. Während das Licht deines Herzens immer schöner wird, male dir aus, daß du mit der Universalen Gegenwart der Liebe verschmilzt, die allen Menschen Liebe bringt. Stelle dir vor, wie Lichtstrahlen aus der goldenen Kugel deines Herzzentrums strömen und die Herzzentren aller Menschen berühren, die im Kreis um dich herumstehen. Es ist, als befändest du dich im Mittelpunkt eines Rades. Die Lichtstrahlen, die aus deinem primären Herzzentrum zu den Herzzentren anderer Menschen hinströmen, bilden die Speichen dieses Rads. Fühle das Solarlicht über dir. Rufe sein Licht zu dir und beobachte, wie es einen Lichtstrahl durch dein Kopfzentrum in dein Herzzentrum hinabsendet. Das Solarlicht strömt aus deinem primären Herzzentrum zu allen Menschen hin, die diesen Kreis um dich bilden, und bereichert all deine Beziehungen mit seinem Licht des höheren Sinns. Es unterstützt deine Seele dabei, die Energiemuster zwischen dir und deinen Familienangehörigen schöner, harmonischer und liebevoller zu gestalten.

Strahle nun eine Qualität der Seelenliebe durch dieses Liebesrad aus, zum Beispiel eine akzeptierende, verstärkende oder durchlässige Liebe. Denke an die speziellen Liebesfrequenzen, die du der Menschheit zu geben hast, und strahle deine Liebe für all deine Angehörigen aus. Strahle auch die Liebe, die du von den Erhabenen empfangen hast, für deine Familie aus. Stelle dir vor, daß alle dir erlauben, glücklich zu sein und ein erfülltes Leben zu führen, und dir ihre Unterstützung und ihren Segen senden. Schicke auch du ihnen deine Unterstützung und habe die Vision vor Augen, daß alle Menschen in deiner Familie erfolgreich sind, zur Erleuchtung gelangen und Erfüllung finden.

Auf der Seelenebene kannst du auch den Seelen deiner Vorfahren Liebe senden und Liebe von ihnen empfangen. Rufe die Seelen deiner Vorfahren zu dir und stelle dir vor, wie sie sich in dein Liebesrad eingliedern. Sie senden dir das Beste von allem, was sie als Seelen gelernt haben. Empfange die Liebe, die sie dir entgegenbringen. Du gehörst zu der Generation, an deren Erschaffung sie beteiligt waren. Öffne dich für all ihre Liebesgeschenke.

Spüre die spezielle Liebesessenz deiner Familie; sie ist einer der Gründe, warum du dich entschieden hast, in diese Familie hineingeboren zu werden. Rufe die Seelen künftiger Generationen zu dir und erschaffe gemeinsam mit ihnen ein Liebesrad. Strahle die Essenz der Liebe, die zu deiner Familie gehört, für künftige Generationen aus. Sende ihnen all die Geschenke der Liebe, die du gerade von deinen Vorfahren erhalten hast. Stelle dir vor, daß deine Familie – vergangene, gegenwärtige und zukünftige Generationen – ein wunderschönes Lichtmuster erschafft, das aus den Lichtern jeder eurer Seelen besteht. Bitte deine Seele und das Solarlicht, alles aufzulösen, was dieses Licht verbirgt, damit die Essenz der Liebe von Generation zu Generation klarer und schöner leuchten kann.

Erschaffe wunderbare Beziehungen zu all deinen Freunden.

Du kannst ein Liebesrad einsetzen, um harmonischere, liebevollere Verbindungen zu allen deinen Freunden aufzubauen. Rufe auf der Seelenebene die Seelen all deiner jetzigen Freunde zu dir. Das Solarlicht ist über dir und sendet einen Lichtstrahl durch dein Kopf- in dein Herzzentrum hinunter. Von deinem primären Herzzentrum strömen Licht und Liebe zu all deinen Freunden und bilden ein Liebesrad. Wenn du momentan mit Freunden im Konflikt bist, sende den Liebeswillen deiner Seele in dein Solarplexuszentrum, um den verborgenen Punkt zu stimulieren, und hebe Energie aus deinem Solarplexuszentrum in dein Herzzentrum empor.

Beschließe, gemeinsam mit deinen Freunden die Gelassenheit deiner Seele zu erleben und in deinem Zentrum der Liebe zu bleiben – gleichgültig, was in ihrem oder deinem Leben passiert. Wähle mehrere Qualitäten der Seelenliebe aus, die du ausstrahlen möchtest und die du gern intensiver erleben würdest, wenn du mit deinen Freunden zusammen bist – beispielsweise Gelassenheit, die Erweiterung des inneren Horizonts, Liebe oder Mitgefühl. Strahle für alle Menschen Vergebung aus und empfinde dabei die Gelassenheit, die einer Haltung des Akzeptierens und der bedingungslosen Liebe entspringt. Strahle die Liebe der Erhabenen für all deine Freunde aus, um sie bei der Erweckung ihrer Herzzentren zu unterstützen. Dehne dich in die Einheit hinein aus und fühle die Universale Gegenwart der Liebe überall um dich herum. Dabei bietest du diese Verbindung gleichzeitig allen Menschen an, mit denen du ein Liebesrad bildest.

Wenn du ein solches Liebesrad erschaffst, werden diejenigen, die in der Lage sind, auf deine Liebe zu reagieren, immer näher kommen, bis du von lauter Menschen umgeben bist, die deine Liebe empfangen, mit ihr mitschwingen können und auf der gleichen Frequenz liegen. Du kannst wunderbare Beziehungen zu deinen Freunden aufbauen. Rufe auch die Seelen künftiger Freunde herbei und beobachte, wie sie sich in dein Liebesrad einfügen. Strahle für jeden Liebe aus und empfange die Liebe, die sie dir zurücksenden. Diese Liebe, die du zurückerhältst, verstärkt die Liebe, die du anderen geben kannst. Indem du dieses Liebesrad erschaffst, ziehst du neue Freunde in dein Leben, die die Liebe, die du zu bieten hast, empfangen und darauf reagieren können.

Hebe mit Hilfe eines Liebesrades Gruppenenergie auf eine höhere Ebene.

Du kannst ein Liebesrad erschaffen und Seelenliebe an eine Gruppe ausstrahlen, der du angehörst, beispielsweise an eine soziale Gruppe, eine Gemeinde, eine Sportmannschaft, ein Büro oder eine Kirche. Die Gruppenmitglieder können Geschäftspartner, Nachbarn, Arbeitgeber, Arbeitnehmer oder Kollegen von dir sein. Du kannst dieses Liebesrad einsetzen, wenn du allein bist, meditierst oder an einer Konferenz, einer Party oder Versammlung teilnimmst.

Bilde in Zusammenarbeit mit dem Solarlicht ein Liebesrad, wann immer du eine Gruppe von Menschen zur Verfolgung eines höheren Ziels miteinander verbinden und die Lichtmuster zwischen dir und dieser Gruppe verschönern möchtest. Erschaffe ein Liebesrad, um Gruppenenergie auf ein höheres Niveau emporzuheben und weiterzuentwickeln. Wenn es dir sinnvoll erscheint, kannst du dabei auch die Liebe aussenden, die du von den Erhabenen empfangen hast. Du kannst aber auch ein Liebesrad benutzen, um zur Verwirklichung der Seelenziele und der praktischen Zielsetzungen beizutragen, um derentwillen ihr diese Gruppe gebildet habt.

Denke an eine Gruppe von Menschen, mit der du gern ein Liebesrad bilden würdest. Tritt mit deiner Seele in Kontakt, verteile Energie zwischen deinen Herzzentren und versetze dich in einen Zustand der Seelenliebe. Empfinde die gelassene, bedingungslose, akzeptierende und durchlässige Liebe deiner Seele. Spüre, wie deine Seele alle Energien emporhebt, erweitert, vereint und miteinander verbindet. Laß deinen Willen zu lieben immer stärker werden und hebe die Energie aus deinem Solarplexuszentrum in dein Herzzentrum empor, um alle Machtkämpfe in Liebe zu verwandeln. Empfange in deinem Herzzentrum Lichtstrahlen vom Solarlicht und strahle durch dein Liebesrad für andere Menschen Liebe aus. Laß ein Bild in dir entstehen, daß sich in all deinen Verbindungen zu dieser Gruppe die Liebe widerspiegeln wird, die du jetzt empfangen und ausstrahlen kannst.

Erwarte keine sofortigen oder meßbaren Resultate; aber achte in den nächsten Tagen und Wochen auf alle Veränderungen in dir selbst oder in deiner Beziehung zu den einzelnen Gruppenmitgliedern. Vielleicht werden dir wunderbare Wandlungen in deiner Verbindung zu der Gruppe auffallen. Beobachte auch, ob die Gruppe jetzt effektiver ist, ob die Leute besser zusammenarbeiten können, mehr Klarheit über die Ziele der Gruppe haben, und so weiter.

Wenn du mit einem Liebesrad arbeitest, um Harmonie in eine schwierige Umgebung oder Situation zu bringen, und sich trotzdem nichts verbessert oder verändert, dann weißt du, daß du so viel Liebe in diese Gruppe hineingetragen hast, wie sie verkraften kann. Du wirst dich nun entscheiden müssen, ob du weiterhin mit dieser Gruppe in Verbindung bleiben und die Situation so akzeptieren willst, wie sie ist. Vielleicht möchtest du dir aber auch eine andere Gruppe suchen, mit der du zusammenarbeiten kannst und die Seelenliebe zu erwidern vermag oder deren Zielsetzung eher der deinen entspricht.

Lebe mit allen Menschen in deiner Nachbarschaft und deiner Stadt in Harmonie.

Bilde mit deinen Nachbarn und allen Bewohnern deiner Stadt ein Liebesrad, um dich in harmonischen Einklang mit diesen Menschen zu bringen. Verbinde dein Herzzentrum mit den Herzzentren der Menschen, die in deiner Straße, deiner nächsten Umgebung oder deinem Haus wohnen. Strahle durch dein Liebesrad für deine Nachbarn Liebe aus. Sende ihnen in Gedanken deinen Segen, gleichgültig, wie du zu ihnen stehst. Wünsche jedem das Beste. Halte in deinem täglichen Leben immer wieder einen Augenblick inne, um dieses Liebesrad zu bilden und Seelenliebe für alle Nachbarn auszustrahlen – zum Beispiel, wenn du eine Straße entlanggehst oder deine Wohnung betrittst.

Bilde das Liebesrad mit allen Menschen in deiner Stadt oder Gegend. Indem du anderen durch dein Liebesrad Seelenliebe und Solarlicht sendest, kannst du dazu beitragen, die Lichtmuster zwischen dir und den Seelen der Bewohner deiner Stadt zu verschönern. Die Seelen der Menschen, die für die Liebe, die du ausstrahlst, aufnahmebereit sind, werden dir ihre Liebe zurücksenden. Deine Liebe ist durchlässig; sie geht durch die Menschen hindurch, die nicht aufnahmefähig für sie sind, ohne ihnen ihre Merkmale oder deine individuelle Energie aufzuprägen. Wenn du das Liebesrad erschaffst und Liebe für jeden in deiner Stadt ausstrahlst, ziehst du Gelegenheiten an, neue Freunde zu finden, bessere Kontakte zu anderen Menschen aufzubauen und eines der Ziele deiner Seele zu erfüllen, das darin besteht, anderen Menschen Liebe zu schenken.

Befinde dich in Einklang mit allem Leben.
Erschaffe überall, wo du hingehst, Liebesräder.

Bilde überall, wo du hingehst, Liebesräder, um mehr Licht und Liebe in deine Umgebung und dich mit allen Menschen um dich herum in harmonischen Einklang zu bringen. Du kannst zum Beispiel ein Liebesrad mit anderen Menschen bilden, wenn du dich in einem Geschäft, einem Restaurant, einem Theater oder Krankenhaus, auf einem Flughafen oder sonst irgendwo in der Öffentlichkeit aufhältst. Erschaffe in einem Seminar, einer Konferenz oder irgendeiner anderen Versammlung Liebesräder. Erinnere dich immer an das Solarlicht über dir, so daß du Energie an deine Umgebung verteilst, die aus einer höheren Quelle stammt als dir selbst und deiner Seele.

Du kannst das Wesen der Liebe in dein Herzzentrum einladen, um diese erhabene, verfeinerte Liebe für andere Menschen auszustrahlen – vor allem, wenn du dich in Situationen oder in der Nähe von Menschen befindest, die mehr Harmonie, Liebe, Heilung oder Frieden benötigen. Sende der Menschheit deine ganz spezielle Liebesfrequenz. Fühle die Universale Gegenwart der Liebe überall um dich herum und biete diese Energie auch anderen Menschen an, damit ihnen ihre Verbindung zu dieser Gegenwart vollkommener Liebe intensiver zu Bewußtsein kommt. Vielleicht wirst du Resultate bemerken, wenn du mit anderen Menschen Liebesräder bildest. Manche Menschen werden wunderbar darauf reagieren; manchmal hast du vielleicht auch nur das Gefühl einer verstärkten Liebe, Gelassenheit und Erweiterung deines Horizonts, das dir verrät, daß deine Liebe angenommen wurde. Liebesräder zu erschaffen ist eine großartige Möglichkeit, dich mit dem Universum in Einklang zu bringen und in alle Gruppen, zu denen du gehörst, mehr Licht zu tragen.

Während du Seelenverbindungen herstellst und Liebesräder erschaffst, denke immer daran, daß du damit die Saat der Liebe säst, die irgendwann, wenn die Zeit dafür reif ist, keimen und zur Blüte gelangen wird. Es kann Tage, Wochen oder auch Monate dauern, bis die Veränderungen, die du mit deiner Arbeit bewirkst, für dich Realität werden. Aber früher oder später *werden* deine Beziehungen sich verbessern. Mache dir keine Sorgen, wenn das nicht von heute auf morgen geschieht. Du triffst Tag für Tag und Augenblick für Augenblick neue Entscheidungen, die irgendwann als deutlich sichtbare positive Veränderungen in deinen Verbindungen zu anderen Menschen zu erkennen sein werden. Große Veränderungen sind normalerweise der Höhepunkt vieler Tausender kleiner Taten und Entscheidungen. Sei geduldig und wisse, daß all die Seelenliebe, die du ausstrahlst, früher oder später wichtige positive Veränderungen in deinen Beziehungen zu anderen Menschen bewirken wird.

Die Erschaffung von Liebesrädern

SEELENSPIEL

Wähle aus der folgenden Liste eine Gruppe von Menschen aus, mit denen du ein Liebesrad bilden möchtest:

- deine jetzige Familie, deine Vorfahren und künftige Generationen
- deine vergangenen, jetzigen und zukünftigen Freunde
- eine Gruppe, zu der du gehörst, zum Beispiel deine Kollegen, Sportskameraden, eine Kirche, und so weiter
- deine Kunden, Klienten oder Studenten
- deine Nachbarn und andere Menschen in deiner Gegend oder Stadt.

Erschaffe ein Liebesrad, indem du mit deiner Seele eins wirst und den Juwel deines Herzzentrums mit denen deiner Seele verbindest. Lasse Energie und Licht zwischen deinen Herzzentren zirkulieren, bis dein primäres Herzzentrum in Liebe erstrahlt. Beobachte, wie Lichtstrahlen von deinem Herzzentrum ausgehen und die Herzzentren aller Mitglieder der Gruppe berühren.

1. Konzentriere dich auf das Solarlicht, das durch dein Kopfzentrum in dich eintritt, zu allen Menschen in der Gruppe hinströmt und die Lichtmuster zwischen dir und den anderen verschönert.
2. Strahle verschiedene Qualitäten der Seelenliebe aus, zum Beispiel eine verstärkende, durchlässige, sanfte, dauerhafte, akzeptierende und harmonisierende Liebe.
3. Strahle die Liebe der Erhabenen für die Gruppe aus.
4. Tritt mit der Universalen Gegenwart der Liebe in Verbindung und biete diesen Kontakt durch dein Liebesrad auch anderen Menschen an.

5. Hole das Wesen der Liebe in dein Herzzentrum und strahle diese verfeinerte, höherentwickelte Liebe für andere Menschen aus.
6. Strahle deine ganz spezielle Liebesfrequenz aus, die nur du der Menschheit bringen kannst.

Kapitel 22

Liebe ausstrahlen

Du schließt dich mit den Lichtwesen
und anderen Lichtarbeitern zusammen,
um Liebe auszustrahlen.
Dadurch wirst du zu einem immer schöneren,
vollkommeneren Licht.

Du hast nun die Übertragung der Liebe von den Erhabenen empfangen und Liebesräder gebildet, um Liebe für andere Menschen auszustrahlen. Du bist bereit, mit den Meistern, Erleuchteten und Lichtwesen zusammenzuarbeiten, um Liebe für die Menschheit, für bedürftige Gruppen von Menschen, für Kinder und andere Lebewesen auszustrahlen. In Zusammenarbeit mit den Lichtwesen Liebe für Menschen auszustrahlen, die bedürftig oder gerade in der Entwicklung begriffen sind, ist eine der wirksamsten, raschesten Methoden, um deine Herzzentren zu erwecken.

Um gemeinsam mit den Lichtwesen Liebe auszustrahlen, brauchst du nicht unbedingt Liebesräder zu erschaffen. Du befindest dich jetzt nicht mehr im Zentrum des Rades, empfängst Liebe und verteilst sie an andere Personen. Statt dessen unterstützt du die Lichtwesen gemeinsam mit anderen Lichtarbeitern, indem du Liebe für verschiedene Gruppen, die Menschheit und andere Lebewesen ausstrahlst. Wenn du dich mit jenen Lichtwesen zusammentust, die einer ganz bestimmten Gruppe beistehen, kannst du Seelenliebe ausstrahlen und es den Lichtwesen überlassen, deine Liebe dorthin zu lenken, wo sie am meisten Gutes bewirkt.

Du kannst jederzeit mit den Lichtwesen zusammenarbeiten, um Liebe auszustrahlen – zum Beispiel bei deiner täglichen Meditation oder zu bestimmten Zeiten, in denen Unterstützung gebraucht wird, etwa in einer regionalen oder globalen Krisensituation. Sobald du Liebe ausgestrahlt hast, frage, ob jetzt noch irgendeine äußere Arbeit sinnvoll wäre, um der inneren Arbeit, die du geleistet hast, Form zu verleihen – und wenn ja, welche. Innere Arbeit ersetzt nicht äußere Handlungen, falls sie erforderlich sind. Aber es ist wichtig, zunächst einmal die Seelenarbeit des Ausstrahlens von Liebe zu leisten, denn dann kannst du hinterher leichter erkennen, welche äußeren Formen und Handlungen jetzt angemessen sind. Manchmal ist auch gar keine Aktion oder äußere Arbeit mehr erforderlich, nachdem du von Seele zu Seele gearbeitet hast. In anderen Situationen dagegen gibt es vielleicht viele Aktivitäten, die dir sinnvoll erscheinen.

Schließe dich mit den Lichtwesen zusammen, um während einer Weltkrise Liebe auszustrahlen.

Du kannst Liebe ausstrahlen, um Menschen in einer regional begrenzten oder globalen Notsituation zu unterstützen – zum Beispiel in einem Krieg, bei einem Erdbeben, Vulkanausbruch, Brand, Orkan oder einer Überschwemmungskatastrophe. Wenn es dich dazu drängt, Menschen in einer solchen Situation beizustehen, dann nimm dir einen Augenblick Zeit, sitze still da und sende den Betroffenen Liebe. Tritt mit deiner Seele in Verbindung und lasse Energie zwischen deinen Herzzentren zirkulieren. Versetze dich in einen Zustand der Seelenliebe und fühle deine Verbindung mit der Universalen Gegenwart der Liebe. Vereinige dich mit allen Lichtwesen und Lichtarbeitern, die die Menschen in dieser speziellen Krisensituation unterstützen. Stelle dir vor, daß Seelenliebe durch dein Herzzentrum zu allen hinströmt, die von dieser Krise betroffen sind. Deine Liebe fließt in das Reservoir spiritueller Energie, das nun gebildet wird. Die Meister und Lichtwesen, die mit dieser Gruppe arbeiten, werden deine Liebe genau dorthin lenken, wo sie gebraucht wird.

Wenn du dich selbst in einem Katastrophengebiet befindest oder in einer Notlage bist, dann durchlaufe den gleichen Prozeß. Verbinde dich mit deiner Seele. Hebe alle Ängste, Sorgen oder anderen unerwünschten Energien, die du vielleicht aus deiner Umgebung aufnimmst, in dein Herzzentrum empor. Lasse Energie zwischen deinen Herzzentren zirkulieren und begib dich in einen Zustand der Seelenliebe. Empfange die ruhige, beruhigende Liebe von jenen Lichtwesen und Lichtarbeitern, die Liebe für alle Menschen ausstrahlen, die von dieser Situation betroffen sind. Fühle die Universale Gegenwart der Liebe, die immer da ist. Sage dir: »Ich bin sicher und geborgen dort, wo ich bin.« Lade das Wesen der Liebe in dein Herzzentrum ein. Nachdem du Liebe empfangen hast, strahle Liebe für alle Menschen in deiner Gegend aus, die Trost und Unterstützung brauchen. Mit all der Liebe in Verbindung zu treten, die dir nun gesandt wird, ist eine wunderbare Methode, ruhig zu bleiben und zu wissen, daß du sicher und geborgen bist – gleichgültig, was um dich herum passiert.

Gehe auf die Menschen in deiner Gemeinde zu und stehe ihnen auf der physischen Ebene in allen Formen bei, die sich gerade anbieten. Gruppenereignisse wie Überschwemmungen, Brände, Erdbeben und Kriege bieten viele Möglichkeiten zu tätiger Liebe. In solchen Zeiten sind die Menschen häufig viel offener, um Liebe zu empfangen, und können auch ihre eigene Liebe besser zum Ausdruck bringen.

Wenn du Hilfe brauchst, deinen Besitz oder dein Zuhause verloren hast, dann übe dich darin, Liebe zu empfangen, und laß dir von anderen etwas abgeben. Wisse, daß immer, wenn etwas aus deinem Leben verschwindet, etwas Besseres nachkommt. Bekräftige innerlich, daß alles, was jetzt geschieht, einen höheren Sinn hat, selbst wenn du ihn noch nicht verstehst. Halte den Gedanken fest, daß sich etwas Gutes aus diesem Ereignis ergeben wird, und suche nach allem Positiven, das darin liegt.

Strahle Liebe aus, um die Lebensumstände bedürftiger Menschen zu verbessern.

Du kannst mit den Lichtwesen zusammenarbeiten, um Liebe für Gruppen von Menschen auszustrahlen, die Unterstützung oder Ermutigung brauchen. Oder du kannst um Rat bitten, wo deine Seelenliebe am meisten Gutes bewirken wird. Manche Lichtwesen arbeiten mit Menschen zusammen, um sie bei der Verschmelzung mit ihrer Seele zu unterstützen. Andere strahlen Liebe für die Herzen aller Menschen aus, die offen dafür sind. Wieder andere Lichtwesen sind damit beschäftigt, die Ängste und negativen Gedanken zu zerstreuen, die unseren Planeten umgeben, während andere neue Gedanken der Liebe und Kooperation hervorbringen. Und manche Lichtwesen arbeiten von der Seelenebene aus, um den Weltfrieden zu fördern oder die Hungersnöte auf der Welt zu lindern.

Es gibt viele Gruppen von Menschen, denen du Liebe senden kannst. Du kannst zum Beispiel Seelenliebe für Menschen in Krankenhäusern oder für Kranke, Sterbende, Leidende, Obdachlose, Drogenabhängige und Mißhandelte ausstrahlen. Wenn du Spendenaufrufe von einer wohltätigen Organisation erhalten hast und dieser Organisation eine wichtige Unterstützung zukommen lassen willst, dann strahle Liebe für sie aus. Stelle dir vor, daß das magnetische Licht deines Herzens es solchen Organisationen erleichtert, die Liebe, Unterstützung und die finanziellen Mittel anzuziehen, die sie brauchen, um ihren höheren Zweck zu erfüllen. Du kannst gemeinsam mit den Lichtwesen Liebe für jede beliebige Gruppe von Menschen ausstrahlen; als Teil deines Weges zur Erleuchtung und als sehr wirksame Methode, um deine Herzzentren zu erwecken. Vielleicht möchtest du dir erst einmal überlegen, für welche Gruppe du Seelenliebe ausstrahlen willst, und es dann gemeinsam mit den Lichtwesen tun.

Umgib Kinder mit Seelenliebe.

Es gibt momentan viele Kinder auf diesem Planeten, und von Sekunde zu Sekunde werden mehr geboren. Deine Liebe kann ihr Leben verändern. Du kannst alle Kinder mit Seelenliebe umgeben und sie so dabei unterstützen, den höheren Sinn ihres Lebens zu entdecken und zu erfüllen. Nimm dir einen Augenblick Zeit, schließe die Augen und denke an Kinder. Verbinde dich mit deiner Seele, lasse Licht und Energie durch deine Herzzentren strömen und sende den Kindern Liebe, indem du einfach an sie denkst. Stelle dir vor, wie du Kindern und Neugeborenen gemeinsam mit anderen Lichtarbeitern in Gedanken eine Botschaft sendest: »Wir heißen euch willkommen und danken euch für all das Licht, das ihr in diese Welt bringt. Wir erkennen, wer ihr seid, und unterstützen euch dabei, den höheren Sinn eures Lebens zu erschaffen. Ihr seid nicht allein. Ihr seid Teil einer wunderbaren Gruppe von Lichtarbeitern, und wir sind hier und umgeben euch mit Liebe.« Sende ihnen ruhig auch andere Botschaften, die dir angemessen erscheinen, während du ihre Seele mit deiner Liebe, Unterstützung, Ermutigung und deinem Schutz umfängst.

Wenn du mit Kindern zusammen bist, stelle eine Seelenverbindung zu ihnen her und nimmt dir einen Augenblick Zeit, um ihre Seelen zu spüren. Sage ihnen in Gedanken, daß du erkennst, wer sie sind, und strahle Seelenliebe für sie aus. Achte darauf, wie Kinder auf deine inneren Botschaften reagieren. Vielleicht atmen sie tief ein, schauen dir in die Augen oder öffnen sich auf andere Weise in dem Augenblick, in dem sie deine Liebe empfangen. Selbst wenn keine wahrnehmbare Veränderung stattfindet, ist es doch ein großes Geschenk für alle Kinder, wenn du Liebe für sie überträgst und ihre Identität erkennst.

Verwirkliche dein Potential zu lieben, indem du die Menschheit liebst.

Wenn du ein Lichtpunkt werden willst, durch den die Erhabenen arbeiten können, muß deine Liebe allumfassend und tolerant sein. Wenn du deine Liebe auf die ganze Menschheit ausdehnst, verstärkst du deine Fähigkeit, einen wertvollen Beitrag für eine immer größere Gruppen von Menschen zu leisten. Übe dich darin, gegenüber allen Menschen, denen du begegnest oder an die du denkst, tolerant zu sein und sie in deine Liebe einzuschließen. Lösche die Gegensätze »wir« und »sie« aus deinem Denken aus. Achte darauf, ob du andere Menschen in Gedanken als »anders« abstempelst. Stelle dir vor, daß jeder, den du bisher als »Außenseiter« etikettiert hast, dein Freund ist – auch Angehörige anderer Kulturen, Religionen, Rassen oder Nationen, Menschen, die ganz andere Ansichten und Glaubensvorstellungen haben als du, und Leute, mit deren Verhalten du nicht einverstanden bist. Wie wäre die Welt für dich, wenn all diese Menschen keine Außenseiter mehr wären, sondern Freunde – Menschen, die du lieben kannst? Du besitzt eine enorme Liebesfähigkeit. Vielleicht wird es dir leichter fallen, die ganze Menschheit in deine liebevollen Gedanken einzubeziehen, als du geglaubt hast.

Nimm dir einen Augenblick Zeit, um an eine Gruppe zu denken, die deiner Meinung nach alles ablehnt, woran du glaubst. Kannst du deine Liebe für die Mitglieder dieser Gruppe ausstrahlen, obwohl du mit ihren Ansichten nicht übereinstimmst? Kannst du dein Herz öffnen und spüren, daß ihr alle Menschen seid und ganz ähnliche alltägliche Sorgen und Probleme habt? Wenn es dir schwerfällt, Liebe für diese Menschen auszustrahlen, dann stelle dir vor, wie du auf der Seelenebene Kontakt zu ihren Seelen aufnimmst. Erlebe, wie leicht du auf dieser Ebene mit ihnen in Verbindung und harmonischen Einklang treten, eure Beziehungen erweitern und mit mehr Licht erfüllen kannst.

Denke über dein Leben und deine Aktivitäten nach. Gibt es Lebensbereiche, in denen du zwischen »wir« und »den anderen« trennst – zum Beispiel an deinem Arbeitsplatz, in einer sozialen Gruppe oder in deinem Freundes- und Familienkreis? Überlege dir, wie du dich von den Barrieren freimachen kannst, die dich von anderen Menschen trennen. Aber zwinge dich nicht dazu, Liebe zu empfinden und alle Menschen in diese Liebe einzuschließen. Liebe auch jene Gefühle, die dich von anderen trennen, und hebe sie weiterhin in dein Herzzentrum empor.

Schließe dich mit den Lichtwesen zusammen, um Liebe für die Menschheit auszustrahlen und deine Einheit mit allen Menschen zu fühlen. Stelle dir vor, daß alle weiser und liebevoller werden und in engerem Kontakt mit ihren Seelen treten, denn genau das geschieht tatsächlich. Statt über das Tun der Menschen zu verzweifeln, solltest du lieber sehen, daß alle ihr Bestes tun, so gut sie es eben können. Sie haben ihre Herzzentren noch nicht ganz erweckt und sind sich der Universalen Gegenwart der Liebe nicht bewußt. Übe dich darin, die Menschheit zu lieben – ihre Fehler und Schwächen ebenso wie ihre Stärken und ihre Schönheit. Wenn du lernst, der ganzen Menschheit Liebe entgegenzubringen, wird es dir auch leichter fallen, dich selbst zu lieben.

Unterstütze das Tierreich bei seiner Evolution.

Eines der höheren Ziele der Menschheit besteht darin, andere Lebewesen – beispielsweise das Tierreich – in ihrer Weiterentwicklung zu unterstützen. Du kannst mit Hilfe der gleichen Techniken mit Tieren in Kontakt treten und ihnen Seelenliebe senden, mit denen du Liebe für Menschen ausstrahlst. Auch Tiere haben Seelen und Herzzentren. Du kannst seelisch mit ihnen in Verbindung treten und ihnen all die Qualitäten der Seelenliebe senden, die du dir angeeignet hast.

Aber du kannst nicht nur Liebe für einzelne Tiere ausstrahlen, sondern auch mit dem ganzen Tierreich oder mit bestimmten Tiergattungen arbeiten – zum Beispiel mit Bären, Katzen, Hunden, Vögeln, Delphinen, Walen, Tieren auf dem Bauernhof oder im Labor, Schmetterlingen, Reptilien oder Insekten. Vielleicht möchtest du deine Seele bitten, dir zu zeigen, welche Gruppe von Tieren am meisten von deiner Liebe profitieren könnte oder welche auf deinem Weg liegt.

Denke zunächst einmal darüber nach, mit welcher Art Tier du zusammenarbeiten möchtest. Strahle Seelenliebe aus, so wie du es gelernt hast, und schließe dich mit den Lichtwesen und Lichtarbeitern zusammen, die das Tierreich in seiner Evolution unterstützen. Wenn du dich für eine bestimmte Tierart entschieden hast, dann bitte um Zusammenarbeit mit den Lichtwesen, die mit dieser Tiergruppe kommunizieren und sich um ihre Weiterentwicklung bemühen. Stelle dir vor, wie Liebe spiralförmig aus deinem Herzzentrum strömt. Du sendest diesen Tieren jetzt Seelenliebe, um sie bei ihrem nächsten Evolutionsschritt zu unterstützen, ihren Schmerz und ihr Leid auf eine höhere Ebene emporzuheben und ihre Ängste zu verwandeln. Die Lichtwesen, die mit dieser Tiergruppe arbeiten, werden deine Liebe und dein Licht dorthin lenken, wo es am meisten Gutes bewirken kann. Stelle dir eine Welt vor, die es diesen Tieren erleichtert, ein wunderbares Leben zu führen – voller Freude, innerem Wachstum und Liebe.

Unterstütze die Pflanzen in ihrer Evolution.

Ein anderes höheres Ziel der Menschheit besteht darin, zur Evolution des Pflanzenreiches beizutragen. Pflanzen entwickeln sich weiter, indem sie neue Arten hervorbringen und immer schöner werden. Werde eins mit deiner Seele, versetze dich in einen Zustand der Seelenliebe und schließe dich mit jenen Lichtwesen zusammen, die eng mit dem Pflanzenreich zusammenarbeiten, um die Pflanzen in ihrer Evolution zu unterstützen. Nimm dir einen Augenblick Zeit, um Liebe an all die Bäume, Gräser, Pflanzen und Blumen in deiner Gegend auszustrahlen. Achte auf die Pflanzen um dich herum und mache dir bewußt, wieviel Schönheit sie in dein Leben und in die Welt bringen. Erweitere dein Bewußtsein immer mehr, bis du alle Pflanzen auf der ganzen Welt spüren kannst. Dehne dich noch weiter aus, bis du mit der Seele des Pflanzenreichs in Kontakt trittst. Vereinige deine Liebe mit der Liebe der Lichtwesen, um der Seele des Pflanzenreichs Liebe zu senden. Während du dem Pflanzenreich Seelenliebe schickst, umgib es mit Liebe und Vitalität. Stelle dir vor, daß es stark und gesund ist.

Umfange die Seele der Erde mit deiner Liebe.

Halte einen Augenblick inne, um deine Liebe und deine Verbindung zur ganzen Erde zu spüren. Denke an die Berge und Wüsten, die Strände und grasbedeckten Ebenen. Stelle dir die Gesteine und Mineralien der Erde vor, ihre Ozeane, Seen, Flüsse und Luftschichten. Was für ein wunderbares Lebewesen der Planet Erde doch ist! Spüre die Seele der Erde. Sie ist ein ungeheuer großes, strahlendes Licht, viel größer als die Seelen einzelner Menschen. Grüße die Seele der Erde und strahle Liebe für sie aus. Fühle, wie sie dir Liebe zurücksendet. Frage, ob du im Augenblick auf der Seelenebene irgend etwas tun kannst, um die Erde zu unterstützen. Nachdem du Liebe für die Seele der Erde ausgestrahlt hast, warte auf Ideen, was du an deinem Leben verändern könntest, um dich in harmonischeren Einklang mit der Erde zu bringen.

Strahle Liebe für die Erhabenen aus.

Nimm dir Zeit, um den Lichtwesen, Meistern, Erleuchteten und Erhabenen für ihre beständige, dauerhafte, unwandelbare Liebe zu dir und der ganzen Menschheit zu danken. Sende ihnen jedesmal, wenn du daran denkst, einen Gedanken des Dankes und würdige alles, was sie tun. Nimm dir gleich jetzt einen Augenblick Zeit dafür. Schließe die Augen, tritt mit deiner Seele in Verbindung und lasse Energie zwischen deinen Herzzentren zirkulieren. Spüre die Liebe überall um dich herum, während du mit der Universalen Gegenwart der Liebe eins wirst. Lasse deine Liebe in diesem Liebesfeld nach außen strömen, zu allen Wesen, die ständig Liebe für die Menschheit ausstrahlen. Spüre ihr Mitgefühl und ihre hingebungsvolle Fürsorge. Danke ihnen jeden Tag oder so oft, wie du daran denkst, und achte darauf, ob du deine Seele jetzt anders erfährst und was dabei mit deinen Herzzentren und deiner Fähigkeit geschieht, Liebe auszustrahlen.

Empfange all die Geschenke, die du zurückerhältst, wenn du Liebe ausstrahlst.

Du besitzt jetzt alle Hilfsmittel, die du brauchst, um zu allen Menschen in deinem Leben die richtige Beziehung aufzubauen. Du weißt, wie man sich in einen Zustand der Seelenliebe versetzt und mit der Universalen Gegenwart der Liebe in Verbindung tritt. Aus diesem Zustand heraus kannst du durch deine Worte und Handlungen Harmonie mit anderen Menschen erfahren. Du kannst anderen dienen und ihnen die Möglichkeit geben, stärker, weiser und vollkommener zu werden. Du wirst zu einer Quelle des Lichts und einer Kraft des Guten. Wenn du in deinem Leben dauerhaft und zuverlässig Seelenliebe zum Ausdruck bringst, können all die anderen Geschenke deiner Seele dich erreichen. Wenn du Seelenliebe manifestierst, eröffnest du deiner Seele damit die Möglichkeit, dir ihre Gaben des inneren Weitblicks, der Erkenntnis, des Wissens und der Offenbarungen zu schenken. Dann werden dir die höheren Kräfte deiner Seele zugänglich, denn jetzt besteht kein Zweifel mehr daran, daß du sie zum Wohl des Ganzen einsetzen und weder dich selbst noch anderen Menschen damit schaden wirst.

Die richtige Beziehung zu deinen Mitmenschen zu haben und den Weg der Liebe zu gehen, bedeutet nicht, daß nun alles um dich herum perfekt sein wird und alle Menschen dich ständig lieben werden. Es bedeutet nur, daß *du* deine Mitmenschen ständig lieben wirst. Der innere Aufruhr anderer Menschen wird dich nicht mehr berühren. Du wirst dich auch nicht an jenen Bereichen stören, in denen ihre Herzen noch nicht offen sind, denn du wirst Frieden in deinem eigenen Herzen finden. Du wirst immer Liebe erfahren können – gleichgültig, was um dich herum geschieht.

Seelenliebe ist mehr als nur etwas, das du tust. Durch Seelenliebe wirst du zur Sonne, die andere Menschen wärmt und nährt. Du wirst das Licht, das den Weg erhellt. Du wirst die Stille, die Türen öffnet, die Liebe, die heilt, und die Sanftheit, die tröstet und beruhigt. Du weißt, daß du ein Teil der Universalen Gegenwart der Liebe bist. Deine Liebe löst alle Ketten der Angst und Beschränkung der Vergangenheit. Sie öffnet Tore in die Zukunft, befreit die verborgenen Möglichkeiten, die in dir stecken, von ihren Fesseln und bereichert dein Leben mit ihrem Licht, das alles Gute aufkeimen, entstehen und zur Blüte gelangen läßt. Beschließe, in Frieden mit der Welt und allen Menschen zu leben. Fühle deine Einheit mit allem Leben. Sage zum Universum: »Ich liebe dich, ich bin eins mit dir, ich befinde mich in harmonischem Einklang mit allem Leben.« Erkenne dich als Wesen der Liebe, als Seele und als Geist, denn genau das bist du.

Liebe ausstrahlen

Seelenspiel

Strahle Liebe an eine der folgenden Gruppen oder an andere Gruppen aus, die dir einfallen. Vereinige dich zunächst einmal mit deiner Seele und lasse Licht zwischen deinen Herzzentren zirkulieren. Tritt mit der Universalen Gegenwart der Liebe in Verbindung. Schließe dich mit den Lichtwesen und allen Lichtarbeitern zusammen, die mit der betreffenden Gruppe arbeiten. Stelle dir vor, wie Liebe spiralförmig aus deinem primären Herzzentrum strömt und in die Liebe einfließt, die für alle bedürftigen Menschen übertragen wird. Wenn du dich mit anderen Wesen vereinst, um gemeinsam mit ihnen Liebe auszustrahlen, leistest du einen der wichtigsten Beiträge zur Erweckung der Menschheit, die es gibt. Wähle gleich jetzt eine der folgenden Gruppen aus und strahle Liebe für sie aus:

- Menschen, die von einer regionalen oder einer Weltkrise betroffen sind
- Menschen, die Zuwendung brauchen, zum Beispiel Patienten in Krankenhäusern, Sterbende, Leidende oder Obdachlose oder irgendeine andere Gruppe, die dir in den Sinn kommt
- Frage die Lichtwesen, für welche Gruppe sie gern Unterstützung hätten, statt selbst eine auszuwählen. Strahle Liebe für jede Gruppe aus, die dir einfällt, nachdem du diese Frage gestellt hast.
- Menschen, die in der Lage sind, andere zu beeinflussen, zum Beispiel Weltführer, spirituelle Lehrer und so weiter
- die Menschheit einschließlich aller Kinder
- das Tierreich
- das Pflanzenreich

- der Planet Erde
- die Meister, Erleuchteten und Erhabenen
- Zolle dir selbst Anerkennung für die Liebe, die du ausstrahlst, deine Bereitschaft, innerlich zu wachsen, und den Beitrag, den du für die Menschheit leistest, indem du deine Herzzentren erweckst.

Lehre andere Menschen Seelenliebe

Du bist herzlich dazu eingeladen, Kurse abzuhalten, Arbeitsgruppen zu bilden und anderen Menschen die Techniken und Übungen zu vermitteln, die ich in diesem Buch beschreibe. Während du dieses Buch gelesen hast, bist du auf der Seelenebene anderen Menschen begegnet, die genau wie du gerade dabei sind, mit ihrer Seele in Kontakt zu treten und ihre Herzzentren zu erwecken. Da du diese inneren Verbindungen aufgebaut hast, verspürst du nun vielleicht den Drang, ihnen auch eine äußere Form zu verleihen. Mit anderen Menschen zusammenzutreffen, um zu meditieren, Erfahrungen auszutauschen und die Erleuchteten anzurufen, kann ein wichtiger Schritt auf deinem Weg zum inneren Erwachen und eine wunderbare Chance sein, einen wertvollen Beitrag zum Wohl der Menschheit zu leisten. (Jedes Zusammentreffen von drei oder mehr Menschen betrachten wir als eine Gruppe.)

Du lebst in einer Zeit tiefgreifender Wandlungen und Veränderungen. Das Erwachen der Menschheit geht sehr rasch vonstatten. Gruppenarbeit wird der Leitgedanke des kommenden Jahrtausends sein. Gruppen bieten den Erleuchteten die beste Möglichkeit, sowohl einzelne Menschen als auch die ganze Menschheit zu unterstützen, denn kein einzelner kann die ungeheure Energie der Erleuchteten in ihrem ganzen Ausmaß empfangen. Wenn du dich mit anderen Menschen zusammentust und die Erleuchteten gemeinsam anrufst, können sie ihre Liebe, ihr Licht und ihre Energie viel vollkommener für dich übertragen. Viele der Erleuchteten sind nur durch einen Gruppenruf zu erreichen. Deshalb hast du dich bei der Feier der Liebe und zu anderen Anlässen mit anderen Menschen auf der Seelenebene zusammengeschlossen.

Du brauchst die in diesem Buch beschriebenen Prinzipien nicht meisterhaft zu beherrschen, um solche Arbeitsgruppen zu leiten oder ihnen ihre Arbeit zu erleichtern. Du mußt nur fest entschlossen sein, diese praktischen Wege der Liebe in deinem täglichen Leben zu erforschen und einzusetzen. Nimm dir einen Augenblick Zeit, um innerlich ruhig zu werden, und lasse deine Seele zu Wort kommen. Sie wird dir sagen, ob es sinnvoll für dich ist, Menschen um dich zu versammeln, um mehr über die Seelenliebe zu erfahren. Lasse in den nächsten Tagen und Wochen Einsichten und Erkenntnisse darüber in dir aufsteigen und denke darüber nach, welch eine Rolle du innerhalb einer Gruppe spielen möchtest. Willst du sie leiten, ihr assistieren oder lieber einer bereits bestehenden Gruppe beitreten?

Wenn du spürst, daß es an der Zeit ist, Menschen um dich zu versammeln oder eine Gruppe zu finden, der du dich anschließen kannst, begib dich auf die Seelenebene, um dort den Seelen deiner potentiellen Gruppenmitglieder zu begegnen. Lasse Licht zwischen deinen Herzzentren fließen und werde zur magnetischen Qualität der Seelenliebe. Bilde mit diesen Seelen ein Liebesrad und strahle deine ganz speziellen Liebesqualitäten aus, die nur du der Menschheit geben kannst. Lade die Menschen, die sich von deinem Licht angesprochen fühlen und zu der Gruppe gehören möchten, die du gründest, in dein Leben ein. Arbeite mit dem Solarlicht, um sein Licht des höheren Sinns in deine Verbindung zu allen Menschen zu tragen, die sich dir nun anschließen werden. Wenn du einer bereits bestehenden Gruppe beitreten möchtest, dann bitte darum, auf der Seelenebene zu diesen Menschen hingeführt zu werden, und bilde ein Liebesrad mit ihnen.

Nachdem du diese inneren Verbindungen geschaffen hast, lasse in dir eine Vision des höheren Sinns erstehen, warum ihr euch versammeln wollt. Abgesehen von der gemeinsamen Arbeit mit diesem Buch möchtest du vielleicht auch noch andere, ganz spezielle Ziele für deine Gruppe ins Auge fassen. Diese höheren Ziele könnten zum Beispiel darin bestehen, mit euren Seelen in Kontakt zu treten, eure Herzzentren zu erwecken, Seelenbeziehungen zu erschaffen, Seelengefährten und -gefährtinnen anzuziehen, Liebe zu empfangen und Liebe für die Menschheit und verschiedene Gruppen von Menschen auszustrahlen. Schreibe deine Vision nieder. Lies die Worte dann noch einmal und erfülle sie mit Energie, während du ein Liebesrad mit den Seelen jener Menschen bildest, die du nun magnetisch anziehst, damit sie an deinen Gruppenversammlungen teilnehmen.

Entscheide dich gemeinsam mit deiner Seele für ein bestimmtes Kurs- oder Studiensystem. Überlege, wie viele Wochen der Kurs umfassen soll, wie lange die einzelnen Sitzungen dauern und wann ihr euch treffen werdet. Vielleicht möchtest du die Kapitel dieses Buches noch einmal durchgehen und die wichtigsten Themen heraussuchen, die du mit deiner Gruppe erarbeiten willst – zum Beispiel die Kontaktaufnahme mit der eigenen Seele, die Herstellung von Seelenverbindungen zu anderen Menschen, die Erweckung der einzelnen Herzzentren, die Verteilung von Energie zwischen allen drei Herzzentren, die Erschaffung von Seelenbeziehungen, die Anziehung eines Seelengefährten beziehungsweise einer Seelengefährtin und die Zusammenarbeit mit den Erhabenen. Sei geduldig und lasse die äußere Form deines Kurses einfach entstehen, während du mit den Seelen der künftigen Teilnehmer Liebesräder bildest.

Sobald du dir über das höhere Ziel, die äußere Form und die Themen deiner Kurse klargeworden bist, folge deiner inneren Führung, um herauszufinden, welche äußeren Schritte du jetzt unternehmen könntest, um die künftigen Kursteilnehmer anzuziehen. Vielleicht rät eine innere Stimme dir, einen Aushang in einer Buchhandlung in deiner Stadt zu machen oder Freunde dazu einzuladen, dieses Buch gemeinsam mit dir zu studieren. Vereinige dich immer wieder mit deiner Seele, erschaffe Liebesräder, übe eine magnetische Anziehungskraft auf mögliche künftige Gruppenmitglieder aus und vertraue darauf, daß sich schon eine Gruppe zusammenfinden wird, wenn die Zeit dafür reif ist.

Du sollst die Freiheit haben, dein eigenes Kurssystem zu entwickeln; deshalb gebe ich dir keine Richtlinien für die äußere Struktur deiner Kurse. Aber ich habe ein paar Vorschläge, wie du die Gruppenverbindung stärken und verbessern kannst. Lasse dich bei der Entscheidung, ob diese Schritte für die Gruppe, die du angezogen hast, richtig sind, von deiner eigenen inneren Weisheit leiten.

Ich schlage vor, daß du die Mitglieder der Gruppe zu Beginn des Kurses erst einmal aufforderst, innerlich mit mir in Verbindung zu treten und mich darum zu bitten, daß ich ihnen meine Energie sende. Die Verschmelzung mit der Seele und der Kontakt mit den Lichtwesen und dem Solarlicht sollte in jedem Kurs eine wichtige Rolle spielen. Normalerweise ist es am besten, mit einer Meditation zu beginnen, die entweder von dir oder einem anderen Gruppenmitglied geleitet wird. Ihr könnt aber auch eine meiner Tonkassetten mit geführten Meditationen abspielen. Meine Kassettensammlung *Soul Love: Awakening Your Heart Centers* und *Creating a Soul Relationship* enthalten solche geführten Meditationen, die zu diesem Buch passen und bei Gruppensitzungen abgespielt werden können. Manche Kursleiter spielen zu jedem Kurstermin eine Kassette ab und diskutieren hinterher über ihre Erfahrungen. Oft ist es am besten, erst nach der Meditation mit der Diskussion und dem Erfahrungsaustausch zu beginnen, denn dann wird sich der Seelenkontakt, den ihr gerade hergestellt habt, stärker in den Interaktionen eurer Persönlichkeiten widerspiegeln.

Wenn ihr eure Fähigkeit, Seelenliebe zu empfinden und zum Ausdruck zu bringen, noch weiter entwickeln möchtet, könnt ihr gemeinsam die Seelenspiel-Übungen machen. Vielleicht ist es am besten, wenn du die Kursteilnehmer bittest, vor dem Kurstermin bestimmte Abschnitte meines Buches zu lesen; ihr könnt die Texte aber auch während eurer Treffen laut vorlesen. Plane am Ende eines jeden Kurstermins Zeit ein, um Liebe an die Menschheit und an verschiedene Gruppen von Menschen auszustrahlen, die ihr gemeinsam auswählt; das ist eine wichtige Methode, all die Energie, die ihr während des Kurses angesammelt habt, zu verteilen. Wenn du anderen Menschen Liebe sendest, kannst du noch mehr Energie und Liebe von den Erleuchteten empfangen.

Übe und praktiziere als Kursleiter oder -assistent gemeinsam mit deinen Schülern Qualitäten der Seelenliebe, die ich in diesem Buch beschrieben habe. Sei so tolerant und liebevoll, wie du kannst, schließe nach Möglichkeit alle Teilnehmer in deine Liebe ein und übe keine Kritik an ihnen. Stelle zu allen Gruppenmitgliedern einen Seelenkontakt her und lasse die Verbindung, die ihr auf Persönlichkeitsebene habt, aus diesem inneren Band erwachsen. Wenn es persönliche Kontakte zwischen dir und manchen Kursteilnehmern geben sollte, dann nutze sie als Chance, um die Wirksamkeit der neuen Techniken der Liebe zu erleben, die du inzwischen erlernt hast. Stelle Seelenverbindungen her und lasse Solarplexusenergie in dein Herzzentrum emporströmen, um alle Konflikte oder Schwierigkeiten in etwas Positives zu verwandeln.

Erfülle deine Aufgabe als Kursleiter oder Kursleiterin so gut, wie du es dir nur vorstellen kannst. Nimm deine Verpflichtungen gegenüber den Kursteilnehmern ernst: Bereite dich zum Beispiel immer gut vor, beginne und beende deine Sitzungen pünktlich und halte dich an die Kurstermine. Bitte alle Teilnehmer, das gleiche zu tun. Befolge diese Vorschläge auch, wenn du selbst an einem Kurs teilnimmst. Liebe und unterstütze den Leiter oder die Leiterin deines Kurses.

Wenn du einen Kurs leitest, werden die Teilnehmer dir vielleicht Fragen stellen und erwarten, daß du die Antworten darauf weißt. Doch statt ihnen Antworten und Lösungen zu liefern, ermuntere sie lieber dazu, ihre Antworten selbst zu finden, indem sie sich mit ihrer Seele vereinigen und sie um Führung bitten. Achte darauf, daß die Gruppenmitglieder sich gegenseitig dabei unterstützen, durch Kontakt mit ihrer Seele zu Antworten zu gelangen. Statt den anderen Ratschlägen zu geben, kannst du das Spektrum ihrer Möglichkeiten erweitern, indem du sie fragst: »Was würde deine Seele in dieser Situation wohl tun?«

Zum Schluß habe ich noch einige Bitten, die du respektieren solltest, wenn du auf der Basis dieses Buches Kurse abhältst oder Arbeitsgruppen bildest. Bitte halte dich dabei so genau wie möglich an die Darstellung in meinem Buch; verändere nichts an den Symbolen oder Eigenschaften, die mit den einzelnen Herzzentren verbunden sind. Ich bitte dich auch, keine Tonkassetten von Übungen in diesem Buch aufzunehmen und an andere zu verteilen oder der Öffentlichkeit zugänglich zu machen. (Für deinen persönlichen Gebrauch kannst du gern Kassettenaufnahmen von den Seelenspielen oder anderen Übungen in diesem Buch herstellen.)

Ich sende dir gemeinsam mit den Lichtwesen unsere Liebe. Wir werden bei dir sein, wenn du dich mit anderen Menschen zusammenschließt, um zu Punkten des Lichts und der Liebe zu werden, durch die wir unsere Liebe strömen lassen können. In dem Augenblick, in dem du beschließt, eine Gruppe um dich zu versammeln, wird dir Energie zu deiner Unterstützung gesandt werden. Du brauchst nur darum zu bitten und dich dafür zu öffnen. Wir werden bei allen Schritten auf deiner Reise als Lehrer, Assistent oder Kursteilnehmer bei dir sein. Denke daran, daß deine Schüler gleichzeitig auch deine Lehrer sind. Wir heißen dich als Mitreisende auf dem Weg der Liebe willkommen und freuen uns darauf, immer mit dir in Seelenverbindung zu bleiben

Orin

ANMERKUNG: Wenn du für deine Kurse gern mehrere Exemplare dieses Buches oder der begleitenden Tonkassetten kaufen möchtest, dann wende dich an *LuminEssence* und fordere nähere Informationen dazu an. Orin hat verschiedene Kassetten mit geführten Meditationen aufgenommen, die begleitend zu den einzelnen Teilen dieses Buches eingesetzt werden können. Die Kassettenserie *Soul Love: Awakening Your Heart Centers* paßt beispielsweise zu Teil I und Teil II. Die Serie *Creating a Soul Relationship* kann begleitend zu Teil III eingesetzt werden, und die Kassette *Celebration of Love* eignet sich für Teil IV (siehe hierzu auch die Adressen auf der letzten Seite dieses Buches).

Sanaya

Und was kommt als nächstes?

Du hast die Lektüre dieses Buches nun beendet und einen wichtigen Schritt auf deiner spirituellen Reise getan. Falls du dich fragen solltest, was nun eigentlich als nächstes kommt, nimm dir einen Augenblick Zeit, um innerlich zur Ruhe zu kommen und deine Seele um Anleitung zu bitten, worin die nächsten Schritte deines spirituellen Wachstums bestehen. Frage sie, in welchen Bereichen du dich weiterentwickeln könntest, um in deinem täglichen Leben mehr von dem Licht, der Liebe und der Gegenwart deiner Seele zum Ausdruck bringen zu können.

Wenn du deine Erfahrungen mit deiner Seele vertiefen und deine Herzzentren noch weiter erwecken möchtest, dann arbeite die Kapitel dieses Buches, die dich besonders ansprechen, noch einmal durch. Mache alle Seelenspiel-Übungen, zu denen es dich hinzieht. Zusätzlich hat Orin auch noch Tonkassetten mit geführten Meditationen aufgenommen, damit du deine Seele und die Liebe und das Licht, die für dich erreichbar werden, wenn du deine Herzzentren erweckst, noch unmittelbarer erfahren kannst.

Der höhere Sinn von Orins Gegenwart in dieser Zeit besteht darin, den Menschen zu dienen, indem er ihnen in verschiedenen Bereichen ihres Lebens einen Weg des spirituellen Wachstums aufzeigt. Er möchte dich dabei unterstützen, channeln zu lernen, Reichtum und Wohlstand in dein Leben zu ziehen, die Freude deiner Seele zu erleben, deine persönliche Macht zu entwickeln, spirituell zu wachsen, dein Höheres Selbst zu sein, und vieles andere mehr.

Die Reise geht weiter

Indem du dieses Buch gelesen, Kontakt zu deiner Seele aufgenommen und deine Herzzentren erweckt hast, bist du auf eine wunderbare Entdeckungsreise des Wachstums und der Wandlung gegangen. Wie bei allen Reisen wirst du nach deiner Rückkehr vielleicht feststellen, daß deine Lebenssicht weiter, umfassender und reicher geworden ist. Du kannst viel besser einschätzen, was du in deinem Leben bereits besitzt und wer du bist.

Du bist mit vielen Geschenken von deiner Reise zurückgekehrt. Manche sind Geschenke der Liebe von Wesen, denen du unterwegs begegnet bist und die du jetzt in deinem Herzen trägst. Es sind aber auch einige innere Bilder darunter, die dich innerlich bereichert und deinen Horizont erweitert haben. Bei anderen Geschenken handelt es sich um Techniken und Fähigkeiten, Menschen zu heilen, die du nun zusätzlich zu jenen Methoden anwenden kannst, die du schon vorher beherrscht hast. Und manche Geschenke sind Lieder, die du dir anhören kannst – neue Melodien des Friedens und der Freude in deinem Herzen.

Du bist jetzt ein anderer Mensch als damals, als du dich auf diese Reise begeben hast. Deine Welt ist größer geworden. Du hast eine neue Sichtweise deiner eigenen Identität gewonnen und bringst dir und anderen Menschen mehr Liebe und Mitgefühl entgegen. Du hast viele Liebesgeschenke von deiner Reise mitgebracht, die du nun mit anderen teilen kannst. Und du kannst diese Reise in Gedanken immer wieder erleben, dir alle wunderbaren Erlebnisse und einmaligen Orte, die du besucht hast, ins Gedächtnis zurückrufen und an deinem inneren Auge vorüberziehen lassen. Du kannst all die Liebe und die Reichtümer, die du von der Reise mit zurückgebracht hast, jetzt in aller Ruhe näher kennenlernen und in dein Leben integrieren. Jeder Tag beschert dir neue Erkenntnisse darüber, was du gelernt hast – bis du schließlich begreifst, daß diese Reise in Wirklichkeit niemals endet. Sie wird für immer und ewig dein Leben bereichern und deinen inneren Horizont erweitern.

Orin

Danksagung

Ich möchte allen Menschen, die Orins Bücher gelesen, seine Kassetten gehört oder an seinen Seminaren teilgenommen haben, dafür danken, daß sie Orins Arbeit unterstützen und seine Botschaften der Hoffnung und Liebe an andere Menschen weitergeben. Außerdem bedanke ich mich bei allen, die auf der Seelenebene bei mir waren, als Orin mir den Inhalt dieses Buches übermittelte. Ich habe eure Liebe und Unterstützung oft gespürt.

Ein ganz herzliches Dankeschön auch an Duane Packer und seinen Geistführer DaBen für all ihre Beiträge zu diesem Buch. Eure Anleitungen, wie ich meinen Lichtkörper erwecken kann, waren sehr wertvoll für mich.

Auch Edward Alpern möchte ich von Herzen für die vielen Stunden danken, die er gemeinsam mit Orin und mir die Arbeit an diesem Buch gewidmet hat. Er hat sich viele Notizen gemacht und uns auch noch in vielerlei anderer Hinsicht unterstützt.

Außerdem danke ich Hal und Linda Kramer für ihren Weitblick, ihre Flexibilität und dafür, daß sie Orins Arbeit unterstützen. Die Zusammenarbeit mit den beiden ist wunderbar; außerdem ist ihr Leben für mich eine beständige Quelle der Inspiration und ihre Freundschaft ein Geschenk, das mir sehr viel bedeutet. Vielen Dank auch an ihre Mitarbeiter Jan Phillips und Mick Laugs für die vielen Beiträge, die sie zur Veröffentlichung dieses Buches geleistet haben.

Ich danke meiner Schwester Debra für ihre wunderschöne künstlerische Gestaltung des Schutzumschlags, auf dem die Energie der Herzzentren dargestellt ist. Sie ist eine begabte Künstlerin, deren Werke uns im Innersten berühren und uns schon durch ihren bloßen Anblick auf eine höhere Ebene emporheben.

Weiterhin danke ich Nancy Carleton für ihre hilfreichen Vorschläge und die liebevolle redaktionelle Betreuung des Buches, Linda Merrill für die Redaktionsassistenz und David Duty für den Satz.

Bei JoAnn Johnson und Gloria Dozier bedanke ich mich für die vielen wertvollen Beiträge, die sie für das LuminEssence Büro geleistet haben. Beide haben viel Licht in mein Leben und das Leben anderer Menschen gebracht und mir genügend Freiraum geschaffen, um dieses Buch schreiben zu können.

Ein herzliches Dankeschön auch an meine Familie und meine Freunde für all die Möglichkeiten, die sie mir geboten haben, Seelenliebe zu lernen. Der Tod meiner Mutter, die während meiner Arbeit an diesem Buch starb, hat mich gelehrt, daß Liebe unser wichtigstes Geschenk an andere Menschen ist. Auch meinem Vater Court Smith und all meinen Geschwistern und Nichten und Neffen danke ich dafür, daß sie mein Leben bereichert haben.

Neera Paine von Mt. Shasta (Kalifornien) möchte ich für die hervorragende Körper- und Energiearbeit danken, mit der sie mich während meiner Arbeit an diesem Buch unterstützt hat, und Carol Erickson bin ich dankbar für ihre klugen Ratschläge. Mein besonderer Dank gilt LaUna Huffines für unser Zusammenspiel in den höheren Dimensionen, das mir viele Tore geöffnet hat.

Orin inspirierte mich oft dazu, ganz bestimmte Bücher aufzuschlagen, die seine Informationen bestätigten oder mir etwas klarmachen sollten. Die Bücher von Alice A. Bailey waren sehr wertvoll für mich, und ich danke dem Lucis Trust von ganzem Herzen dafür, daß er sie mir zur Verfügung gestellt hat. Ich kann meinen Lesern die Lektüre dieser Bücher nur empfehlen.

Besonders herzlich danke ich allen Großhändlern und auch allen Buchhändlern und ihren Mitarbeitern, ohne deren liebevolles Engagement diese Bücher meine Leser gar nicht erreichen würden.

Und schließlich und endlich bedanke ich mich bei all meinen Angehörigen, Freunden, Schülern und Kollegen. Ihr seid meine Inspiration und meine Lehrer. Ich sende euch allen Licht und Segen.

Spirituelle Lebenshilfe aus dem Reich des Lichts und der Liebe

Sanaya Roman
SICH DEM LEBEN ÖFFNEN
Schritte zu persönlichem Wachstum und geistiger Kraft
Mit praktischen Übungsanleitungen
240 Seiten, broschiert
ISBN 3-7787-7119-1

Sanaya Roman nennt die Quelle ihrer Inspiration »Orin«. Es ist ein spiritueller Lehrer aus einer höheren Welt. Er steht mit unzähligen Realitätsebenen und »Welten« in Verbindung, und überall, wo er seine Lehre aus dem Reiche des Lichtes und der Liebe verkündet, wird das evolutionäre Wachstum im spirituellen Sinne beschleunigt. Seine an uns gerichteten Worte sind reine Kraft, vermögen das Herz zu öffnen und besitzen in allen bekannten Universen Gültigkeit.
Orin lädt uns ein, mit ihm die Reiche des Lichts und der Liebe zu bereisen, von denen wir selbst – als wunderbare Wesen des Lichts – stammen; nur haben wir uns in den dichteren Energien der Erde verfangen. Es gilt, die irdische Welt zu erleben, uns zu entwickeln, heranzuwachsen und zu lernen, wie wir unser Licht der Seele in der Welt der Materie ausdrücken können. Mit Hilfe der Ideen dieses Buches versucht Orin, uns zu den feinstofflichen Bereichen zurückzugeleiten, die wir von Natur aus anstreben.
Orin hat von Anfang an eindeutig erklärt, daß er hier ist, um die Heiler zu heilen und die Lehrer zu lehren. Er zieht all jene an, die an der Spitze einer neuen Bewegung stehen wollen, die immer mehr Menschen ihrem Höheren Selbst öffnen wird. Jene, die den Pfad des Lichts und der Freude beschreiten wollen, lädt er ein, sich beim Lesen dieses Buches mit seiner Existenz zu verbinden und die Gemeinschaft all derer zu fühlen, die dieses Wissen teilen.
Orins spirituelle Lebensschulung vermittelt dem Leser eine neue und wesentlich erweiterte Sicht seines Lebens und seiner Aufgabe in dieser Welt. Praktische und anregende Übungsanleitungen machen die emotionellen, seelischen und energetischen Blockaden transparent. Sie helfen und ermutigen, diese neue Sichtweise zu entwickeln und praktisch anzuwenden. Sie machen frei und offen für das großartige Geschenk, was wir »Leben« nennen.

Die »Welt ist mehr« – als was der Mensch mit seinen fünf Sinnen wahrnimmt

Sanaya Roman
SICH DEN HÖHEREN ENERGIEN ÖFFNEN
Die unsichtbaren Kräfte des Universums nutzen
Mit praktischen Übungsanleitungen
240 Seiten, Paperback, mit vielen Übungsbogen
ISBN 3-7787-7117-5

Dies ist der Anschlußband einer bis jetzt beispiellos neuen, geistigen Lebensschulung von Orin, einem Lehrer aus der höheren Welt. Er steht mit unzähligen Realitäts- und Zeitebenen in Verbindung. Überall, wo er seine Lehre aus dem Reiche des Lichts und der Liebe verkündet, wird das evolutionäre Wachstum im spirituellen Sinne beschleunigt.
Orin vermittelte im ersten Band »Sich dem Leben öffnen« eine neue und wesentlich erweiterte Sicht des Lebens und der Aufgabe auf diesem Planeten. In diesem zweiten Band wendet er sich höheren Lebensbereichen zu. Er lädt die Studierenden ein zur praktischen Erforschung und Nutzbarmachung der Welt der Energien und der energetischen Wahrnehmung. Er eröffnet ihnen eine neue Welt von bisher unbekannten Fähigkeiten und läßt sie erfahren, daß die »Welt« mehr ist, als was der Mensch mit seinen fünf Sinnen wahrnimmt.
Orin lehrt und leitet anschaulich an, wie man feinstoffliche Kräfte erspürt und wie man mit ihnen zum Segen von Mensch und Umwelt arbeitet, wie man seine intuitiven und telepathischen Fähigkeiten erweckt und wie man seine Heilbegabung fördern kann. Hinzu kommen noch unbekannte Übungen für die spirituellle Weiterentwicklung und zur Erlangung eines höheren Bewußtseins.
Orins Buch wird für jeden Suchenden zu einem unentbehrlichen und freundschaftlichen Lebensbegleiter. Es verhilft ihm zu einem Alltag voll Freude, Kreativität und innerer Erfüllung. Es wird sich der hohen geistigen Führung durch Orin immer mehr bewußt und spürt immer mehr, daß er alles schon in sich trägt, um seine eigenen Antworten zu finden.

Hochwirksames Lehrmaterial für ein beschleunigtes geistiges Wachstum in Freude

Sanaya Roman
ZUM HÖHEREN SELBST ERWACHEN
Das Herz dem Bewußtsein des Lichts öffnen
Mit praktischen Übungsanleitungen
320 Seiten, broschiert
ISBN 3-7787-7118-3

Dies ist der dritte Band einer bis jetzt beispiellosen geistigen Lebensschulung. Das Material dieses Buches diente ursprünglich zur Ausbildung einer kleinen ausgesuchten Arbeitsgruppe zur Erreichung höherer Bewußtseinszustände durch geführte Meditationen, Energie- und Atemarbeit.
Dieses absolut neue Lehrmaterial für ein beschleunigtes Wachstum in Freude (und nicht als Kampf) verhilft zu ungeahnten und wunderbaren Veränderungen im Alltag. Es können damit alte Verhaltensmuster durchbrochen werden, um zu einer größeren Schau des Lebens zu gelangen. Es leitet an, die Schleier der Selbstillusion zu heben, die eigene Wahrheit zu erkennen, seine Schwingungen zu erhöhen, das Herz zu erweitern und sich selbst neu zu erfahren – auf dem Weg der Liebe.
Nach dieser Lernstunde kann jeder Quell des Lichts werden und, frei von Erwartungen, erfüllende Beziehungen mit anderen eingehen. Es wird keine Einsamkeit mehr geben und keine Angst vor sich selber. Eine neue Leidenschaft für das Leben in Selbstakzeptanz, Gelassenheit und in einem Gefühl von Ganzheit wird sich einstellen. Es ist wie ein wirkliches Nach-Hause-Kommen. Alles wird wieder ursprünglich und bedeutungsvoll.

Geistige Lebensschulung aus einer höheren Welt

Sanaya Roman/Duane Packer
DAS PRAXISBUCH DES CHANNELNS
Wie man seinen geistigen Führer findet und zu höherem Wissen gelangt
288 Seiten, Paperback
ISBN 3-7787-7120-5

Dieses Buch enthält eine Botschaft für dich: Channeling ist eine Fähigkeit, die sich erlernen läßt. Dabei erreichst du einen erweiterten Bewußtseinszustand, indem du mit deinem höheren Selbst oder Ur-Selbst oder mit einem hochstehenden Geistführer in Verbindung treten kannst. Dazu muß man spirituell gar nicht besonders hoch entwickelt sein und auch nicht schon immer eine übersinnliche Begabung gehabt haben; man braucht nur Geduld, Ausdauer und den intensiven Wunsch, diesen Kontakt herzustellen.
Zusammen mit ihren Geistführern Orin und DaBen haben die Autoren einfache, wirksame Techniken entwickelt, mit deren Hilfe man

- feststellen kann, ob man bereit ist, kosmische Botschaften zu empfangen
- sich auf die Kontaktaufnahme vorbereiten kann
- seine ganz persönliche Geistquelle findet
- das Verhältnis zu seinem Geistführer dauerhaft und befriedigend gestaltet und damit den entscheidenden Schritt macht zu einem erfüllteren und intensiveren Leben.

Wenn Sie Sanaya Roman einen Brief in englischer Sprache schreiben wollen, benutzen Sie bitte folgende Adresse:

LuminEssence Productions
P.O. Box 1310
Medford, OR 97501
USA
Tel. 001-541-770-6700

Oder besuchen Sie ihre Website unter der URL: *www.orindaben.com*

Die deutschen Begleitkassetten zu den Büchern von Sanaya Roman sowie nähere Informationen über das deutschsprachige Seminar- und Kassettenprogramm von LuminEssence erhalten Sie bei:

LightBody Zentrum Deutschland
Tel. 0 81 06/35 87 53
Fax 0 81 06/35 87 54
E-Mail: *service@lightbody.de*
Homepage: *www.lightbody.de*

Ein Hörbuch mit Texten aus *Sich dem Leben öffnen* von Sanaya Roman und Duane Packer ist im AXENT Verlag erschienen. Fragen Sie in Ihrer Buchhandlung.